證券投資分析

（第二版）

王擎 主編

崧燁文化

第二版前言

隨著市場經濟的不斷深化和發展，多元化的證券市場體系也逐步形成，社會財富的迅速增加，各類有價證券的層出不窮，使得證券投資活動的多樣化和社會化的特點越來越顯著。政府、企業、社會團體以及個人等不同性質的投資者，都以不同的身分積極地參與到各項證券投資活動中，不斷發展的投資品種、投資理念以及信息技術也為投資者提供了多元化的投資平臺。隨著證券投資實踐和理論的不斷發展，科學的投資決策、規範的投資行為以及有效的投資管理在人們的投資活動中顯得越發重要，正確的投資理念和完善的知識體系成為投資人取得成功的重要保證。而為廣大的投資者提供一本實用的參考書，正是這本教材編寫的初衷。

本教材一共分為七章五個部分。第一部分即第一章，是證券投資的概述；第二部分是第二章，介紹各種有價證券的定價原理；第三部分包括第三章、第四章、第五章，介紹證券投資的基本分析方法，分別從宏觀經濟因素、行業因素、公司因素三個維度進行了分析；第四部分是第六章，介紹證券投資的技術分析方法；第五部分是第七章，介紹證券投資的理論和相應投資策略。

從全書的基本架構和內容看，本教材主要有以下一些特點：

(1) 簡單易懂。寫作證券書籍的作者必須做出的一個關鍵性的決定就是數學和學術用語的適度使用，如果表達過於艱深，對於多數從業人員而言，內容可能難以理解；如果應用程度太低，某些重要的問題難免只能以相當簡略的方式處理。本書對數學和學術用語的使用非常謹慎，非關鍵性的數學和學術表達都被省略，力求培養讀者對證券投資的直覺，這種直覺可以幫助他們在以後的投資生涯中正確面對新的觀念和挑戰。

(2) 注重證券投資的技能運用。證券投資學歸根究柢是一門運用性較強的學科，有價證券的定價和交易是證券投資學的核心，因此書中給出了大量投資案例與閱讀材料。無論讀者希望成為投資專家還是僅僅做一個訓練有素的散戶，都可以從書中學到這些基本的技能。

(3) 注重理論與實務的更新。近二十年來，中國的證券投資領域發生了迅速而深刻的變化，可能沒有任何領域像證券行業那樣，理論普遍地迅速被轉化為實踐，實踐中出現的困惑又迅速地刺激理論的發展。這種日新月異的變化在短時間內給投資領域的從業人員增加了新的負擔。因此本教材努力使書中的理論和案例保持時效性。

為方便教學和使學生鞏固所學知識，教材的每一章前面給出了學習目標與重點難點提示，末尾還給出了相應的本章小結、重要概念和思考題。本教材主要針對成人教育金融經濟專業學生的學習，也可以作為廣大證券從業人員的一本參考書。

參與本書編寫和修改的有李玉輝、黃穎、周放、顧智、張恒、羅夢婷、餘永，由王擎進行總撰。教材參考了國內外的有關資料和教材，主要的參考資料都列在書后，在此向有關作者致謝。同時，在編寫過程中，雖然本書注意了吸收國內外證券市場上一些新的發展動態，但由於全球證券市場發展日新月異，書中難免掛一漏萬。當然，也由於時間較匆忙，書中難免有不妥和錯誤之處，歡迎各位專家和讀者指正。

王擎

目 錄

第一章 證券投資分析概述 …………………………………………… (1)
    第一節 證券投資分析基本理論 ………………………………… (1)
    第二節 證券投資分析的流派與方法 …………………………… (9)

第二章 證券投資的價值分析 ………………………………………… (15)
    第一節 股票的投資價值分析 …………………………………… (15)
    第二節 債券的投資價值分析 …………………………………… (26)
    第三節 衍生證券的投資分析 …………………………………… (31)
    第四節 證券投資基金的投資分析 ……………………………… (35)

第三章 證券投資的宏觀經濟分析 …………………………………… (40)
    第一節 宏觀經濟分析概述 ……………………………………… (41)
    第二節 宏觀經濟形勢變化對證券市場的影響 ………………… (44)
    第三節 宏觀經濟政策對證券市場的影響 ……………………… (49)

第四章 行業分析 ……………………………………………………… (60)
    第一節 行業分析概述 …………………………………………… (60)
    第二節 行業的一般特徵分析 …………………………………… (62)
    第三節 影響行業興衰的主要因素 ……………………………… (68)
    第四節 行業分析的方法 ………………………………………… (71)

第五章 公司分析 ……………………………………………………… (75)
    第一節 公司分析概述 …………………………………………… (75)
    第二節 公司基本分析 …………………………………………… (76)
    第三節 公司財務分析 …………………………………………… (80)

第六章 技術分析 ……………………………………………………… (99)
    第一節 證券投資技術分析概述 ………………………………… (99)
    第二節 K線理論 ………………………………………………… (105)
    第三節 切線理論 ………………………………………………… (109)

第四節　形態理論 ……………………………………………（114）
　　第五節　波浪理論 ……………………………………………（123）
　　第六節　技術指標分析 ………………………………………（125）

第七章　證券投資策略 ……………………………………（136）
　　第一節　證券投資的收益與風險 ……………………………（136）
　　第二節　現代投資理論概述 …………………………………（138）
　　第三節　基本投資策略 ………………………………………（146）
　　第四節　行為金融下的投資策略 ……………………………（151）

參考文獻 ………………………………………………………（156）

習題答案 ………………………………………………………（157）

第一章　證券投資分析概述

學習目標：

在這一章中，我們將討論證券投資的概念和基本原則、信息的搜集方法、證券投資的基本步驟以及證券投資分析的流派和主要方法等內容。學習完本章后，你應當知道：

- 證券投資是什麼；
- 證券投資應當遵循哪些原則；
- 如何獲取證券投資所需的信息；
- 證券投資的基本步驟；
- 證券投資的主要流派；
- 證券投資分析的主要方法。

重點與難點提示：

證券投資的概念　證券投資的原則　獲取信息的方式　證券投資的基本步驟

伴隨著收入的增加以及理財意識的增強，證券投資已經走進了尋常百姓家。那麼，究竟什麼是證券投資？證券投資應當遵循哪些原則？如何獲取證券投資所需的信息？證券投資又有哪些主要流派和方法？這是每一個希望參與證券投資的人都必須面對的問題。在本章中，我們將首先學習證券投資的定義和原則，然後瞭解信息的獲取方法和證券投資的基本步驟，最後討論證券投資的主要流派和方法。

第一節　證券投資分析基本理論

一、證券投資概述

（一）證券投資的概念和目的

證券投資是投資者（國家、企業或個人）用貨幣資金購買股票、債券、基金等有價證券以及這些有價證券的衍生品以獲取收益的投資行為和投資過程，同時承擔與所得收益相對應的風險。它既是促進資本集聚、擴大再生產能力的重要形式，又是促進社會財富增值的重要手段。隨著證券市場和股份制經濟的發展，證券投資已成為社會

大眾的主要投資方式之一。

證券投資的目的包括獲取收益、分散風險、增加流動性。獲取收益是每個投資者在投資前首先考慮的目的，投資者用自有或籌集的資金，必然要通過運用獲取收益來補償資金成本，從中實現差額利潤。證券投資的收益來源於利息股息收入和證券增值收入。利息股息收入是購買證券後，因為持有證券而從發行人那裡取得的收益，它通常包含債券提供的利息收入和股票提供的股息收入。證券增值收入稱為資本利得，由於證券價格在市場上呈現出較大的波動性，證券的增值收入往往是證券收益的主要構成，同時也可能是投資虧損的主要原因。第二個目的是分散風險，投資者除在投資過程中要取得較大的收益外，還要考慮降低風險或把風險控制在一定限度之內，這就需要把投資分散化。所謂投資分散化，是指投資者不要將全部資金投放在單一證券上，而是要同時持有多種資產。這樣做的效果是，當某項資產由於某種原因而跌價時，或者某項債務因某種原因不能償還本息時，其他資產有可能升值，不同資產的上升與跌價相互抵消，投資人將免受或少受損失。第三個目的是增加流動性，保證投資者應急支付的需要。個人投資者因為日常開支或特定的大額支出需要資金，機構投資者對資金流動性的要求更高，往往因為日常經營活動需要保持充足的資金流動性。投資者持有證券不但可能實現增值，而且證券是除現金外流動性最強的資產。

(二) 證券投資的特點

證券投資主要有以下三個特點：

1. 證券投資具有高度的自主性

隨著社會經濟和金融市場的不斷發展完善、人民大眾生活水平的提高以及手中持有財富的不斷增加，無論是法人還是自然人都逐漸意識到理財的重要性，而進行證券投資的門檻相對較低、自主性較強，因此證券投資的吸引力日漸增大。由於證券可以流通，其流動性相對較高而且處置的成本較低，投資者可以持有獲得利息或股利收入，也可以賺取證券買賣的差價收益，還可以參加公司的經營管理。因此，儘管證券投資有風險，其獨特的自主性和吸引力使得人們對證券投資的興趣和熱情日益提高。

2. 證券投資的收益高，風險也大

證券投資的收益主要來源於利息、股利和資本增值，能夠給投資者帶來較高的收益，但也具有相當大的不確定性。高收益對應著高風險，證券投資的風險包括信用風險、流動性風險和操作風險等。以股票投資為例，股票的預期收益主要取決於上市公司的經營狀況以及二級市場的供求狀況，市場上的風吹草動都可能會導致二級市場股票價格下跌，投資者會遭受損失；如果上市公司破產，投資者甚至會血本無歸。

3. 證券投資具有易變現性

易變現性是金融資產投資與實物資產投資的一個顯著區別。易變現性反應了投資者可以在相對較短期內以合理的價格賣掉資產。許多證券交易活躍，投資者可以隨時買賣而不受時間限制（在開市期間內）。但如建築物、機械設備等固定資產，從其購入到回收現金需要較長的時間，即使是原材料、低值易耗品等流動資產的投資，雖然相對固定資產投資而言，時間要短，但也需要一定的週轉時間。證券投資的易變現性，

也意味著證券的持有期可能會比相應的實物資產的持有期要短一些。

(三) 證券投資的基本原則

證券投資是一項收益與風險並存的活動。對於投資者來說，有人因此一夜暴富，也有人因此傾家蕩產，成功與失敗有時只是一念之差。正確的投資理念與有效的分析方法及操作技巧相結合，會給投資活動帶來事半功倍的效果。為了正確地進行投資，一般應遵循如下幾條原則：

1. 時間原則

證券的交易一般是在規定的時間內進行的。如果進行長期投資，時間因素顯得並不十分重要；如果進行短期投資，時間因素就十分重要。市場上一些以證券投資為主業的人，當然有充裕的時間，但是大多數投資者有自己的本職工作，他們只能利用業餘時間，在工作之餘買賣證券，但這樣有時會錯過證券買賣的較好時機。為了實現較好的投資效果，證券投資應該有相應的時間保障。目前，證券市場上有越來越多的家庭主婦、退休者介入，一個重要原因就是他們有相對充裕的時間來進行證券投資，他們既可以代表自己，也可以代表家庭、親戚、朋友進行投資活動。

2. 保本原則

進入證券市場，當然是為了增加收益，但這取決於許多主客觀條件。從主觀上說，要對行情特徵和所買股票有及時和充分的瞭解；從客觀上說，千千萬萬的投資者都希望能夠一夜暴富，因而存在著激烈的競爭。所以，在形成對市場運行的清晰認識之前，絕不能憑運氣、憑感覺貿然投資。其實證券市場中的機會永遠都存在，但如果把本錢輸光，即使再有絕好的機會也沒有用，投資者一定要在保證不虧損的前提下去追求盈利。因此，「保本」對於每一個投資者來說都應是首要原則。

3. 學習原則

每個投資者都應當不斷培養自己證券投資的能力，不但要掌握金融投資的基本知識，還要對國家政策方針有一定的瞭解和分析能力，能夠獨立自主地進行宏觀經濟分析、行業分析以及公司分析。同時還要掌握證券投資的技術分析，瞭解技術分析的主要理論和主要技術指標，從而能夠做到基本分析和技術分析相結合來對市場和股市有一個相對清晰的認識。證券市場的特點是複雜多變、事無定勢，只有在瞬息萬變的證券市場中不斷地學習，努力提高自己對市場把握的能力，才有可能最終戰勝市場而獲得相對豐厚的收益。

4. 信息原則

進入股市切忌對相關信息不聞不問，冷漠遲鈍。有關所買股票的上市公司的經營情況、分紅政策、兼併重組等消息，都極易極快地反應到股票價格的波動上，而國家有關經濟、金融政策上的變化或舉措，可能對整個股市都產生實質影響。這些資訊猶如戰場上的情報，往往能成為決定勝負的因素，因而對於投資者來說是非常重要的。投資者通過傳媒及時瞭解、搜集並分析這些信息，可以使投資者減少風險、增加成功的機會，可以說是投資成敗的根本。

5. 理智投資原則

理智投資就是建立在對證券的客觀認識上，經過認真分析比較後再採取行動。堅持理智投資的原則，就是指投資者在進行證券投資時應該冷靜而慎重，並善於控制自己的情緒。遇到大跌時，不要被恐慌情緒、過度悲觀情緒所左右；而當股市瘋狂上漲的時候，不要過度跟風與貪婪。在證券投資過程中，投資者面對的敵人往往正是自己，理智投資就是要克服普通人的性格缺陷，才能立於市場而不敗。

6. 分散風險原則

分散投資是將投資資金適時地按不同比例投資於若干種類不同風險程度的證券，建立合理的資產組合，從而將投資風險降低到最小限度。證券投資的目的是獲得收益，但只有在控制風險的基礎上才能實現確定的收益。分散投資雖不能完全消除風險，卻能使風險降到最低水平。

堅持分散投資原則，一般包括兩個方面的內容：一是對多種證券進行投資。如果僅投資一種證券，其收益可能時高時低，甚至虧本，風險是很大的。二是選擇不同相關性的多種證券進行投資。成熟的投資者往往將投資分為進攻性部分和防禦性部分，前者主要指股票，后者主要指債券。

7. 止損原則

沒有人能保證每次投資都成功，在證券市場上，沒有「常勝將軍」。投資者都是人，是人就會犯錯誤，應樹立「市場總是對的」這一思想，出現錯誤後應該立即認輸改正。因此，在買賣證券前就應設置一個止損價，如果市場走勢並非你預料的，一定要堅持止損原則，才有可能保證「小輸」，爭取「大贏」。

8. 相反原則

道聽途說、人雲亦雲是難以做好證券投資的。擁有獨立的思考能力，在大家全都看好或者都極度悲觀時，心裡多問幾個問號，避免盲目自信和盲目恐懼，才有可能抓住最好的買賣時機。因為股市總是一個大多數人虧損、小部分人盈利的市場，所以有時候我們要有相反的思維，不要輕易隨大流。

二、證券投資分析的意義

證券投資分析源於美國、英國等金融發達的國家，隨著證券市場的逐步發展，證券投資分析的內涵和外延都在不斷擴大。一方面，證券投資分析的對象在不斷地延伸，從微觀的企業、中觀的產業到宏觀的國民經濟，從國內市場研究到國際形勢分析；另一方面，證券投資分析的方法也在不斷地創新和發展，從傳統的以技術分析和基礎分析為主的分析方法發展到現在建立在主流經濟學的資本資產定價模型（CAPM）、資本資產套利模型（APT）等基礎上的現代投資分析方法。如今，證券分析師已經成為證券市場上一個獨立和非常重要的職業，他們廣泛地為工商企業、證券公司、基金管理公司等不同的市場參與主體服務。

在日趨複雜的金融環境中，進行證券投資分析的意義主要有：

1. 有利於科學決策

影響證券價格漲跌的因素有很多，每個影響因素的變化都可能導致證券價格的變

化，而且每一種證券的風險—收益特性並不是一成不變的，因此在進行投資決策時，必須對各種因素進行詳盡的分析，正確認識每種證券的風險性、收益性、流動性和期限性等方面的特點，選擇適合自己投資風格或需求的投資對象，並制定相應的投資策略。因此，進行證券投資分析有利於減少投資決策的盲目性，盡可能提高決策的科學性和正確性來使投資獲得成功。

2. 有利於正確評估證券的投資價值

投資者對證券進行投資是因為證券具有一定的投資價值，而正確的投資理念是低吸高抛，即投資於未來價格會上漲的證券。證券的價格最終由其價值決定，而證券的投資價值受到多方面的影響，並隨著相關因素的變化而相應地變化。例如，債券的投資價值受市場利率水平的影響，並隨市場利率的變化而變化；股票的投資價值則受到宏觀經濟、行業狀況以及公司發展等各方面的影響。證券投資分析，就是綜合考慮影響證券的各種因素，對證券的投資價值進行正確評估，這是保證證券投資成功的關鍵。

3. 有利於降低投資風險

進行證券投資，投資者在獲得投資收益的同時也承擔了相應的投資風險，總的來說預期收益水平和風險之間存在著一種正相關關係。預期收益水平高，投資者所承擔的風險也就越大；預期收益水平低，所承擔的風險相對也小。然而證券的投資—收益特性會隨著相關因素的變化而變化，因此通過證券投資分析可以考察和分辨每種證券的風險—收益特徵及其變化，從而有利於降低證券者的投資風險。

【案例 1-1】該投資高速公路公司嗎？

有一位私募基金經理對一家高速公路公司很感興趣，於是他派自己手下的五位分析師到這家公司去，在公司的五個收費站免費擔任一個星期的收費員。這些分析師對高速公路每天的車流量、不同時段的流量、不同類型車輛的流量等數據進行詳細統計，根據統計結果估算高速公路一年的車流量，並在此基礎上估計公司當前和未來的收入，再結合公司的管理和未來發展戰略等。基金經理據此判斷這家高速公路公司很有投資價值，於是大量買入該公司股票，幾年內獲得了很高的投資收益。(來源於雅虎網)

三、證券投資分析的信息

(一) 證券投資分析的信息來源

信息的收集、分類、整理和保存是進行證券投資分析的最基礎的工作，是進行證券投資分析的起點。分析人員最終所提供的分析結論的準確性，除了與所採用的分析方法和分析手段有關外，更重要的是取決於所佔有信息的廣度和深度。信息的多少、信息質量的高低將會直接影響著證券投資分析的效果和結論。在證券市場上，各種信息最終會通過不同途徑對證券的價格產生影響。證券市場上各種信息的來源主要有以下幾個渠道：

1. 公開渠道

公開渠道主要是指投資者通過網路、電視、廣播以及各種書籍、報紙、雜誌、其

他公開出版物等媒體獲得公開發布的信息。這一信息來源種類繁多，提供的信息量最為龐大，是進行證券投資分析的最重要的信息來源。按照不同的分類標準，可以對這些來源的信息進行不同的分類。

從發布這些信息的機構來分，主要有以下幾個方面：政府機構（通常為政府統計部門、貨幣當局、證券監管部門、財政部等經濟管理部門）、專業團體（通常為證券業協會、證券分析師協會以及某些非商業性的學術研究團體）、商業性研究機構（各類以營利為目的的會計師事務所、銀行、資信評估機構、諮詢公司等）、交易所、證券公司、上市公司等。

從信息所涉及的內容範圍來分，有某個公司生產、銷售、管理、財務狀況的信息以及某項產品生產與銷售狀況的信息，某個行業發展狀況、產業政策的信息，某個地區經濟政策方面的信息，某個國家的政治經濟形勢的信息，關於世界政治經濟形勢的信息等。

從信息發布的方式看，有歷史信息和即時信息兩種形式。歷史信息發布的是落後於市場的信息；即時信息是與市場同步發布的信息，例如交易所發布的各種股票交易價格的信息就屬於即時信息。

從信息的表現形式看，有通過報紙、雜誌、研究報告等印刷出版物提供的文字信息，有通過即時性的股票交易行情接收分析系統、電視臺等傳遞的圖形、圖像信息，有通過即時性交易行情接收系統和某些報紙雜誌提供的數據信息，有通過會議和廣播電臺等提供的聲音信息，等等。一般情況下，同一種信息可以同時以多種形式發布。

從信息發布的頻度來看，有定期和不定期信息兩種形式。定期信息主要有上市公司季度報告、上市公司中期報告、上市公司年報、上海深圳證券交易所統計月報等，不定期信息有上市公司每天披露的即時信息、各種媒體每天披露的信息評論和分析報告等。

隨著計算機網路技術和遠程通信技術的發展，投資者和證券分析人員可以通過互聯網直接提取和閱讀所需要的投資分析信息。

2. 商業渠道

由於公開渠道的信息種類繁多，提供的信息量極為龐大，給投資者帶來很多不便。因此，某些機構便將各種信息進行篩選、分類和整理，讓投資者有償使用，使投資者節省時間和精力，大大提高工作效率。另外如會計公司、銀行、資信評估機構、諮詢機構、證券公司等商業機構，有專門的人員進行資料的收集、整理、分析工作，並撰寫研究報告，這些報告通常以有償的形式向使用者提供。

目前，一些投資諮詢公司也開始提供投資信息數據庫共享服務。這些公司在某個服務器上存放數據庫、公司財務報表等信息，投資者或證券分析人員可以通過網路訪問該服務器，還可以把所需信息下載到自己的微機上供分析使用，避免了大量的直接收集和整理資料的工作，既提高了效率，又降低了成本。由於這是動態的數據庫，分析人員隨時都可以獲得最新的信息。

3. 實地訪查

實地訪查是獲得證券分析信息的又一個重要來源。它是指證券投資分析人員直接

到有關的證券公司、上市公司、交易所、政府部門等機構去實地瞭解進行證券分析所需的信息資料。在證券投資分析過程中需要用到各種各樣的信息資料，而有些資料無法通過公開的渠道獲得，或者通過公開渠道所獲得的資料的完整性、客觀性值得懷疑，分析人員就可以通過實地訪查去核實。通過實地訪查去獲取信息資料的做法，具有比較強的針對性，信息資料的真實性也有相當的保障。但是，所花費的時間、精力都比較多，成本比較高，而且具有一定的難度。因此，通常將這種方法作為上面兩個信息來源的補充。

4. 其他渠道

其他渠道是指上面三個渠道以外獲得信息的方法，如通過家庭成員、朋友、鄰居等的介紹獲得的信息。對某些投資者來說，有時這可能是最重要的信息來源。

【案例1-2】紅光實業造假

紅光實業上市前就是一家虧損企業，1997年5月23日，紅光以每股6.05元的價格向社會公眾發行股份7,000萬股，公司許諾到2000年彩管產量達到250萬只、彩色玻殼產量達到500萬只、實現銷售收入34億元，稅后利潤3.1億元，建成中國最大的彩管生產基地。一家上海的投資者看了這份令人激動的招股說明書，用自己畢生的儲蓄50萬元買進這家公司股票，但是買進后公司股價就一路下跌。當損失達到一半後，這位投資者決定到這家公司調查。當他到了這家公司才瞭解到事實真相：這家公司上市才半年，就將所有募集資金虧光。看到這個情況，該投資者站在該公司的鐵路上，等著公司的火車開過來，他要用自己的生命向世人發出警告。但是等了半天，該公司的火車也沒有開過來，原來公司已經停產了。（來源於雅虎網）

(二) 收集整理信息的方法

面對龐大的信息量，初入證券市場的投資者經常感到無從下手，因此投資者不但要瞭解獲取信息的渠道，也要掌握將信息歸類整理的方法。通過逐步建立一個電子、紙質或電子與紙質相結合的信息庫來分類收集信息，其方法主要有：

1. 建立證券投資基礎知識庫

證券投資基礎知識是進行證券投資的基礎，有必要對證券的基本種類、計算證券收益率的基本工具、證券工具的基本規則以及證券交易的基本術語等進行收集。

2. 建立投資對象資料庫

證券投資需要選擇具體的投資對象，但證券市場上有數以千計的股票、債券、基金、權證等證券，投資者不可能詳細瞭解每一種證券。因此投資者需要把自己感興趣的證券進行歸集，並進行充分調查和連續的觀察。投資者可以為每只證券建立一個資料庫，將影響證券價格的重要因素羅列其中，並隨時更新，為證券投資決策提供充分的依據。

3. 建立法律法規變動庫

證券市場是個日新月異的市場，而中國處於新興和轉軌狀態的證券市場更是如此，新的法律法規不斷出抬。投資者除了需要按時間順序記錄法律法規的主要內容，還需

要對新法律法規頒布對市場帶來的影響作關注。

4. 建立市場追蹤庫

市場追蹤庫可以按時間順序記錄市場的變動、市場的熱點板塊和股票、市場的重大新聞等，也可以另外設立專題，就某個熱點問題的分析加以整理。

5. 建立分析工具庫

對於專業的分析人員或資深的投資者，除了上述信息外，還需要準備分析工具庫，內容包括：宏觀、行業、公司分析報告的撰寫模板，股評報告的撰寫模板，財務分析的基本模板等，以在需要時可以隨時使用。

四、證券投資分析的步驟

證券投資分析作為證券投資過程的一個重要環節，對投資的成敗起著十分重要的作用。證券投資分析結論的正確程度實際上取決於三個方面：①分析人員佔有信息量的大小以及分析時所使用的信息資料的真實程度；②所採用的分析方法和分析手段的合理性和科學性；③證券分析過程的合理性與科學性。證券分析過程涉及進行證券分析的步驟安排以及在每一個階段所要進行的主要工作等。

科學合理地確定進行證券投資分析的各個步驟，科學合理地安排每一個階段的各項工作，對提高證券分析的效率、形成相對正確的分析結論都有著十分重要的意義。一般來說，比較合理的證券分析應該由以下四個步驟構成：

1. 自我定位

投資者的自我定位，主要包括兩個層面：

（1）長期投資還是短期投資。按照投資期限和目的的不同，證券投資者可分為長期投資者和短期投資者。長期投資者進行證券投資的目的不是為了轉售獲利，而是準備長期持有，享有股息收益。在正常情況下，股息收入要高於銀行存款和債券的利息收入，長期債券的利息收入要高於短期債券的利息收入，長期持有股票還能得到公司財產增值的收益。短期投資者是指那些持有證券的時間較短，以賺取證券買賣差價收入為目的的投資者。由於證券價格變動頻繁，使得投資者可以利用證券價格漲落來賺取證券買賣的差價收益。

（2）投資者是穩健型、激進型還是中庸型。按照對待收益與風險的態度，證券投資者可以分為穩健型、激進型與中庸型的投資者。穩健型投資者比較注重投資的安全性，抗禦風險能力較弱，屬於低風險傾向的投資者。激進型投資者為獲取較高的投資收益，他們願意承擔較大風險。中庸型投資者介於穩健型與激進型投資者之間，他們比較注重平衡風險與收益的關係，力求在保本的前提下獲取盡可能多的收益，他們既希望獲取穩定的利息和股息收入，也不會輕易放過獲取證券差價收益的機會；他們願意為豐厚的盈利而承擔一定的風險，但在風險超過一定程度時就會斷然放棄高利。

必須指出，投資者的分類只是相對的，在實際的證券投資活動中，很少有絕對的長期投資者和短期投資者、穩健型投資者與激進型投資者，投資者在不同的時期會改變其類型。

2. 收集資料

不同定位的投資者存在收集資料上的差別。進行長期投資的多為穩健型投資者，他們對發行公司的經營狀況和財務狀況進行分析，盡可能購買那些經營狀況良好、財務穩定、有發展前景的公司的股票與債券，而不必關心證券價格暫時的漲跌。當證券市場行情愈跌，一般投資者愈失望的時候，往往是長期投資者酌量買進的大好時機。因此，長期投資者更注重宏觀經濟運行、行業發展、公司經營的基本分析，並收集與之相關的資料。

進行短期投資的多為喜愛冒險的激進型投資者，他們一般對經營狀況變化較大、收益水平易受各種因素影響的活躍性公司證券更感興趣。短期投資者頻繁地買賣證券，必須時刻注意證券價格的變化趨勢，而不必像長期投資者那樣去關心公司的經營狀況。因此，短期投資者更注重反應市場行情變動的技術分析，並收集與之相關的資料。

3. 判斷與篩選

面對紛繁的信息來源，投資者要善於搜集、整理各類資料，運用相關知識與實踐經驗，做好去偽存真、去粗取精、由表及裡、由此及彼的判斷與篩選工作。

一般而言，政府機構、中央銀行提供的信息較為可靠，具有權威性的全國性報刊尤其是全國證券貨幣市場信息披露指定報刊如《中國證券報》《上海證券報》登載的信息較為真實。即使是真實可靠的信息，投資者仍需進一步判斷其時效，失去時效的信息應予篩掉；另外還需判斷投資對象與當前自我定位是否相符，不符合的應予篩掉。

4. 累積與分析

投資者要注意累積資料，保持其連續性。分析經濟形勢、市場行情、行業發展，不是憑一年半載的資料就可找出公司業績內在規律和發展趨勢的，要依據可比口徑的中長期歷史資料進行對比分析，才能從中受益。這就需要投資者對原始數據信息進行整理加工，形成系統的、連續的時間數列，並對時間數列各數值進行分析計算，得出有關的市場指標，用於分析預測證券價格的未來走勢。

第二節　證券投資分析的流派與方法

一、證券投資分析的主要流派

隨著現代證券組合理論的誕生，證券投資分析開始形成了界限分明的四個基本分析流派，即基本分析流派、技術分析流派、心理分析流派和學術分析流派。其中，基本分析流派和技術分析流派是較為系統化的分析流派；而心理分析流派與學術分析流派，目前還沒有形成完整的投資決策體系。但是心理分析流派在市場重大轉折點的心理把握上往往有獨到之處；而學術分析流派在投資理論方法的研究、大型投資組合的組建與管理以及風險評估與控制等方面，具有不可替代的地位。

1. 基本分析流派

基本分析流派是指以宏觀經濟形勢、行業特徵及上市公司的基本財務數據作為投

資分析對象與投資決策基礎的投資分析流派。基本分析流派是目前西方投資界的主流派別。基本分析流派的分析方法體系體現了以價值分析理論為基礎、以統計方法和現值計算方法為主要分析手段的基本特徵。

2. 技術分析流派

技術分析流派是指以證券的市場價格、成交量、價和量的變化以及完成這些變化所經歷的時間等市場行為作為投資分析對象與投資決策基礎的投資分析流派。該流派以價格判斷為基礎、以正確的投資時機抉擇為依據。從最早的直覺化決策方式，到圖形化決策方式，再到指標化決策方式，直到最近的模型化決策方式以及正在研究開發中的職能化決策方式，技術分析流派投資分析方法的演進遵循了一條日趨定量化、客觀化、系統化的發展道路。對投資市場的數量化與人性化理解之間的平衡，是技術分析流派面對的最艱鉅的研究任務之一。

3. 心理分析流派

心理分析流派的投資分析主要有兩個方向：個體心理分析和群體心理分析。其中個體心理分析基於「人的生存慾望」「人的權力慾望」「人的存在價值慾望」三大心理分析障礙問題。群體心理分析基於群體心理理論與逆向思維理論，旨在解決投資者如何在研究投資市場過程中保證正確的觀察視角問題。

4. 學術分析流派

在現代投資理論誕生以前，學術分析流派分析方法的重點是選擇價值被低估的股票並長期持有，即在長期內不斷吸納、持有所選定的上市公司股票。現代投資理論興起之後，學術分析流派投資分析的哲學基礎是「效率市場理論」，投資目標為「按照投資風險水平選擇投資對象」。學術分析流派的重要觀點之一，即市場是有效的：當給定當前的市場信息集合時，投資者不可能發展出任何交易方法或投資策略，來獲取超出投資對象內含收益率的超額收益。長期持有以「獲取平均的長期收益率」為投資目標的原則，是學術分析流派與其他流派最重要的區別之一。

二、證券投資分析的主要方法

證券投資分析有三個基本要素：信息、步驟和方法。其中，證券投資分析方法直接決定了證券投資分析的質量。目前，進行證券投資分析所採用的分析方法主要有三大類：基本分析法、技術分析法和證券組合分析法。

（一）基本分析法

基本分析又稱基本面分析，是指證券投資分析人員根據經濟學、金融學、財務管理學及投資學的基本原理，通過對決定證券價值及價格的基本要素（如宏觀經濟指標、經濟政策走勢、行業發展狀況、產品市場狀況、公司銷售和財務狀況等）的分析，評估證券的投資價值，判斷證券的合理價值，從而提出相應的投資建議的一種分析方法。

證券投資基本分析的理論基礎主要來自於四個方面：經濟學，包括宏觀經濟學和微觀經濟學兩個方面；產業經濟學；財務管理學和投資學。其內容包括宏觀經濟分析、行業分析及公司分析。宏觀經濟分析主要探討各經濟指標和經濟政策對證券價格的影

響；行業分析是介於宏觀經濟分析與公司分析之間的中觀層次的分析；公司分析是基本分析的重點，無論什麼樣的分析報告，最終都要落實在某個公司證券價格的走勢上，公司分析側重於對公司的競爭能力、盈利能力、經營管理能力、發展潛力、財務狀況、經營業績以及潛在風險等進行分析，借此評估和預測證券的投資價值、價格及未來變化的趨勢。

證券投資基本分析法的優點是能夠比較全面地把握證券價格的基本走勢，應用起來相對簡單。缺點是預測的時間跨度相對較長，對短線投資者的指導作用比較弱，預測的精確度相對較低。證券投資基本分析的適用範圍為週期相對比較長的證券價格預測，相對成熟的證券市場，預測精確度要求不高的領域。

在股票市場上，基本分析主要是研究影響股票供給、需求兩種力量的變動因素，以作為決定股票內在價值的參考。因此當某上市公司有利多消息（包含公司素質、政策面，甚至機構介入等）出現時，將使需求力量增強，內在價值上漲，如果此時內在價值高於市價，則值得買進股票。基本分析的作用就是為我們選擇值得投資的股票。假設我們經過不同的分析方法，確知股市已進入新的上升階段，但在眾多只股票中，我們應該選擇哪一只？哪一只最具有長線持有價值？哪一個公司的前景最佳？這都必須用基本分析方法才能找到答案。

（二）技術分析法

簡單地說，技術分析是僅從證券的市場行為來分析和預測證券價格未來變化趨勢的方法。證券的市場價格、成交量、價和量的變化以及完成這些變化所經歷的時間是市場行為最基本的表現形式。

技術分析的理論基礎是建立在以下三個假設之上的：市場的行為包含一切信息；價格沿趨勢移動；歷史會重複。其理論的主要內容包括 K 線理論、切線理論、形態理論、技術指標理論、波浪理論和循環週期理論等。

技術分析的優點有：①簡單方便。特別是在科技發達的今天，通過現代化電腦手段，每一只股票的變化可以一目了然。②客觀理性的分析。圖表上表現的無論買入或賣出訊號，都不可能因人為主觀的意願而改變。這和基本分析不同，基本分析是主觀的，而技術分析是客觀的。③保障利潤，限制損失。如果投資者可以把理論和實踐相結合，技術分析可以輔助我們在投資上達到這個目的。

但是技術分析也有一定的缺陷，主要表現在以下幾個方面：①技術分析信號的出現往往和最高或最低價有一段距離，如果投資者不習慣這些信息，未果斷採取相應的買賣策略，常常會錯失機會。②技術分析經常有「走勢陷阱」出現，混淆投資者的視線，令投資者對出現的信號往往採取不信任的態度。③技術分析不可能告訴我們每一次價格波動的最高價和最低價，也不可能告訴投資者每一次上升或下跌完結的時間。當然其他分析也不可能做到這一點。因此，技術分析主要適用於對短期的證券價格的預測。

由以上內容可知，基本分析與技術分析主要有以下幾點區別：

（1）目的不同。基本分析的目的是為了獲得證券投資的長遠收益，它重點研究的

是證券的內在投資價值，較長期地持有質優而價值被低估的股票，而不關心市場上那些短期的難以捕捉的變動。技術分析的目的是為了獲得證券投資的短期收益，它更關心股票的短期走勢，認為基本分析的數據資料公布滯後，當投資者知道公司基本面發生利好變化時，股價早已高高在上，此時買入無疑會接到最後一棒。故技術分析強調的是在市場的短期波動中抓住機會，以實現投資收益的最大化。

(2) 方法與內容不同。基本分析偏重於定性研究，是從影響市場供求關係的外部因素入手，分析股價的長期趨勢，並制定相應的投資組合策略。技術分析側重於定量分析，是從證券市場本身入手，依據市場提供的價格、成交量等資料分析股價的中短期走勢。技術分析認為影響市場的所有因素，包括經濟面、消息面、心理面等，都已集中地反應在股價和成交量上，投資者根據技術圖表和歷史經驗完全可以領先一步，採取正確的應變措施。

(3) 用途不同。基本分析的用途主要是告訴投資者買賣哪些股票，即如何選股。當選擇好股票後要長期持有，短期內不考慮出手的時間和價位。技術分析則告訴投資者什麼時候去買或賣，即選擇合適的時機和投資方式。當買入股票後要隨時準備賣出，在股價的漲跌中獲取更多的差價收益。

基本分析法和技術分析法在投資理念、投資方式和投資策略上都有很大的區別，但它們不同的價值取向，各有其合理的內核。在投資實踐中，無論是偏重於價值投資的基本分析者，還是側重於趨勢分析的技術投資派，都取得過輝煌的戰績，也有過慘重的失敗。成熟的投資者要善於把兩種分析方法結合起來使用，用基本分析估計長期趨勢，用技術分析判斷短期走勢和確定買賣時機。

(三) 證券組合分析法

證券組合分析法是根據投資者對收益率和風險的共同偏好以及投資者的個人偏好來確定投資者的最優證券組合併進行組合管理的方法。證券組合分析法是證券投資分析一個重要組成部分，它是研究在面臨各種相互聯繫的確定的和不確定的結果的條件下，投資者怎樣做出最佳投資選擇，把一定數量的資金按合適的比例，分散投資在許多種不同的資產上，以實現投資者效用最大化的目標。

證券組合分析是建立在現代證券組合理論之上的一種分析方法，該理論的假定條件有：①投資者關心其資產組合的兩個問題，即預期收益率和風險程度；②資本市場是有效的，即證券價格能充分反應所有可以獲得的信息；③不存在交易成本或個人所得稅；④所有證券的投資都是完全可以分割的，從而投資者可以任何比例投資於任何證券；⑤投資者完全根據證券組合的期望值（預期收益率）和標準差（風險）做出投資決策；⑥存在一個無風險利率，按照此利率投資者可以借入或貸出任意數量的資金，對所有投資者來說這個無風險利率是相同的；⑦每種證券之間的收益都是有關聯的，如果知道各種證券彼此間的相關係數，就有可能決定證券組合所能產生的最低風險。理性投資者在期望收益率既定的條件下選擇風險最小的證券或在風險既定的條件下選擇期望收益率最大的證券。證券組合分析的內容主要包括馬克維茨的均值方差模型、資本資產定價模型（CAPM）、特徵線模型、因素模型、資本資產套利定價模型（APT）

以及它們在實踐中的應用。

【案例1-3】張博士怎樣進行股票投資分析

張博士是一個高科技企業集團的工程師，今年35歲，由於收入豐厚，有不少「閒錢」投資，所以有了多年炒股的歷史和經驗。因為時間上的限制，不可能每天進行交易操作，所以他的炒股目標是中長線投資和波段操作，不怕冒險，追求較高收益。幾年下來收益可觀。那麼他是怎樣炒股，如何進行股票投資分析的呢？據他本人介紹，他認為每週的分析最重要，可靠的信息是基礎，靈活的操作是保證，總結在一起就是「三步曲」：第一步是收集信息，第二步是分析和判斷，第三步是操作。

首先是收集信息，最可靠的是報刊、廣播和電視的公開信息，沙龍、股評和朋友的消息僅供參考。每天都要收集和關注信息，週末更是花許多時間，下工夫收集，因為信息是分析的基礎。

其次是分析和判斷，分三個方面：一是分析大勢，判斷基本面，分析走勢圖。上升趨勢形成時進場買股票，下跌趨勢開始時離場休息。二是選擇股票，主要運用基本分析法選行業、選區域、選盤子、選業績、選成長性和發展潛力，比較各種板塊和各種常用財務指標，選擇若幹可能投資的股票。三是選擇買賣時機，主要運用技術分析法考慮常用技術指標和走勢圖，上升趨勢形成而且技術指標從超賣變為強勢時，進場買進所選擇的股票並耐心持有，短時一個月，長時可達一年以上；當分析走勢圖時，發現中長期下降趨勢開始時，堅決離場休息，或者選擇其他強勢股票換股持有。

最后是買賣操作，以能夠獲取收益來看操作是否順利。基於分析和判斷的結果，進場買股票時不考慮幾分錢的差價，比最新價高幾分錢買進，往往比較順利；離場時比最新價少幾分錢，甚至少一二角錢堅決賣出，決不猶豫，而且賣出后往往會過幾天再考慮是否再買股票，所以持倉狀態常常是空倉休息或者是全倉持股。

張博士認為牛市裡全倉持股更有利，只要選擇了好股票，放長線釣大魚最快活；而熊市來臨時空倉最瀟灑，少做或者不做反彈；底部形態明顯，放量上漲，反轉可能性很大時，全倉買入持有股票最踏實，沒有不踏實的煩心和苦惱。（參見王勇，李建華．證券投資分析．北京：中國財政經濟出版社，2006）．

本章小結

1. 證券投資是投資者用貨幣資金購買股票、債券、基金等有價證券以及這些有價證券的衍生品以獲取收益的投資行為和投資過程，同時承擔與所得收益相稱的風險。

2. 進行證券投資應當遵循時間原則、保本原則、學習原則、信息原則、理智投資原則、風險分散原則、自損原則、相反原則八項原則。

3. 獲取證券投資所需信息可以通過公開渠道、商業渠道、實地查訪以及其他渠道四種方式。

4. 合理的投資行為由以下四個步驟構成：自我定位、搜集資料、判斷和篩選、累積和分析。

5. 證券投資分析目前存在著四個基本分析流派，分別是基本分析流派、技術分析流派、心理分析流派和學術分析流派。

6. 進行證券投資分析所採用的分析方法主要有三大類：基本分析法、技術分析法和證券組合分析法。

重要概念提示

證券投資、易變現性、資本利得、分散投資、相反原則、止損原則、基本分析法、技術分析法、心理分析流派、學術分析流派

復習思考題

（1）你會從哪些渠道搜集關於證券投資方面的信息？
（2）請結合自己的性格特點分析在證券投資中的自我定位。
（3）淺談你對技術分析法的看法。
（4）淺談你對證券投資的認識。

第二章　證券投資的價值分析

學習目標：

在熟悉貨幣時間價值的基礎上，我們將在本章瞭解股票、債券、金融衍生產品、基金等四類常見有價證券的定價原理。通過本章的學習，你應當瞭解：
- 判斷股票投資價值的方法；
- 影響股票投資價值的因素；
- 判斷債券投資價值的方法；
- 影響債券投資價值的因素；
- 金融衍生品的定價原理；
- 基金的價格決定原理。

重點與難點提示：

證券定價的現金流折現法、證券定價的市盈率方法、收益率曲線與利率的期限結構、金融衍生品的定價原理

當投資者進行證券投資時，總是面對著種類繁多的有價證券以及它們那變化莫測的價格，以什麼樣的價格買入或賣出哪種證券，就成了投資者最關心的問題之一。一般而言，比較常見的有價證券包括股票、債券、金融衍生產品以及基金，它們分別有著各自不同的定價機制。瞭解這些有價證券的定價原理，是成為一個合格的投資者所必備的條件之一。

第一節　股票的投資價值分析

一、現值模型

當我們去判斷一只股票是否具有投資價值的時候，最常使用的方法是現金流貼現法和內部收益率法。現金流貼現法的思想是通過貼現現金流的辦法，將投資者能從一只股票上獲得的全部收益（包括股息和出售股票所得）折現成這只股票的內在價值，並判斷內在價值是否和股票的市場價格存在差異。如果內在價值高於市場價格，那麼我們就認為這只股票被低估了，投資購買這只股票是明智的；反之，如果市場價格高

於內在價值，那麼我們認為股票被高估了，不應當持有這只股票。內部收益率法是根據股票市場價格來計算出持有這只股票所帶來的收益率，如果持有股票帶來的收益率高於投資者所要求的收益率，那麼就應該購買這只股票；如果持有股票帶來的收益率低於投資者所要求的收益率，那麼就不應該持有這只股票。

實際上在判斷一只股票是否有投資價值時，現金流貼現法和內部收益率法是分析這個問題時兩個不同的角度，兩者在本質上是一致的。股票價值判斷的難點之一就在於對未來股息支付的預測，如果我們假定了未來的股息的支付，那麼運用兩種方法就會得到一致的結論。接下來我們將假設不同的股息支付形式，分別運用這兩種方法做出詳細的分析。

(一) 模型形式

1. 現金流折現法

任何資產的價值都取決於其未來能給投資者帶來的收益，如果收益越高，那麼其價值就越大。對於股票而言，未來的收益就表現為股息以及出售股票所獲得的收益。假設投資者準備永遠持有該股票，那麼未來的收益就只包含了股息。由於股息的支付是在未來，因此把未來的股息收入換算成收益現值就可得到股票的內在價值。

由於股息的支付是在未來一系列的時間點上發生的，因此我們就可以把股票的內在價值視作所有股息收入對應的現在收益之和。假設 V 為股票的內在價值，則有下面的公式：

$$V = \frac{D_1}{1+k} + \frac{D_2}{(1+k)^2} + \frac{D_3}{(1+k)^3} + \cdots + \frac{D_\infty}{(1+k)^\infty} = \sum_{t=1}^{\infty} \frac{D_t}{(1+k)^t} \quad (2.1)$$

其中：D 是未來某次支付的股息，k 是相應的折現率。

【例2-1】現在有一家礦業公司發行股票，它的所有設備都是租借的，而它所擁有的煤礦還有 5 年的開採時間。在未來的 5 年裡，公司都會在每年的這一天支付每股 10 元的股息。5 年後，公司不會再有任何盈利，投資者認同的年收益率是 10%。那麼這家公司的股票的內在價值是多少？

我們可以通過公式（2.1）來分析這個問題。由於每年的股息都是相等的，所以 D 總是等於 10 元。折現率等於投資者認同的收益率，在本例中是每年 10%。將此帶入到公式（2.1），我們就可以計算出該股票的內在價值。

$$V = \frac{10}{1+10\%} + \frac{10}{(1+10\%)^2} + \frac{10}{(1+10\%)^3} + \cdots + \frac{10}{(1+10\%)^5}$$

$$= 39.7 \text{（元）}$$

在實際交易中，投資者往往是從二級市場上購買股票，此時股票已經發行了，投資者需要判斷的是股票在二級市場上的價格與股票內在價值的差異。如果股票價格高於其內在價值，那麼這只股票被高估，投資者不應買入。與之相反，如果股票價格低於其內在價值，那麼這只股票被低估，投資者應買入該股票。

在進行判斷的時候，我們一般會引入淨現值這個概念，淨現值（NPV）等於內在價值（V）和成本（P）之差，成本指的是投資者在二級市場上購買該股票的成本，一

般包括該股票的價格、券商佣金以及稅收等因素。在本章中為了簡化分析，忽略了佣金及稅收等因素，將股票的購買成本視為股票的價格。

$$NPV = V - P = \sum_{t=1}^{\infty} \frac{D_t}{(1+k)^t} - P$$

如果 NPV > 0，意味著所有預期的現金流的現值大於投資成本，即這種股票被低估，可以購買這種股票。

如果 NPV < 0，意味著所有預期的現金流的現值小於投資成本，即這種股票被高估，不應購買這種股票。

NPV 方法給我們提供了一個判斷是否應當購買股票的依據。除此之外，我們還可以通過內部收益率方法對這個問題進行判斷分析。

2. 內部收益率法

內部收益率就是指投資淨現值等於零的貼現率。如果用 k^* 代表內部收益率，根據內部收益率的定義可得下式：

$$NPV = V - P = \sum_{t=1}^{\infty} \frac{D_t}{(1+k^*)^t} - P = 0$$

所以：

$$P = \sum_{t=1}^{\infty} \frac{D_t}{(1+k^*)^t} \tag{2.2}$$

由此可見，內部收益率是使得未來股息貼現值正好等於股票市場價格的貼現率。對於投資者而言，如果他要求的收益率 k 大於內部收益率 k^*，那麼就不應該購買這只股票；反之如果內部收益率 k^* 大於投資者所要求的收益率 k，那麼購買這只股票就是明智的。

在例 2-1 中，如果現在的股票市場價格 P 是 36 元，那麼根據公式（2.2），我們就可以計算出內部收益率 k^* = 12%。而投資者要求的收益率 k = 10% < k^*。因此對於這個投資者而言，礦業公司的股票被低估，應當購買這只股票。

運用現金流貼現模型或內部收益率方法都存在一個困難，即投資者必須明確瞭解未來所有時刻支付的股息。由於股息的支付往往是在無窮多個時期，因此有必要給股息的支付加上一些假定，以便於計算股票的內在價值。

圍繞著不同的股息增長率的假定派生出不同類型的貼現現金流模型。

(二) 零增長模型

1. 現金流折現法

零增長模型假定股息的增長率等於零，即股息的增長率 g = 0。也就是說，未來的股息按照一個固定的數量支付。如例 2-1 中，礦業公司每年支付的股息都是 10 元一樣。如果我們進一步假設礦業公司所擁有的煤礦可以無限期地開採下去，公司的股息政策不會改變而且沒有其他的盈利項目。我們用 D 表示所有的股息，那麼：

$$V = \sum_{t=1}^{\infty} \frac{D}{(1+k)^t}$$

根據數學計算可以得到：

$$\sum_{t=1}^{\infty}\frac{1}{(1+k)^t}=\frac{1}{k}$$

因此，零增長模型用式（2.3）表示為：

$$V=\frac{D}{k} \tag{2.3}$$

其中，V 是股票的內在價值，D 是不變的股息，k 是到期收益率。

根據例 2-1 中的數據可得礦業公司的股票價值是 10÷10% = 100（元）。

2. 內部收益率法

零增長模型也可以用於計算投資於股息增長率為 0 的股票所帶來的內部收益率。用股票的當前價格 P 替代 V，用 k^*（內部收益率）替換 k，零增長模型可以轉化為：

$$P=\sum_{t=1}^{\infty}\frac{D}{(1+k^*)^t}=\frac{D}{k^*}$$

$$k^*=\frac{D}{P}\times 100\% \tag{2.4}$$

在例 2-1 中，如果可以無限開採下去的礦業公司的股票市場價格是 80 元，每年支付的股息都是 10 元不會改變。那麼就可以計算出內部收益率 k^* = 10÷80 = 12.25%。

由於該股票的內部收益率大於投資者所要求的收益率，因此持有該公司的股票是明智的。在現實世界中，假定一種股票永遠支付固定的股息是不合理的，因此零增長模型的應用受到了相當的限制，但對於優先股而言，它的股息支付大多數時候是固定的，因此在決定優先股內在價值的時候，零增長模型還是有用的。

（三）不變增長模型

1. 現金流折現法

在不變增長模型裡面，「不變增長」指的是股息按照不變的增長率增長，表現為 g 是常數，根據該假設有 $D_t = D_{t-1}(1+g) = D_0 \cdot (1+g)^t$。

將上面這個式子代入現金流貼現模型公式（2.1）可得：

$$V=\sum_{t=1}^{\infty}\frac{D_0 \cdot (1+g)^t}{(1+k)^t}=D_0\sum_{t=1}^{\infty}\frac{(1+g)^t}{(1+k)^t}$$

通過數學中無窮級數的轉化可以得到股票不變增長模型的定價公式：

$$V=D_0\times\frac{1+g}{k-g} \tag{2.5}$$

有時候也可以進一步簡化為：

$$V=D_1/(k-g)$$

【例 2-2】2009 年某電力公司股東大會上，董事會決定支付每股 10 元的股息，並且在未來的日子裡，該股票的股息按照 6% 的速度增長。如果投資者所要求的必要的收益率為 10%，那麼市場所認可的該股票的股價是多少？

這是一個典型的不變增長模型的應用，通過公式（2.5）我們可以很輕鬆地求出該股票的價格是 10×(1+6%)÷(10%-6%) = 265（元）。

2. 內部收益率法

利用不變增長模型的公式同樣可以求解該股票的內部收益率。首先，用股票的當前價格代替 V，其次，用 k^* 代替 k，其結果是：

$$P = D_0 \cdot \frac{1+g}{k^* - g}$$

經過變換，可得：

$$k^* = \frac{D_0 \cdot (1+g)}{P} + g = \left(\frac{D_1}{P} + g\right) \times 100\% \tag{2.6}$$

假設例 2-2 中的公司的股票價格是 300 元，通過（2.6）式我們就可計算該公司股票的內部收益率是 $k^* = \frac{10 \times (1+6\%)}{300} + 6\% = 9.5\%$。由於內部收益率小於必要收益率，該公司的股票被高估。

零增長模型實際上是不變增長模型的一個特例。假定增長率 g 等於 0，股息將永遠按固定數量支付，這時，不變增長模型就是零增長模型。

（四）可變增長模型

可變增長模型是被最普遍用來確定普通股票內在價值的貼現現金流模型。這一模型進一步放寬了對股息的假設條件，因此較零增長模型和不變增長模型能較好地擬合現實情況。在這裡我們將對可變增長模型中的具有代表性的二元增長模型進行討論。

1. 現金流折現法

在二元增長模型中假設股息的變動在一段時間 T 內並沒有特定的模式可以預測，在此段時間以後，股息按不變增長模型進行變動。因此，股息流可以分為兩個部分。第一部分包括在股息無規則變化時期的所有預期股息現值。用 V_{T-} 表示這一部分的現值，它等於：

$$V_{T-} = \sum_{t=1}^{T} \frac{D_t}{(1+k)^t}$$

第二部分包括從時點 T 來看的股息不變增長率時期的所有預期股息的現值。因此，該種股票在時間 T 的價值（V_T），可通過不變增長模型的定價公式求出：

$$V_T = D_{T+1} \cdot \frac{1}{k-g}$$

但目前投資者是在 t=0 時刻，而不是 t=T 時刻來決定股票現金流的現值。於是，還得把上述 V_T 的價值貼現到 t=0 的時點：

$$V_{T+} = V_T \cdot \frac{1}{(1+k)^T} = \frac{D_{T+1}}{(k-g)(1+k)^T}$$

於是，我們把 T 時刻以前所有股息的現值和 T 時刻以後股息的現值相加，這兩部分現值的總和即是股票的內在價值。用公式表示如下：

$$V = V_{T-} + V_{T+} = \sum_{t=1}^{T} \frac{D_t}{(1+k)^t} + \frac{D_{T+1}}{(k-g)(1+k)^T} \tag{2.7}$$

【例 2-3】現在有一家礦業公司發行股票，它所擁有的煤礦還有 5 年的開採時間。在未來的 5 年裡，公司都會在每年的這一天支付每股 10 元的股息，5 年后公司轉向電

力生產，並且每股股息按照6%的速度增長，如果投資者要求的10%的回報率不變的話，那麼現在公司的股價應該是多少?

這道例題是前面兩個例題的一個綜合，其實可變增長模型本身也是其他增長模型的一個組合，在本例中T=5，代入公式（2.7）可得：

$$V = V_{T-} + V_{T+} = 39.7 + \frac{265}{(1+10\%)^5} = 204.3 \text{（元）}$$

2. 內部收益率法

零增長模型和不變增長模型都有一個簡單的關於內部收益率的公式，而對於多元增長模型而言，不可能得到如此簡潔的表達式。在公式（2.7）中，用P代替V，用k^*代替k，可得到：

$$P = \sum_{t=1}^{T} \frac{D_t}{(1+k^*)^t} + \frac{D_{T+1}}{(k^*-g)(1+k^*)^T}$$

雖然我們不能得到一個簡潔的內部收益率的表達式，但是仍可以運用試錯方法，計算出多元增長模型的內部收益率。具體而言，試錯法是在建立方程之後估計k^*，當代入一個假定的k^*後，如果方程右邊的值大於P，說明假定的k^*太小；相反，如果代入一個選定的k^*值，方程右邊的值小於P，說明選定的k^*太大。繼續試選k^*，最終能找到使等式成立的k^*。

（五）有限期持有股票的條件下股票內在價值的決定

無論是零增長模型、不變增長模型還是多元增長模型，它們都是對所有未來的股息進行貼現，即假設投資者接受未來的所有股息流。如果投資者只計劃在一定期限內持有該種股票，該股票的內在價值該如何變化呢?

如果投資者計劃在一年後出售這種股票，他所接受的現金流等於從現在起的一年內預期的股息（假定普通股每年支付一次股息）再加上預期的出售股票價格。因此，該股票的內在價值的決定是用必要收益率對這兩種現金流進行貼現，其表達式如下：

$$V = \frac{D_1 + P_1}{1+k} = \frac{D_1}{1+k} + \frac{P_1}{1+k} \tag{2.8}$$

式中：D_1為t=1時的預期股息，P_1為t=1時的股票出售價格。

在t=1時股票出售價格的決定是基於以後預期支付的股息，即：

$$P_1 = \frac{D_2}{(1+k)^1} + \frac{D_3}{(1+k)^2} + \frac{D_4}{(1+k)^3} + \cdots = \sum_{t=2}^{\infty} \frac{D_t}{(1+k)^{t-1}}$$

代入公式（2.8）得到

$$V = \frac{D_1}{1+k} + \left(\frac{D_2}{(1+k)^1} + \frac{D_3}{(1+k)^2} + \cdots \right) \times \frac{1}{1+k}$$

$$= \frac{D_1}{1+k} + \frac{D_2}{(1+k)^2} + \frac{D_3}{(1+k)^3} + \cdots$$

$$= \sum_{t=1}^{\infty} \frac{D_t}{(1+k)^t}$$

公式（2.8）與公式（2.1）完全相同，說明對未來某一時刻的股息和這一時刻股票出售價格進行貼現所得到的普通股票的價值，等於對所有未來預期股息貼現後所得的股票價值，這是因為股票的預期出售價格本身也是基於出售之後的股息的貼現。因此，在有限期持有股票的條件下，股票內在價值的決定等同於無限期持有股票條件下的股票內在價值的決定。這個結論適用於之前我們討論的所有的股息增長模型。或者說，貼現現金流模型可以在不考慮投資者計劃持有股票時間長短的條件下來決定普通股股票的內在價值。

(六) 股票折現率的估計方法

在前面的分析中，我們都假定市場上投資者所認可的回報率是已知的，然而在現實世界中，投資者主體之間的巨大差異造成了很難確定一個市場所認可的收益率。但是我們可以假定存在一個市場所認可的收益率，並且這個收益率和其他因素如風險、企業財務狀況、市場的整體環境等因素相關。進而我們可以通過確定相關因素及其對收益率的影響大小來估計這個市場認可的收益率。

通常的情況是市場對每個證券所認可的收益率取決於其所承擔風險的大小，這樣我們就可用資本資產定價模型（CAPM）來計算各證券的預期收益率，並將此預期收益率作為計算內在價值的貼現率。資本資產定價模型為：

$$E(r_j) = r_F + [E(r_M) - r_F] \cdot \beta_j$$

式中：$E(r_j)$ 為某種股票的預期收益率；

　　　r_F 為無風險利率；

　　　$E(r_M)$ 為市場組合的預期收益率；

　　　β_j 為某證券 j 的 β 係數。

該公式說明：任何一只證券的預期收益率等於無風險利率 r_F 加上風險補償 $[E(r_M) - r_F] \cdot \beta_j$。因此，估計 $E(r_j)$ 要先估計出無風險利率 r_F，市場組合的預期收益率 $E(r_m)$ 和證券的 β 係數。

估計無風險利率相對比較容易，因為政府債券可以看作是現實中的無風險債券，一般採用短期國債的收益率來替代。對於市場組合收益率的預期則要複雜一些，可以運用基本分析、技術分析、證券市場指數與主要經濟指標關係模型等方法來分析，也可以用歷史數據估計得出。

證券 β 係數的獲取一般有四種方法：

第一種：在資本市場發達的國家，目前已有專門機構通過收集、整理證券市場的有關數據、資料，計算各種證券的 β 係數，以便出售給需要的投資者。

第二種：估計證券 β 係數的歷史值，用歷史值代替下一時期證券的 β 值。歷史的 β 值可以用某一段時期內證券價格與市場指數之間的協方差對市場指數的方差的比值來估算。

第三種：用迴歸分析法估計 β 值。假定某年度的 β 係數與上一年度的 β 係數之間存在著線性關係，即 $\beta_t = \alpha_0 + \alpha_1 \beta_{t-1}$。通過許多年度 β 值的累積和迴歸，便可估計出上式中 α_0 和 α_1，這樣就能計算出下一年度證券的 β 值，即：$\beta_{t+1} = \alpha_0 + \alpha_1 \beta_t$。

第四種：對第三種方法的修正。在第三種方法中僅僅考慮了前一期 β 值對後一期 β 值

的影響。事實上，證券 β 系數大小還與其發行公司和股票的其他特徵相關。例如，發行公司的規模、發行公司的財務槓桿比例、流動性水平、收益穩定性等指標都可能與證券的 β 系數有關，那麼可以將上述因素加入到迴歸模型中，根據歷史數據估計得出 β 系數。

通過上述幾個步驟，我們獲得了 $E(r) = \sum_{i=1}^{n} r_i p_i$、$r_i$ 與 β 的估計值，於是可以利用證券市場線求出證券的預期收益率，即計算內在價值所要的貼現率。

二、比率分析方法

對於中小投資者而言，似乎很少有人是通過分析企業的年報並應用上文中的理論模型來做出投資決策的。事實上，即使是機構投資者，也無法準確預測企業的股息政策以及折現率的變化。這就導致了上文介紹的理論方法缺乏實際可操作性。現實中對股票估價的討論大多集中在公司的價格—盈利乘數上，通常稱為市盈率，用公式表示為：

$$市盈率 = \frac{每股價格}{每股收益}$$

市盈率到底取決於什麼因素呢？1992—2001 年英特爾公司的平均市盈率是 35。而美國電力公司的這一比率只有英特爾公司的一半。那麼英特爾公司股價是否被高估了呢？如果投資者相信英特爾公司會比美國電力公司以更快的速度增長。較高的市盈率就是合理的，投資者樂意為每一美元的收益支付更高的價格。事實上，在 2000 年年底英特爾公司的每股收益增長了 8 倍以上。而美國電力公司的市盈率幾乎沒有變化。由此可見，高的市盈率往往意味著公司擁有著廣闊的增長機會。

通過不變增長模型定價模型，能使這個觀點更加明確。在不變增長模型中 $P = D_1/(k-g)$，假設 ROE 是股票的淨資產收益率，E_1 為每股收益，b 為再投資率，k 與 g 分別表示股票的要求收益率和股息增長率。那麼 $D_1 = E_1 \times (1-b)$，$g = ROE \times b$，將其代入不變增長模型就有：

$$P_0 = \frac{E_1 \times (1-b)}{k - ROE \times b}$$

則市盈率為：

$$\frac{P_0}{E_1} = \frac{(1-b)}{k - ROE \times b}$$

由此可見市盈率和公司的股票淨資產收益率是正相關的，淨資產收益率高的項目會帶來增長的空間。成長性的差異是導致不同行業、不同公司市盈率有較大差異的原因。

因此當投資者偏好於那些高成長的公司時，他們往往可以選擇那些高市盈率的股票；如果投資者更看重公司穩定的股息流，那麼投資者則傾向會選擇那些市盈率較低的公司。但是我們怎樣通過市盈率來判斷一家公司的股票的股價是否合理呢？在有效市場下風險結構類似的公司，其股票的市盈率也應當一致。因此只要選擇一系列風險結構類似的公司並求得市盈率的平均數，就可以此作為市盈率的估計值。然後根據每股的收益來計算出股票的投資價值。

一家公司有非常高的市盈率，說明投資者普遍相信該公司未來每股盈餘將快速成長，

以至數年後市盈率可降至合理水平。一旦盈利增長不理想，支撐高市盈率的力量無以為繼，股價往往會大幅回落。與之相反，如果一家公司的股票市盈率大大低於同類股票而且公司自身並沒有出現經營困境的跡象，那麼這家公司的股票價格就可能被低估了。

市盈率指標的優點在於容易理解且數據容易獲得，但也有不少缺點。比如，作為分母的每股盈餘，是按當下通行的會計準則算出，但公司可能根據合理規則進行盈餘控制，因此理論上兩家現金流量一樣的公司，所公布的每股盈餘可能有顯著差異。同時，市盈率的變化往往也與經濟週期有關，對週期性的行業由於其業績波動較大，在計算市盈率時往往需要對業績進行相應調整。

三、影響股票投資價值的現實因素

根據我們之前的理論模型，股票的價格只取決於股息、折現率等少數的幾個因素。但在現實經濟中影響股息，也就是影響公司業績的因素卻是非常多而且經常是可變的。因此我們總是看到股票價格漲漲跌跌、起伏變化。影響股票價格的因素基本上可以分成兩類：內部因素和外部因素。

(一) 內部因素

影響股票投資價值的內部因素主要是指公司自身的因素，具體包括了公司淨資產、股利政策、盈利水平、增資減資以及資產重組等方面。這些因素的改變都會最終反應到股票價格上面，具體分析如下：

1. 公司淨資產

淨資產指的是總資產減去總負債後的淨值，它是全體股東的權益，是決定股票投資價值的重要基準。股票作為投資的憑證，每一股代表一定數量的淨資產。當淨資產增加時，股票價格也會隨之上升。

2. 公司的股利政策

公司的股利政策直接影響到了股票的投資價值。股利作為持有股票的一項重要收益，其水平越高，每一股給投資者帶來的回報也就越大，股票價格也就越高；反之，股利水平越低，每一股給投資者帶來的回報也就越小，股票價格也就越低。但是由於股利來自於公司的盈利，公司需要把這部分盈利在擴大再生產和回報股東之間做出合理的分配，尤其是公司在擁有巨大發展潛力的時候往往會選擇少發或不發股利。例如，微軟公司自1986年在納斯達克市場上市以來，直到2003年才第一次派發股利，但微軟的股票價格在市場上一直保持了穩步上漲。因此，不能簡單認為，派發股利越多的公司其價格越高。

3. 公司盈利水平

判斷一家上市公司業績的好壞，是否具有投資價值，往往需要判斷其盈利水平的高低。公司的盈利水平是影響公司股票價格的重要因素。例如當一家公司預期盈利增加時，其可分配的股利就會增加，股票價格也會相應上漲；與之相反，當預期盈利減少時，其可分配的股利就會減少，股票價格也會相應下降。但需要注意的是，由於股票價格受多種因素的影響，股票價格的漲跌和公司盈利的變化並不是完全同步的。

4. 增資和減資

增資是指公司因業務發展需要而增發新股的行為，它對公司股價的影響有著不確定性。當公司沒有產生效益前，增資會使每股淨資產下降，促使股價的下跌。但對那些業績優良、具有發展潛力的公司而言，增資意味著公司實力的提高，會給股東帶來更多回報，股價不僅不會下降，還可能會上漲。當公司宣布減資時，多半是因為公司經營不善，需要重新整頓，股價往往會大幅下降。

5. 公司資產重組

公司重組會引起公司價值的巨大變動因而其股價也隨之劇烈波動。但需要分析公司重組對公司是否有利，是否會改善公司的經營狀況。重組對公司的發展是否有利是判斷其影響股價方向的標準。

(二) 外部因素

影響股票價值投資的外部因素主要是指公司外部環境的因素，具體包括了宏觀經濟因素、行業因素以及市場因素這三個方面，外部因素的改變會影響的公司的經營狀況，進而對股票價格產生影響。具體如下：

1. 宏觀經濟因素

宏觀經濟走向和相關政策是影響股票投資價值的重要因素。宏觀經濟走向包括了經濟週期、通貨膨脹以及國際經濟形勢等因素。國家的貨幣政策、財政政策、收入政策和證券市場的監管政策都會對股票的投資價值產生影響。

2. 行業因素

產業的發展趨勢對於處於該行業的上市公司的影響是巨大的。因此產業的發展趨勢、國家的產業政策以及相關產業的發展都會對公司的價值產生重大的影響。

3. 市場因素

證券市場上投資者的心態往往是最難以確定的因素，但毫無疑問的是，投資者的情緒，以及投資者對未來市場的預期會對股票價格產生重要的影響。

總之，宏觀經濟因素、行業因素和市場因素都會通過各自的機制影響股票的價格，在后面的章節裡，我們會做進一步的介紹。

四、閱讀材料：跌宕起伏的股票市場

在本節的前三個部分，我們學習了股票定價的基本方法，然而在現實世界中，股價的變化不能依靠數學模型得到完全的解釋。作為經濟發展的「晴雨表」，股票市場是經常風雲變幻、起伏不定的。股票市場有著自身的特殊性，與一般的商品市場不同，股票市場代表一種虛擬經濟，在股票市場上買賣的不是普通的具有實際使用價值的商品，而是可以在未來獲得收益的金融資產。股票價格不僅取決於公司的經營狀況，同時也受利率、匯率、通貨膨脹、國內外政治經濟環境、市場買賣力量對比、重大自然災害等影響。股票市場的這種波動與實體經濟的波動相比，往往更為劇烈、更為頻繁。

從1929年的股市大蕭條到20世紀70年代中期的「石油危機」，再到1987年美國的「金融地震」、1997年的亞洲金融危機，股票市場的規模不斷增大，影響力不斷加

強。每一次的危機週期中，股票市場都經歷了一個先節節攀升，然後急遽下滑的波動。從 2000 年至今的美國標準普爾指數的季度漲跌幅變化中我們可以看到美國股市所經歷的劇烈震盪。

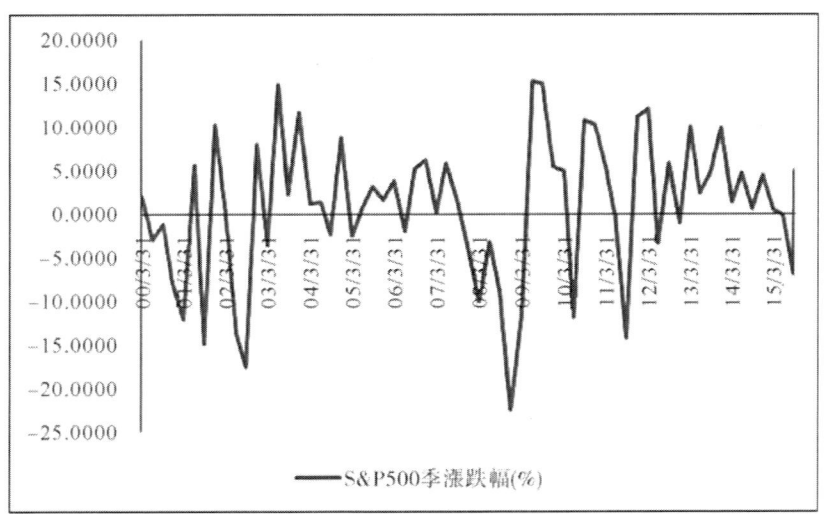

圖 2.1　2000 年 1 月—2015 年 10 月美國標準普爾指數的季度變化
（數據來源：萬德數據庫）

股票市場的劇烈波動在其他股市的發展歷史上不乏其例。1985—1990 年日本股市持續大漲，日經 225 指數由 1985 年年初的 11,000 點漲到 38,000 多點。但是，進入 20 世紀 90 年代，日本股市開始暴跌。到 1990 年 10 月份股指已跌破 20,000 點，1992 年 8 月 18 日降至 14,309 點，基本上回到了 1985 年的水平，股指比最高峰時下降了 63%。

在中國，股票市場也有這樣一段瘋狂的經歷。以中國 2005 年 4 月股權分置改革政策的提出為導火線，在一系列利好政策的刺激下，中國股市迎來了又一輪大好牛市。在經歷了數年的萎靡不振之後，2006—2007 年中國股市峰回路轉，一路飆升。尤其是自 2007 年年初以來，上證綜指從 2,700 多點開始節節攀升，一度突破 6,000 點大關。截止到 2007 年 11 月 22 日，滬深兩市帳戶已新增 5,600 萬，達到 13,500 萬戶，與 2006 年相比，幾乎增加 72%。然而，進入 2007 年 11 月份以來，中國股市出現了調整性的下跌，上證綜指一度跌破 5,000 點關口。2008 年股指持續走低，甚至年底已經跌破 2000 點，市值嚴重縮水。2012 年，A 股上證指數從 2,200 點起步，到年底收盤 2,269 點，最高 2,478 點，最低 1,949 點，整體波動並不算太大。2014 年，中國股市在經過了過去 5 年熊市和前面兩年小盤股率先走牛的結構性行情之後，終於迎來了多年難得的牛市行情，滬指突破 3,200 點，創出近五年新高，成交量最高突破萬億大關。截止到 2014 年 12 月 26 日，上證綜指收報於 3,157.60 點，對比年初的 2,109.39 點，漲幅為 49.7%，遠遠超過其他主要經濟體市場，成為這一年全球名副其實的最牛股指。

2015 中國股市如同乘坐了過山車一般，在股民驚悚的叫喊聲中度過了不太平的半年，自 2014 年開始的中國 A 股急速上漲，在一年後開始變臉。2015 年 6 月 15 日開啓

25

的股災，上證綜指從 6 月 12 日的最高點 5,166 點下跌到 6 月 19 日的 4,478 點，跌幅超過 13%；且在 7 月 8 日創下 3,507 點的最低收盤價，不到一個月，跌幅達 32%；創業板指跌 42%；市值蒸發超過 25 萬億元，是過去 25 年最嚴厲的三週暴跌。在政府空前大力救市措施的影響下，市場流動性恢復，雖然之后上證綜指又重回 4,000 點左右，但相對於最高點仍然跌去了 20% 左右，10 多萬億元財富蒸發。此次股災對金融業、上市公司、居民財富、住行消費、經濟增長等產生了重大影響。（見圖 2.2）

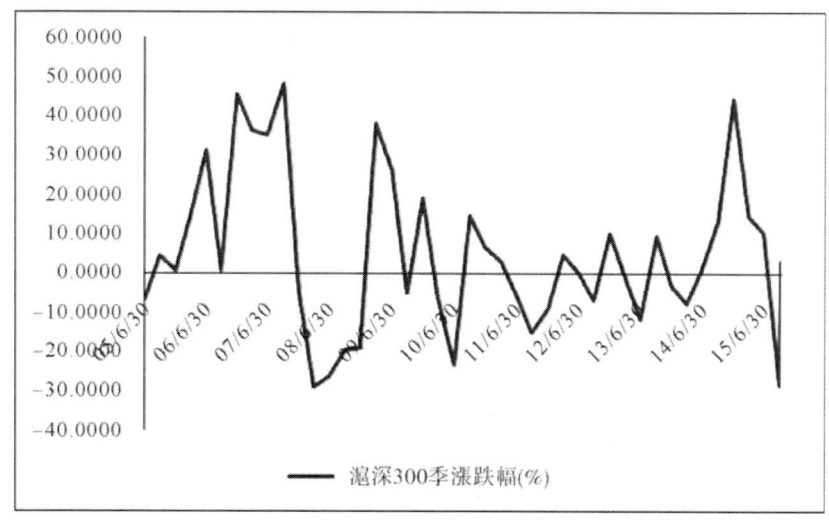

圖 2.2　2005 年 6 月至 2015 年 10 月滬深 300 指數的季度變化

（數據來源：萬德數據庫）

第二節　債券的投資價值分析

一、債券的定義

債券經常被稱為固定收益證券，因為它們被承諾獲得一個固定的現金流，其現金流水平是事先給定的。由於支付水平事先固定，只要發行人有足夠的信譽，債券就是無風險的。例如，假定有一張面值 1,000 元，息票利率為 8% 的債券，出售價格為 1,000 元。因此，買方有權在標明的有效期內（假設為 30 年）每年得到 1,000 元的 8% 的利息，也就是 80 元。這 80 元一般分為兩個半年期支付，即每半年支付 40 元。到這張債券 30 年期滿時，債券的發行人要將面值標明的 1,000 元還給持有者。

債券通常會有足夠高的息票利率以吸引投資者購買。不過，有時也會發行無息的零息票債券。如果是這樣的話，投資者可以在到期日拿到面值，但由於是零息票債券，投資者途中將不能獲得利息。因此這些債券是以低於面值的價格發行的，投資者的回報是發行價和到期收回的面值之差。

二、債券投資價值的現值模型

債券由於其現金流的支付是固定的,因此債券的定價公式相對於股票而言就簡單得多,由於債券的付息與還本都發生在若干個月或若干年之後,因此投資者願支付的這種未來收益權的價格取決於將來的現金流的現值,而折現率是相應的市場利率。一般對於債券而言,其折現率包括了以下三個部分:①無風險的真實收益率;②預期通貨膨脹率;③風險溢價,這種溢價反應了債券的某些特性,譬如說違約風險、流動性風險、納稅屬性等。

為了簡化問題,我們現在假設只有一種利率,它適合於任何到期日現金流的折現。當然,我們也可以很容易的把這個條件放寬。在實踐中,不同時期的現金流,會有不同的貼現率。在下面的介紹中我們會對貼現率再給出詳細的討論。

債券現金流的構成包括了到期日為止的利息的支付以及面值的最終支付。因此,

債券價值 = 息票利息的現值 + 票面值的現值

若令到期期限為 T,市場利率為 r,債券的價值則為

$$債券價值 = \sum_{t=1}^{T}\frac{息票利息}{(1+r)^t} + \frac{面值}{(1+r)^T} \tag{2.9}$$

公式 (2.9) 就是一般附息債券的定價公式。

【例 2-4】我們在本節一開始曾討論過一張債券是,息票利率 8%、30 年到期、面值是 1,000 元,每半年支付息票一次。假設每年的利率是 10%,則債券的價值是多少?如果市場年利率下降到 8%,那麼債券的價值又會是多少?

解:根據公式 (2.9) 當年利率是 10% 時,我們可以得到:

$$價格 = \sum_{t=1}^{60}\frac{40}{(1+0.05)^t} + \frac{1,000}{(1+0.05)^{60}}$$

$$= 757.17 + 53.54 = 810.71 \ (元)$$

當年利率是 8% 時,我們可以得到:

$$價格 = \sum_{t=1}^{60}\frac{40}{(1+0.04)^t} + \frac{1,000}{(1+0.04)^{60}}$$

$$= 904.94 + 95.06 = 1,000 \ (元)$$

零息票債券相當於一種特殊的付息債券,它的價格依然可以通過公式 (2.9) 求出。只是要注意到息票利息為 0。具體如下:

$$債券價值 = \frac{面值}{(1+r)^T} \tag{2.10}$$

【例 2-5】某公司發行零息票債券,面值為 100 元,債券的期限是 3 年,市場利率是 10%。那麼這樣一張債券內在價值是多少?

解:根據公式 (2.10) 債券價值 = $\frac{面值}{(1+r)^T}$,可以求得該債券的價值。在本例中面值是 100 元,r = 10%,T = 3。代入以得到 P = 75.13 (元)

通過上面兩個例子的計算,我們可以發現:利率越高,則債券持有人所得的現值

支付就越低。因此債券價格在市場利率上升時會下跌。這說明了債券價值的一個重要的規律，即債券價格和利率存在著負相關關係。

三、債券的收益率

在現實世界中，投資者並不是根據息票利率來決定是否購買債券的，而是必須綜合考慮債券價格、到期日、息票收入來推斷債券在它的整個生命週期內可提供的回報。因此我們必須找到一種收益率指標，它既可以聯繫到當前的債券價格，又與債券在整個壽命期內的支付相關。到期收益率就是這樣的一個指標。到期收益率被定義為使債券的支付現值等於債券價格的利率。這個利率是債券持有至到期日此期間內所獲得的平均收益率。其公式為：

$$債券價格 = \sum_{t=1}^{T} \frac{息票利息}{(1+r)^t} + \frac{面值}{(1+r)^T} \qquad (2.11)$$

在已知債券市場價格前提下，我們求出的債券內含報酬率 r，就是債券的到期收益率。

假定一隻債券，其面值是 1,000 元，每半年付一次利息，每次的利息是 40 元，該債券的市場價格是 1,276.76 元，投資者以該價格買入債券，那麼債券的到期收益率是多少？

根據到期收益率的定義，我們假設其為 r，我們可以得到：

$$1,276.76 = \sum_{t=1}^{60} \frac{40}{(1+r)^t} + \frac{1,000}{(1+r)^{60}}$$，通過計算器可以求出 r = 3%，即該債券的到期收益率為每半年 3%。為了便於比較，我們需要把收益率進行年化轉換，一年的到期收益率為 6%。對於不同的債券，我們可以比較其到期收益率的高低，來判斷哪一隻更具有投資價值。一般來講，在考慮利率風險結構和期限結構等因素後，到期收益率越高越好。

四、收益率曲線與利率的期限結構

在之前的討論中，我們都假設不同期限的貼現率是不變的。但在現實世界之中，這種情況極少發生。比如在 2003 年初中國短期債券的收益率為 1.5%，而此時長期債券的收益率為 5%。長期債券提供了更高的收益率。為了更好地瞭解債券的收益率與到期期限的關係，我們引進收益率曲線這個概念。收益率曲線是在以期限為橫軸、以到期收益率為縱軸的坐標平面上反應在一定時點、不同期限的債券的收益率與到期期限之間的關係。收益率曲線主要包括四種類型，如圖 2.3 所示。

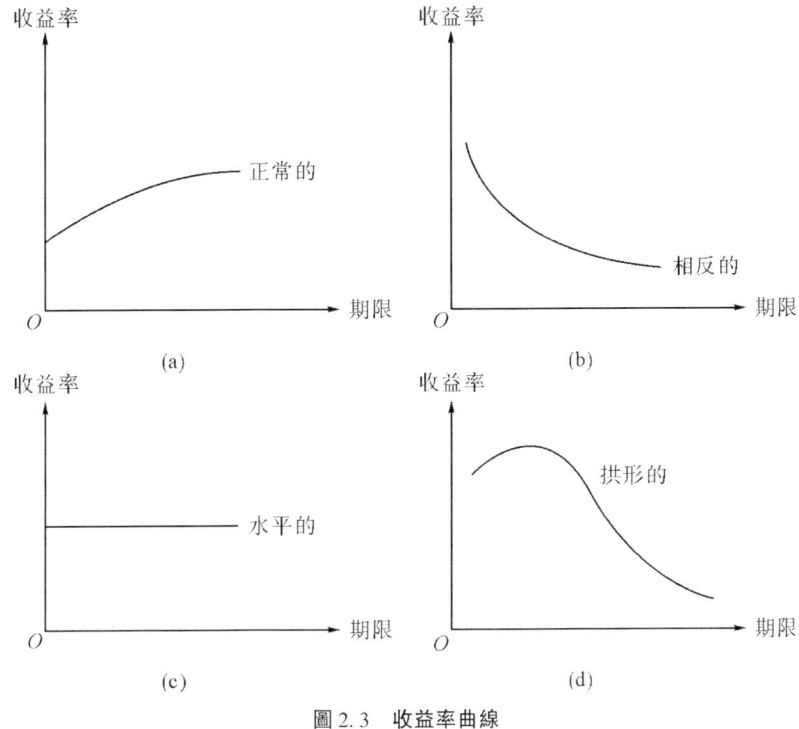

圖2.3　收益率曲線

在圖2.3中，我們提出了四種類型的收益率曲線，圖（a）顯示的是一條向上傾斜的收益率曲線，表示期限越長的債券收益率越高，這種曲線形狀被稱為「正向」的收益率曲線。圖（b）顯示的是一條向下傾斜的收益率曲線，表示期限越長的債券收益率越低，這種曲線形狀被稱為「相反的」或「反向的」收益率曲線。圖（c）顯示的是一條「平直的」收益率曲線，表示不同期限的債券收益率相等，這通常是正收益率曲線與反收益率曲線轉化過程中出現的暫時現象。圖（d）顯示的是拱形收益率曲線，表示期限相對較短的債券，收益率與期限呈正相關關係；期限相對較長的債券，收益率與期限呈負相關關係。

收益率曲線有很多種，如政府公債的基準收益率曲線、存款收益率曲線、利率互換收益率曲線及信貸收益率曲線等。圖2.4為2015年10月23日銀行間固定利率國債收益率曲線，是最為常見的向上傾斜的收益率曲線。從圖中可以看出，隨著期限的延長，國債到期收益率在不斷升高。

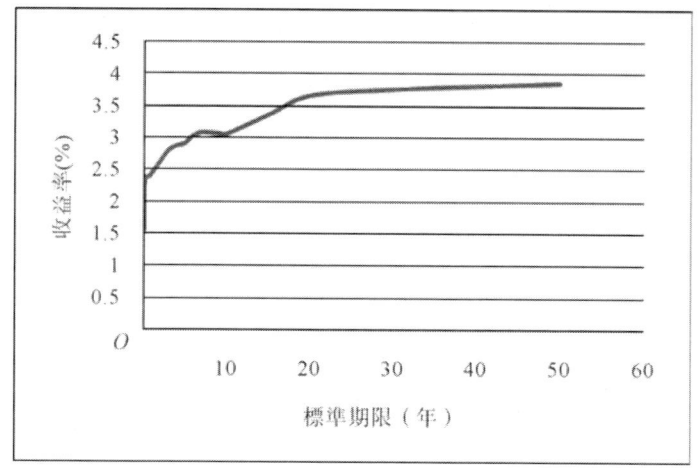

圖 2.4　2015 年 10 月 23 日銀行間固定利率國債收益率曲線
（資料來源：中國債券信息網）

對收益曲線形狀的解釋有三種代表性觀點：對未來利率變動方向的預期；債券預期收益中可能存在的流動性溢價；市場效率低下或者資金從長期（或短期）市場向短期（或長期）市場流動可能存在的障礙。利率期限結構理論就是基於這三種因素分別建立的。

市場預期理論，又稱「無偏預期」理論，它認為利率期限結構完全取決於對未來利率的市場預期。如果預期利率上升，則利率期限結構會呈上升趨勢；如果預期未來利率下降，則利率期限結構會呈下降趨勢。

流動性偏好理論的基本觀點是，投資者並不認為長期債券是短期債券的理想替代物。這一方面是由於投資者意識到他們對資金的需求會比預期的早，因此他們有可能在預期的期限前被迫出售債券；另一方面，他們認識到，如果投資於長期債券，基於債券未來收益的不確定性，他們要承擔較高的價格風險。因此投資者在接受長期債券時就會要求對與長期債券相聯繫的較高風險給予補償，這便導致了流動性溢價的存在。

市場分割理論認為市場上存在著分割的情況，投資者和借款人由於受到了法律、偏好或者某種投資期限習慣的制約，他們的貸款或融資活動總是局限於一些特殊的償還期部分。而且在其最嚴格的限制形式下，即使現行的利率水平說明如果他們進行市場間的轉移會獲得比實際要高的預期收益率，投資者和借款人也不會離開自己的市場而進入另一個市場。這樣的結果使市場割分為兩大部分：一部分是短期資金市場，另一部分是長期資金市場。於是，利率期限結構取決於短期資金市場供求狀況與長期資金市場供求狀況的比較，或者說取決於短期資金市場供需曲線交叉點的利率與長期資金市場供需曲線交叉點的利率的對比。如果短期資金市場供需曲線交叉點利率高於長期資金市場供需曲線交叉點利率，利率期限結構則是呈現向下傾斜的趨勢。如果短期資金供需曲線交叉點利率低於長期資金市場供需曲線交叉點利率，利率期限結構則呈現向上傾斜的趨勢。

從這三種理論來看，期限結構的形成主要是由對未來利率變化的預期決定的，流動性溢價使收益率曲線有向上傾斜的趨勢，市場的不完善促使收益率曲線的形狀暫時偏離市場對未來利率的預期。

第三節　衍生證券的投資分析

一、衍生證券的定義

衍生證券是一種金融工具，其價值依附於基礎標的資產。例如持有一份基於玉米價格的期貨合約，那麼投資者的收益就和玉米的現貨價格密切相關。之前我們學習的股票和債券都屬於原生證券，其本質是對資源的配置。而衍生證券則是對風險的配置。常見的衍生工具有遠期、期貨、互換和期權等，這些衍生證券分別有著各自的特點，在股票市場中期權經常被使用，在匯率和利率交易中互換則更受歡迎，而在實物商品市場中遠期和期貨則較為常見。在本節我們將介紹兩種代表性的衍生證券：金融期貨和股票期權。

二、金融期貨的價值分析

金融期貨合約是約定在未來的某個時間以事先協定好的價格買賣某種金融工具的雙邊合約。在合約中對有關標的物、合約規模、交割時間和標價方法都有標準化的條約規定。金融期貨的標的物包括了各種金融工具，比如股票、利率和外匯等。

例如，某個投資者在 2008 年 12 月 1 日持有了一份股票期貨合約，該合約規定在一年後，也就是 2009 年 12 月 1 日，該投資者能夠而且必須以一個確定的價格 k 元賣出 100 份標的股票。一年以後該股票的價格為 s 元，如果 s＜k，那麼這張期貨合約就會給投資者帶來 $100 \times (k-s)$ 元的收益；果 k＜s，那麼這張期貨合約就會給投資者帶來 $100 \times (s-k)$ 元的損失。

通過這個例子，我們可以看到期貨合約給投資者帶來的損益是取決於標的資產的價格的。現實中的期貨合約要比剛才的例子複雜得多，但是其基本原理是一致的。任何期貨合約的價值都是由它未來能帶來的現金流所決定的，儘管現金流的方向和大小都不確定。一般認為期貨合約的價值不僅僅取決於標的資產的價格，它還受到例如市場利率、預期通貨膨脹率、財政與貨幣政策、期貨合約的有效限、保證金要求以及流動性等多種因素的影響。

人們持有期貨合約的一個重要的目的是套期保值。在上面的例子中如果投資者在 2008 年 12 月 1 日簽訂期貨合約的同時以 x 元的價格買入了 100 份該股票，那麼到了 2009 年 12 月 1 日該股票的價格為 s 元，投資者按照期貨合約的規定，將這 100 股票以規定 k 元價格賣出，那麼投資者得到的收益是 $100 \times (k-x)$ 元（假設 k＞x）。我們發現這個收益與 2008 年 12 月 1 日以後股票的價格無關，也就是說，我們通過簽訂期貨合約為購買股票這個行為消除了風險，得到了一個穩定的回報。當然這樣做的代價是損

失了獲得更多盈利的機會，具體是 $100 \times (s-k)$ 元，因為如果不簽期貨合約的話，那麼將獲得 $100 \times (s-x)$ 元的收入。

在實際利用期貨進行套期保值的時候，投資者通常將期貨交易和現貨交易視作兩個不同的帳戶，期貨市場上的盈利往往意味著現貨市場上的虧損，通過兩者的對沖來消除風險。在剛才的例子中期貨合約帶來的現金流是 $100 \times (k-s)$ 元，持有股票上帶來的現金流是 $100 \times (s-x)$ 元，當然這兩個現金流是可正可負的。但是兩者之和是 $100 \times (k-x)$ 元。

任何衍生證券的交易都是零和交易，一個投資者在衍生品投資中獲得收益意味著他的交易對手必然虧損，這也是衍生證券和原生證券的一個重要差別。由於虧損的一方有著違約的衝動，為了防止違約，金融期貨交易實行保證金操作。投資者最初簽訂期貨合約時必須存入的資金數量被稱作初始保證金，例如在上例中投資者在 2008 年 12 月 1 日持有了一份在一年後以一個確定的價格 a 元買入 100 份該股股票的期貨合約。那麼他需要在該帳戶內存入 ka 元，k 為保證金比率，具體的比例取決於交易所的規定。如果第二天該股股價上升了 1 元。那麼就在他的保證金帳戶中增加 100 元，如果第三天該股股價下降了 3 元，那麼就在他的保證金帳戶中扣除 300 元，以此類推。每天股票交易結束後，保證金帳戶都要做出相應的調整，以反應出投資者的盈利或損失。這就是盯市操作。

值得注意的是投資者有權提出保證金帳戶中高於初始保證金的部分，但是為了不出現保證金帳戶為負的情況，還會設置維持保證金，維持保證金通常低於初始保證金。當保證金帳戶的資金少於維持保證金時，投資者就會受到保證金催付通知，要求投資者在很短的時間內將保證金帳戶的資金增加到初始保證金水平，否則交易所將強行平倉。此時投資者的損失是初始保證金與維持保證金之差，並且這個損失是確定的。

中國於 2010 年 1 月 8 日批准了股指期貨的推出，股指期貨是以某種股票指數為基礎資產的標準化期貨合約。買賣雙方交易的是一定時期後的股票指數價格水平。在合約到期後，股指期貨通過現金結算差價的方式來進行交割。與之前我們討論的基於某只股票的期貨合約不同，股指期貨的資產是某個指數，並不能像某只股票一樣用來交易。實際上，股指期貨更多的用來規避系統風險，從這個意義講，股指期貨更應當被視為一種風險管理工具而非投資工具。

截止到 2015 年 10 月，中國的股指期貨有「滬深 300」、「上證 50」、「中證 500」股指期貨交易。「滬深 300」指數是 2005 年 4 月 8 日由滬深兩交易所正式向市場發布，以 2004 年 12 月 31 日為基期，基點為 1,000 點，同年 8 月 25 日由滬深兩交易所共同出資的中證指數有限公司成立，滬深 300 指數由中證指數限公司管理。上證 50、中證 500 股指期貨合約正式掛牌交易時間為 2015 年 4 月 16 日。上證 50 成分股主要集中在金融、地產、能源等支柱性行業，是反應大盤藍籌股公司業績的重要指數，流通市值超過 10 萬億元人民幣，約占滬深 A 股流通市值的三分之一。中證 500 指數成分股是滬深兩市中 500 只中小市值上市公司，是中國經濟結構轉型、技術升級和創新發展的重要依託力量。

以某一股票市場的股票指數為例，假定當前有一個「12月底到期的指數期貨合約」，其報出的期貨價格是1,100點。如果市場上大多數投資者看漲。假如你認為將來這一指數的「價格」會超過1,100點，你就可以買入這一股指期貨。過後，股指期貨繼續上漲到一定價格，假設是1,150點，這時，你有兩個選擇，要麼繼續持有你的期貨合約以等待它將來可能漲得更高；要麼以當前新的「價格」，也就是1,150點賣出這一期貨從而完成平倉，你就獲得了50點的差價收益。當然，在這一指數期貨到期前，其「價格」也有可能下跌，你同樣可以繼續持有或者平倉割肉。反過來，假設你認為將來股票現貨大盤指數要跌，那麼股指期貨同樣會下跌。同樣以上面的股指期貨為例，假設你認為將來股指期貨會跌破1,100點，這時你可以在股指期貨上以1,100點先賣出開倉，過後，當股指期貨價格果真下跌，例如跌到了1,050點，你就可以選擇平倉，即，在1,050點位買入相應的「股指期貨合約」作為平倉，用來抵消掉先前的開倉合約，這樣你就賺得差價50點。這種買賣就是股指期貨交易。但是，當股指期貨合約到期時，這時誰都不能繼續持有了，因為這時的期貨已經變成「現貨」，你就必須履行交割。

國債期貨於20世紀70年代產生於美國，當時先後發生的兩次「石油危機」導致美國通脹日趨嚴重，利率波動頻繁。固定利率國債的持有者對風險管理和債券保值的強烈需求，使得具備套期保值功能的國債期貨應運而生。為了活躍國債現貨市場，中國曾於1992年推出國債期貨試點，並於1993年末向社會大眾開放。但由於當時交易所分散，市場分割，交易制度差異很大，交割制度欠合理，市場成為高度投機的場所，最終「國債327事件」爆發，隨即國債期貨交易被終止。時隔18年後，國債期貨於2013年9月6日重新上市交易了。國債期貨合約是指由國債交易雙方訂立的，約定在未來某一日期以成交時交收一定數量的國債憑證的標準化契約。國債期貨除了具有一般期貨的套期保值、套利、投機等基本功能外，還具有調整組合久期的功能。

三、股票期權的價值分析

股票期權即權證，是期權的一種。期權是指持有者在規定的期限內按照交易雙方商定的價格購買或出售一定數量的標的資產的權利。例如投資者買入了一份在未來6個月後以20元每股的價格買入某只股票的期權，如果6個月後股票的價格高於20元，那麼投資者就可以執行期權，以20元的價格買入；如果6個月後股票的價格低於20元，那麼投資者就可以放棄執行期權。與期貨合約不同，期權帶給投資者的只有權利，沒有義務，也就是說持有一份期權後，它給投資者帶來的回報一定不會是負數。因此要獲得一份期權就要付出一定的成本，即期權費，也就是期權的價格。

按照執行期限的不同，可以將期權分為美式期權和歐式期權。如果投資者持有了一份為期6個月的美式期權，那麼在未來6個月內投資者隨時都可以選擇執行；如果投資者持有的是一份為期6個月的歐式期權，那麼投資者只能在未來6個月後的特定時間選擇是否執行。如果期權合約是期限內按照交易雙方商定的價格購買一定數量的金融工具的權利，那麼我們稱其為看漲期權，它給投資者帶來的收益是 $\max(s-k, 0) \times m$，其中 k 為事先規定好的執行價格，s 為對應金融資產的市場價格，m 為交

易合約的數量。如果期權合約是期限內按照交易雙方商定的價格賣出一定數量的金融工具的權利，那麼我們稱其為看跌期權，它給投資者帶來的收益是 $\max(K-s, 0) \times m$。只有在未來標的資產的價格大於執行價格的時候看漲期權才會被執行。反之，看跌期權會被執行。

影響期權價值有以下幾個因素：執行價格和市場價格、權利的期限、利率、標的資產的波動情況、標的資產的收益。在這裡我們不對這些因素的影響機制進行討論。但我們應當知道期權的價值比標的資產本身受到了更多因素的影響。

認股權證是一類看漲期權，企業發行債券和優先股時有時會附有長期認股權證，它賦予投資者以規定的認購價格從該公司購買一定數量的普通股的權利。認股權證可以與發行的債券或優先股分離流通，也可以是不分開的；有效期可以是有限的，也可以是無限的。

在認股權證分離交易時，它就有自己的市場，有的在交易所上市，有的在場外交易。股票的市場價格與認股權證的預購股票價格之間的差額就是認股權證的理論價值，其公式如下：

認股權證的理論價值 = max〔（股票市場價格 - 預購股票價格），0〕

比如，某股票的市場價格為25元，而通過認股權證購買股票的執行價格為20元，認股權證就具有5元的理論價值；如果股票的市場價格跌至19元，認股權證的理論價值就為零了。但在進行交易時，認股權證的市場價格很少與其理論價值相同。經常的情形是，認股權證的市場價格要大於其理論價值。即使其理論價值為零，認股權證的期限尚未到期，市場上的投機性交易仍存在，認股權證的市場價格也會大於零。認股權證的市場價格超過其理論價值的部分被稱之為認股權證的溢價。認股權證的市場價格會隨著股票的不同而變化，其溢價可能會變得很高。當然，認股權證的理論價值也同樣會急遽上升或急遽下跌。

認股權證的價格具有槓桿作用，就是說認股權證價格要比其可選購的股票價格上漲或下跌的速度快得多。比如說，某公司股票報價為15元，未清償的認股權證允許持有者以20元價格購買股票，則該認股權證沒有理論價值。如果公司股票報價為25元，認股權證則具有5元的市場價值。如果股票的價格上升到50元，即股價上漲100%，則認股權證的理論價值上升到 50 - 20 = 30（元），上漲600%，或者說其市場價格最低也會上漲600%。

槓桿作用在這裡可用普通股的市場價格與認股權證的市場價格的比率表示。對於某一認股權證來說，其溢價越高，槓桿因素就越低；反之，如果認股權證的市場價格相對於普通股的市場價格降低時，其溢價就會降低，槓桿因素就會升高。

四、閱讀材料：股指期貨對中國股市的影響

2010年1月8日《國務院同意推出股指期貨並開設融資融券業務試點》的文件公布，證監會相關部門負責人表示，國務院已原則上同意推出股指期貨，證監會將統籌股指期貨上市前的各項工作，這一過程預計需要3個月時間。在這裡我們對股指期貨

推出的影響進行簡單的分析。

首先，股指期貨推出將改變中國資本市場結構。在國際資本市場上，股指期貨是資產管理業務中應用最為廣泛的風險管理工具。一般而言，分散投資可以有效化解市場的非系統性風險。對於系統性風險而言，則需要進行風險對沖，而股指期貨就是非常好的對沖工具。股指期貨的推出將改變中國資本市場結構。具體表現在兩個方面：

第一個方面是有利於國內資本市場的深化。目前國內股票現貨市場沒有做空機制，所以投資者只有在上漲的市場中才能獲得盈利。而股指期貨具有雙向交易機制，投資者不僅可以在上升的市場中獲利，也可以在一個下跌的市場中獲利。正是由於股指期貨具有買空賣空的雙向交易機制，因此一旦股指期貨推出，市場便增加了通過做空市場獲利的交易動力。這就改變了以往投資者只有通過做多市場才能獲利的市場結構，從而增加了國內資本市場的深度。

第二個方面是有利於拓展國內資本市場的廣度。一些國內機構投資者，如社保基金、保險基金、企業年金可以利用股指對沖風險，以實現資金在風險和收益上的合理匹配。而一些高風險偏好的投資者會利用股指期貨操作的槓桿進行套利、投機活動。對於海外資金來說，有了避險工具，投資中國資本市場的動力會進一步增加。眾多場外資金，場外投資者的入場，大大拓寬了國內資本市場的廣度。

其次，股指期貨推出將改變市場交易策略。伴隨著資本市場結構的改變，投資者交易心理與交易行為也將相應發生變化。部分投資者試圖在股指期貨和現貨兩個市場之間進行套利交易；部分投資者會試圖從股指期貨做多或做空交易中獲利；部分投資者會試圖在股指期貨和現貨之間進行風險對沖，從而實現投資者自身資產的保值期望。

最後，股指期貨的推出並不會改變中國 A 股市場的長期運行趨勢。雖然從目前來看，在經過一輪制度變革后，國內股指反覆創出新高，市場股票大都處於相當高的估值狀態。股指期貨如果推出，市場可能會產生較一致的做空力量，市場會面臨股指期貨投機性做空而帶來的大幅波動。但是從長期來看，股指期貨的推出與否，將不影響現貨市場的長期運行趨勢。股市最終還是建立在實體經濟的基礎上的。在公司業績水平有望維持高增長、人民幣持續升值的背景下，A 股市場的當前格局不會因股指期貨的推出而被打破。

第四節　證券投資基金的投資分析

一、基金的定義與分類

前面三節分別介紹了股票、債券和衍生品的投資原理，但是越來越多的投資者卻越來越不願意直接開立自己的帳戶交易證券，他們更願意把資金交給證券投資機構，由后者代投資者管理證券。這其中最重要的金融仲介就是基金。基金是一種金融仲介形式，它從個人投資者手中匯集資金並將這些資金投資於有潛力的，範圍廣泛的證券或其他資產。隱藏在基金背後的關鍵理念是資產組合，每位投資者都對基金購買的投

資組合擁有一個與自己投資比例相當的要求權。這樣基金就為中小投資者提供了一種聯合協作獲得大規模投資利益的機制。基金由專業的基金管理公司進行管理，最終的收益和損失都由投資者按持有比例承擔。

具體而言，一方面，基金在很大程度上免除了個人投資者管理自己證券的麻煩，為他們的資產組合提供了專業化服務，也為他們帶來了通常只有大投資者才有的優勢，比如節約交易成本等；另一方面，投資於基金也要支付管理費用與其他費用，這同時也減少了投資者的收益率。

根據基金是否可以贖回，可以將基金劃分為開放式基金和封閉式基金。開放式基金是指隨時可以按基金淨值贖回的基金，當開放式基金的投資者希望變現他們的股份時，就可以按資產淨值賣給基金公司。相反，封閉式基金不能夠贖回，希望變現的投資者只能將他持有的份額出售給其他交易者。封閉式基金在有組織的交易所裡進行交易，像普通股一樣通過經紀人進行買賣，其價格也就和資產淨值不一樣。

根據投資目標的不同，可分為收入型基金、成長型基金和平衡型基金。根據投資對象的不同，可以分為股票型基金、債券型基金、混合基金等。根據組織形態的不同，投資基金可以劃分為公司型和契約型兩種。

二、基金的價格決定

為了闡明投資基金的價格決定原理，有一個重要的概念，即基金的單位資產淨值。單位資產淨值是基金經營業績的指示器，也是基金在發行期滿後買賣基金價格的計算依據。基金的單位資產淨值可用下面的公式來表示：

$$單位資產淨值 = \frac{基金資產總值 - 基金負債}{基金單位數量} \qquad (2.12)$$

其中，基金資產總值是指一個基金所擁有的資產（包括現金、股票、債券和其他有價證券及其他資產）於每個營業日收市後，根據收盤價格計算出來的總資產價值。應該注意的是，基金的單位資產淨值是經常發生變化的，它與基金單位的價格從總體上看趨向是一致的。基金的資產淨值越高，其基金單位的價格也就越高；基金的資產淨值越低，其基金單位的價格也就越低。但這種情形也不絕對成立，一般來說，這種關係在開放式基金中得到較好體現。

（一）開放式基金的價格決定

開放式基金由於經常不斷地按客戶要求購回或者賣出基金單位，因此，開放式基金的價格分為兩種，即申購價格和贖回價格。

1. 申購價格

開放式基金一般不進入證券交易所流通買賣，而是主要在場外進行交易，投資者在購入開放式基金單位時，除了支付資產淨值之外，還要支付一定的銷售附加費用。也就是說，開放式基金單位的申購價格包括資產淨值和一定的銷售費用。但是，對於一般投資者來說，該附加費是一筆不小的成本，增加了投資者的風險，因此，國外出現了一些不計費的開放式基金，其銷售價格直接等於資產淨值，投資者在購買該種基

金時，不需交納銷售費用。

2. 贖回價格

開放式基金承諾可以在任何時候根據投資者的個人意願贖回其所持基金單位。對於贖回時不收取任何費用的開放式基金來說，贖回價格＝資產淨值。有些開放式基金贖回時是收取費用的，往往按照持有基金年數不同而設立不同的贖回費率。持有該基金單位時間愈長，費率越低。當然也有一些基金收取的是統一費率。

(二) 封閉式基金的價格決定

封閉式基金的價格和股票價格一樣，可以分為發行價格和交易價格。封閉式基金的發行價格由兩部分組成：一部分是基金的面值；另一部分是基金的發行費用，包括律師費、會計師費等。封閉式基金發行期滿後一般都申請上市交易，因此，它的交易價格和股票價格的表現形式一樣，可以分為開盤價、收盤價、最高價、最低價、成交價等。封閉式基金的交易價格主要受到六個方面的影響：基金資產淨值、市場供求關係、宏觀經濟狀況、證券市場狀況、基金管理人的管理水平以及政府有關基金的政策。其中，確定基金價格最根本的依據仍然是基金單位資產淨值及其變動情況。

三、閱讀材料：中國證券投資基金的發展歷程

1998年，經中國證監會批准，當時新成立的南方基金管理公司和國泰基金管理公司分別發起設立了規模均為20億元的兩只封閉式基金——基金開元和基金金泰。此舉宣告了中國規範性的證券投資基金正式走上了中國資本市場的歷史舞臺。

儘管在基金開元和基金金泰之前，中國曾經出現了為數不少的被冠以「基金」名號的機構，但嚴格來說，國內證券投資基金的歷史要從1997年《證券投資基金管理暫行辦法》正式出抬算起。1998年3月，國泰基金管理公司和南方管理公司成立，當月便分別開始了基金金泰和基金開元的募集工作。1998年，基金金泰和基金開元分別募得20億元之后宣告成立。至2009年9月18日，基金金泰和基金開元成立以來累計淨值增長率分別達到448.71%和537.68%。

2001年前，中國基金業基本上是封閉式基金的天下。截至2001年9月，國內共有47只封閉式基金，規模達689億份。2001年9月，華安基金管理公司旗下華安創新獲批發行，自此，中國基金業進入了開放式基金時代。

2001年開始，基金開始進入穩步發展階段，隊伍不斷擴大。2001年，中國一共發行了基金開元、基金金泰和華安創新三只基金，總募集規模為117.26億元；2002年，共有14只基金成功募集到447.95億元；2004年又有55只基金宣告成立，總共籌得1,730.18億元資金；2005年55只新基金成立，總募集金額為1,015.21億元。

2006和2007年，A股進入了有史以來最大的一波牛市，中國基金業借著這股東風實現了飛躍式的發展。這兩年分別有88只和58只基金成立，各募集到了4,026.26億元和4,073.04億元，其中2007年4月份上投摩根內需基金創下了一天申購金額達到900億的發行紀錄。到了2007年末，全部基金管理的資產總值達到了歷史高點的3.32萬億元，其中股票市值2.47萬億，而當年基金收入總額更高達1.17萬億元（不含

QDII)。

2007年中國基金業擴容速度達到了巔峰,之后隨著股指從高位跌落並一路下洩,基金業隨之走入低潮。2008年的發行窘境至今仍然令眾多基金難以忘懷。各家基金公司的高層出盡法寶招徠客戶,只為達到2億元的成立規模下限。當年,儘管管理層放行了103只新基金,但它們的總募集規模也不過1,799.5億元,平均募集規模17.5億元。而2008年基金業的虧損更是震驚了整個市場。當年基金總虧損達到1.5萬億元,相比之下,2006年牛市之時,基金利潤總額不過1.1萬億元。進入2009年,中國經濟走出低谷開始復甦,A股昂首重上上行通道,基金們總算苦盡甘來。2009年上半年,523只基金共實現利潤總額3,470億元。

2012年6月基金行業正式邁入「千基時代」。根據中國基金業協會公布的數據,截至2012年年底,中國共有公募基金產品1,173只,其中封閉式基金68只、開放式基金1,105只,開放式基金中股票型534只、混合型218只、債券型225只、貨幣市場基金61只、QDII基金67只。

2013年基金行業熱鬧非凡,互聯網金融襲來,基金「觸網」熱情高漲;創業板行情助力,公募基金業績搶眼;基金子公司業務開閘,基金公司差異化競爭之路得以拓寬。由於貨幣基金的突出表現,整體行業全年資管規模增加1,398.75億元。其中,天弘基金借助互聯網金融屬性的餘額寶成為當年最大的亮點,從不到百億規模一躍至規模排行的榜眼。主動偏股基金2013年度的表現讓投資者收益頗豐,340只主動股票型基金平均收益率達17.14%,與滬深300指數7.96%的跌幅形成鮮明的對比。

2014年可謂是股債雙牛的一年,公募基金取得了不錯的成績。好買基金研究中心數據顯示,截至12月21日,今年股票型基金平均上漲26.88%,而去年同期為16.72%。同時,債券市場收益率也頗豐,漲幅高達15.58%,而去年僅增長0.71%。良好的賺錢效應讓基金發行迎來了大年。據不完全統計,2014年全年公募基金募集資金超過4,000億元。數據顯示,2014年以來提前結束募集的基金增加到60只,直逼2007年牛市紀錄。得益於2014年以來股債雙雙走牛的行情,股票基金與債券基金紛紛慷慨派發大禮包,使得2014年股債基金的年內累計分紅總額超過2013年37%以上,分紅總額達338.49億元。2014年年底,中國境內共有基金管理公司95家,管理資產合計6.68萬億元,其中,管理的公募基金規模達4.53萬億元,非公開募集資產規模為2.14萬億元。公募基金的高速發展,已經影響到其他金融領域,對中國經濟的持續健康穩定發展起到了一定的促進作用。

2015是改革的關鍵年、見效年。中國證監會於5月21日與香港證監會簽署合作備忘錄,開展內地與香港基金互認工作。2014年7月A股行情啟動至今,分級基金呈現了高收益與高風險的兩面性。作為開放式的結構型基金,折溢價套利、不定期折算、利率比較、槓桿變動等,都為參與的投資者提出了更高的要求。然而目前分級基金沒有設定投資門檻,投資者誤入雷區時有發生,令人扼腕。在六月下旬的暴跌中,分級基金迎來了第一波下折潮,給分級B的持有人帶來了巨額的虧損,而伴隨下折而來的贖回也將給市場帶來較大拋壓。截止到2015年5月底,中國境內共有基金管理公司96家,其中合資公司46家,內資公司50家;取得公募基金管理資格的證券公司7家,保

險資管公司1家。以上機構管理的公募基金資產合計7.36萬億元。封閉式基金147只，淨額達到1,783.29億元；開放式基金2,084只，淨額達到71,809.54億元。

（資料來源：新浪財經）

本章小結

1. 一般用現值模型來計算股票的內在價值。計算未來現金流的現值之和，是對有價證券定價的基本思想。

2. 根據對股息發放的不同假設，可以將股票的價格決定模型分為零增長模型，不變增長模型和可變增長模型。

3. 市盈率是每股價格與每股收益之間的比率，用它來對股票定價反應了一種相對估值的思路。

4. 債券的價值取決於利息和本金的現值，由於債券利息和本金的支付是相對確定的，因此債券價格的變化主要取決於折現率的變化。

5. 利率與到期期限的關係被稱為利率期限結構理論，利率期限結構理論主要包括：市場預期理論、市場分割理論和流動性偏好理論。

6. 金融衍生證券的價值依附於更基本的標的資產，它往往作為風險管理的工具，但也具有較強的投機性。

7. 基金可以劃分為封閉式基金和開放式基金兩大類，它們的價格取決於基金的單位淨值。

重要概念提示

現值模型、內部收益率、零增長模型、不變增長模型、可變增長模型、市盈率、收益率曲線、利率期限結構、期貨、權證、基金淨值

復習思考題

（1）現在有一家公司發行股票，在未來的三年裡，公司都會在每年的這一天支付每股20元的股息，三年后公司股利政策發生改變，每股股息按照6%的速度增長，如果投資者要求的10%的回報率不變的話，那麼現在公司的股價應該是多少？

（2）某公司發行零息票債券，面值為1,000元，債券的期限是7年，市場利率是10%。那麼這樣一份債券的內在價值是多少？

（3）淺談你對市盈率的認識。

（4）請闡述利率期限結構理論。

（5）淺談你對金融衍生產品的看法。

（6）淺談你對中國基金行業整體發展前景的看法。

第三章 證券投資的宏觀經濟分析

學習目標：

在這一章中我們將學習宏觀經濟因素對證券市場的影響。我們將在這一章中討論宏觀經濟分析的主要方法，宏觀經濟指標與證券市場的關係，宏觀經濟政策作用於證券市場的機制等內容。通過本章的學習，你應當知道：
- 宏觀經濟分析的主要方法有哪些；
- 有哪些宏觀經濟指標與證券市場密切相關；
- 經濟週期和通貨膨脹是如何影響證券市場的；
- 宏觀經濟政策包含了哪些內容；
- 宏觀經濟政策作用於證券市場的機制是什麼。

重點與難點提示：

各個宏觀經濟指標與證券市場的關係、如何判斷經濟週期、如何分析通貨膨脹對證券市場的影響、如何解讀宏觀經濟政策

要確定公司股票的合理價格，投資者就必須先預測該公司預期的股利和盈利。我們把諸如分析預期收益等價值決定因素的方法稱為基本面分析，而公司股利與盈利的預測是它的核心所在。總而言之，公司支付的股利是由公司的經營業績來決定的。然而，由於公司的未來業績與宏觀經濟因素相關，所以基本面分析也應該把公司所在的商業環境考慮進去。對於某些公司而言，在其眾多影響公司利潤的因素中，宏觀經濟和行業環境也許更為重要。因此對於公司前景預測而言，「由上至下」的層次分析是很適用的。這種分析方法是從宏觀經濟環境入手，首先考察國內的整體經濟條件，甚至還包括全球經濟環境，然後分析外部經濟環境對公司所在行業的影響，最後才對公司在行業中所處的地位進行分析。在本章我們將先對宏觀經濟因素進行討論，而行業因素和公司因素將在以後的兩章分別講解。

第一節　宏觀經濟分析概述

一、宏觀經濟分析的意義與方法

(一) 宏觀經濟分析的意義

在證券投資領域中，宏觀經濟分析非常重要，只有把握住經濟發展的大方向，才能做出正確的長期決策；只有密切關注宏觀經濟因素的變化，把握宏觀經濟波動規律才能抓住市場時機。證券投資與國民經濟整體素質、結構變動息息相關。不同部門、不同行業與成千上萬的不同企業相互影響、互相制約，共同作用於國民經濟發展的速度和質量。

證券投資與國家宏觀經濟政策息息相關。在市場經濟條件下，國家通過財政政策和貨幣政策來調節經濟，或擠出泡沫，或促進經濟增長。這些政策直接作用於企業，從而影響經濟增長速度和企業效益。因此，證券投資必須認真分析宏觀經濟政策，這無論是對投資者、投資對象，還是對證券業本身乃至整個國民經濟的健康快速發展都具有非常重要的意義。

(二) 宏觀經濟分析的主要方法

1. 經濟指標分析

宏觀經濟分析可以通過一系列的經濟指標的計算、分析和對比來進行。經濟指標是反應經濟活動結果的一系列數據和比例關係。經濟指標有三類：一是先行指標，主要有貨幣供應量、股票價格指數等，這類指標對將來的經濟狀況提供預示性的信息。從實踐來看，先行指標可以對國民經濟的高峰和低谷進行計算和預測。二是同步指標，主要包括失業率、國民生產總值等，這類指標反應的是國民經濟正在發生的情況，並不預示將來的變動。三是滯後指標，主要有銀行短期商業貸款利率、工商業未還貸款等。此外，在進行宏觀經濟分析時經常使用國內生產總值、國民生產總值、國民收入、個人收入、個人可支配收入五個有密切聯繫的綜合指標來反應和分析國民經濟的主要狀況，如經濟發展水平及其增長狀況、國內生產總值和國民收入在部門與行業間的分配情況等。

2. 計量經濟模型

所謂計量經濟模型，就是表示經濟變量及其主要影響因素之間的函數關係。許多經濟現象之間存在著相關或函數關係，建立計量經濟模型並進行運算，就可以探尋經濟變量間的平衡關係，分析影響平衡關係的各種因素。計量經濟模型主要有經濟變量、參數以及隨機誤差三大要素。經濟變量是反應經濟變動情況的量，分為自變量和因變量。而計量經濟模型中的變量則可分為內生變量和外生變量兩種。內生變量是指由模型本身加以說明的變量，它們是模型方程式中的未知數，其數值可由方程式求解獲得；外生變量則是指不能由模型本身加以說明的量，是方程式中的已知數，其數值不是由

模型本身的方程式算得,而是由模型以外的因素產生。計量經濟模型的第二大要素是參數。參數是用以求出其他變量的常數。參數一般反應出事物之間相對穩定的比例關係。在分析某種自變量的變動引起因變量的數值變化時,通常假定其他自變量保持不變,這種不變的自變量就是所說的參數。計量經濟模型的第三個要素是隨機誤差。該誤差是指那些很難預知的隨機產生的誤差,以及經濟資料在統計、整理和綜合過程中所出現的誤差。正負誤差最終可以抵消。

為證券投資而進行宏觀經濟分析,主要應運用宏觀計量經濟模型。所謂宏觀計量經濟模型是指在宏觀總量水平上把握和反應經濟運動的較全面的動態特徵,研究主要宏觀經濟指標間的相互依存關係,描述國民經濟各部門和社會再生產過程各環節之間的聯繫,並可用於宏觀經濟結構分析、政策模擬、決策研究以及發展預測等功能的計量經濟模型。在運用計量經濟模型分析宏觀經濟形勢時,還要注意模型的潛在變量被忽略、變量的滯後長度難確定以及引入非經濟方面的變量過多等問題,以充分發揮這一分析方法的優越性。

3. 概率預測

某隨機事件發生的可能性大小稱為該事件發生的概率,概率論則是一門研究隨機現象的數量規律的學科。目前,越來越多的概率論方法被引入到經濟、金融和管理科學,概率論成為有力的分析工具。

在宏觀經濟分析中引入概率論的方法進行預測,西方國家早在20世紀初期即已開始,但到第二次世界大戰後才蓬勃發展。這主要是由於政府調節經濟、制定改革措施的迫切需要。各種宏觀經濟預測實踐都是政府制定財政政策、貨幣政策、對外經濟政策的重要依據。

概率預測的重要性是由客觀經濟環境和該方法自身的功能決定的。要瞭解經濟活動的規律,必須掌握它的過去,進而預測其未來。過去的經濟活動都反應在大量的統計數字和資料上,根據這些數據,運用概率預測方法,就可以推算出以后若干時期各種相關的經濟變量狀況。概率預測方法運用得比較多也比較成功的是對宏觀經濟的短期預測。宏觀經濟短期預測是指對實際國民生產總值及其增長率、通貨膨脹率、失業率、利率、個人收入、個人消費、企業投資、公司利潤及對外貿易差額等指標的下一時期水平或變動率的預測,其中最重要的是對前三項指標的預測。西方國家從事這一預測的機構很多,它們使用自己制定的預測技術或構造的計量經濟模型進行預測並定期公布預測數值,預測時限通常為一年或一年半。概率預測實質上是根據過去和現在推測未來。廣泛搜集經濟領域的歷史和現時的資料是開展經濟預測的基本條件,善於處理和運用資料又是概率預測取得效果的必要手段。

二、評價宏觀經濟形勢的相關變量

(一) 國內生產總值

國內生產總值,即GDP,是某一時期內(通常為一年)某一經濟體生產的產品和提供的勞務的市場價值的總和。一個經濟體的增長速度,往往用GDP的增速來表示。

另一個應用較廣的經濟產出測量指標是工業總產量，它更多反應的是製造業方面的經濟活動水平。

(二) 失業率

高就業率（或低失業率）是社會經濟追求的另一個重要目標。失業率上升與下降是以 GDP 相對於潛在 GDP 的變動為背景的，根據奧肯定律，失業率上升 1 百分點會引起 GDP 下降 2 個百分點。而失業本身則是現代社會的一個主要問題。當失業率很高時，資源被浪費，人們收入減少，在這種時期，經濟的問題還可能影響人們的情緒和家庭生活，進而引發一系列的社會問題。

(三) 通貨膨脹率

通貨膨脹是指用某種價格指數衡量的一般價格水平的持續上漲。通貨膨脹的產生可能是由於對商品和勞務的需求過旺，超過了實際的供給能力；也可能是由於成本推動所致。通貨膨脹有被預期和未被預期之分，從程度上則有溫和的、嚴重的和惡性的三種。為抑制通貨膨脹而採取的貨幣政策和財政政策通常會導致高失業和 GDP 的低增長。

(四) 利率

利率，或稱利息率，是指在借貸期內所形成的利息額與所貸資金額的比率。高利率會減少未來現金流的現值，因而會減少投資機會的吸引力。利率分為名義利率和實際利率，實際利率才會成為企業投資成本的主要決定因素。房產和高價耐用消費品一般採用融資方式夠買，由於利率影響到利息的支付，因此這些商品的需求對利率波動很敏感。

(五) 匯率

匯率是外匯市場上一國貨幣與他國貨幣相互交換的比率，即以本國貨幣表示的外國貨幣的價格。一國的匯率會因該國的國際收支狀況、通貨膨脹率、利率、經濟增長率等的變化而波動；反之，匯率波動又會影響一國的進出口額和資本流動，並影響一國的經濟發展。特別是在當前國際分工異常發達、各國間經濟聯繫十分密切的情況下，匯率的變動對一國的國內經濟、對外經濟以及國際間的經濟聯繫都產生著重大影響。為了不使匯率的過分波動危及一國的經濟發展和對外經濟關係的協調，各國政府和中央銀行都通過在外匯市場上拋售或收購外匯的方式干預外匯市場，以影響外匯供求，進而影響匯率。20 世紀 70 年代以來，除了各國金融當局經常對外匯市場進行干預，還出現了幾個國家的中央銀行聯合干預外匯市場的情況。尤其是 20 世紀 90 年代以後，隨著全球經濟一體化趨勢的不斷強化，聯合干預的現象更加頻繁。此外，政府的宏觀經濟政策變化也會直接或間接影響一國對外貿易結構、通貨膨脹率以及實際利率水平等，從而對匯率水平產生影響。

(六) 財政收支

財政收支包括財政收入和財政支出兩個方面。財政收入是國家為了保證實現政府

職能的需要，通過稅收等渠道籌集的公共性資金收入；財政支出則是為滿足政府執行職能需要而使用的財政資金。核算財政收支總額是為了進行財政收支狀況的對比。收大於支是盈餘，收不抵支則出現財政赤字。如果財政赤字過大，就會引起社會總需求的膨脹和社會總供求的失衡。

（七）國際收支

國際收支一般是一國居民在一定時期內與非居民在政治、經濟、軍事、文化及其他往來中所產生的全部交易的系統記錄。這裡的「居民」是指在國內居住一年以上的自然人和法人。國際收支包括經常項目和資本項目。經常項目主要反應一國的貿易和勞務往來狀況；資本項目則集中反應一國同國外資金往來的情況，反應著一國利用外資和償還本金的執行情況。全面瞭解和掌握國際收支狀況，有利於從宏觀上對國家的開放規模和開放速度進行規劃、預測和控制。

（八）固定資產投資規模

固定資產投資規模是指一定時期在國民經濟各部門、各行業固定資產再生產中投入資金的數量。投資規模是否適度，是影響經濟穩定與增長的一個決定因素。投資規模過小，不利於為經濟的進一步發展奠定物質技術基礎；投資規模安排過大，超出了一定時期人力、物力和財力的可能，又會造成國民經濟比例的失調，導致經濟大起大落。在經濟增長上升時期，尤其要注意控制固定資產投資規模，防止投資規模的膨脹。中國曾多次出現固定資產投資領域盲目建設、重複建設現象，各地方盲目擴大投資規模，導致社會總需求的膨脹，物價大幅度上漲，影響經濟的協調發展，最終又不得不回過頭來壓縮投資規模，從而造成資源的巨大浪費。因此，適度安排固定資產投資規模是宏觀經濟得以合理、高效運行的必要前提。

（九）心理因素

經濟發展水平的另一個重要因素是消費者與生產者的心理預期，即他們對經濟採取的是悲觀態度還是樂觀態度。比方說，如果消費者對他們未來的收入水平有很大的信心，那麼他們就會願意進行大量的現期消費。同樣，如果公司預測其產品的需求會上升，那麼他們就會調高產品的產量和庫存水平。這樣，公眾的信心就會影響到消費和投資的數量，以及對產品和勞務的需求。

第二節　宏觀經濟形勢變化對證券市場的影響

一、國內生產總值變動對證券市場的影響

GDP是一國經濟成就的根本反應，持續上升的GDP表明國民經濟良性發展，制約經濟的各種矛盾趨於或達到協調，人們有理由對未來經濟產生好的預期；相反，如果GDP處於不穩定的非均衡增長狀態，暫時的高產出水平並不表明一個「好的經濟形勢」，不均衡的發展可能會激化各種矛盾，從而導致一個大的經濟衰退。證券市場作為

經濟的「晴雨表」，如何對GDP的變動做出反應呢？我們必須將GDP與經濟形勢結合起來進行考察，不能簡單地以為GDP增長，證券市場就必將伴之以上升的走勢，實際上有時恰恰相反。下面對幾種基本情況進行闡述。

第一種情況是持續、穩定、高速的GDP增長。在這種情況下，社會總需求與總供給協調增長，經濟結構逐步合理，趨於平衡，經濟增長來源於需求刺激並使得閒置的或利用率不高的資源得以更充分的利用，從而表明經濟發展的良好勢頭，這時證券市場將基於下述原因而呈現上升走勢。

（1）伴隨總體經濟成長，上市公司利潤持續上升，股息和紅利不斷增長，企業經營環境不斷改善，產銷兩旺，投資風險也越來越小，從而公司的股票和債券全面得到升值，促使價格上揚。

（2）人們對經濟形勢形成了良好的預期，投資積極性得以提高，從而增加了對證券的需求，促使證券價格上漲。

（3）隨著國內生產總值GDP的持續增長，國民收入和個人收入都不斷得到提高，收入增加也將增加證券投資的需求，從而證券價格上漲。

第二種情況是高通貨膨脹下的GDP增長。當經濟處於嚴重失衡下的高速增長時，總需求大大超過總供給，這將表現為高的通貨膨脹率，這是經濟形勢惡化的徵兆，如不採取調控措施，必將導致未來的「滯脹」（通貨膨脹與經濟停滯並存）。這時經濟中的矛盾會突出地表現出來，企業經營將面臨困境，居民實際收入也將降低，因而失衡的經濟增長必將導致證券市場下跌。

第三種情況是宏觀調控下的GDP減速增長。當GDP呈失衡的高速增長時，政府可能採用宏觀調控措施以維持經濟的穩定增長，這樣必然減緩GDP的增長速度。如果調控目標得以順利實現，GDP仍以適當的速度增長而未導致GDP的負增長或低增長，說明宏觀調控措施十分有效，經濟矛盾逐步得以緩解，為進一步增長創造了有利條件。這時證券市場亦將反應這種好的形勢而呈平穩漸升的態勢。

第四種情況是轉折性的GDP變動。如果GDP一定時期以來呈負增長，當負增長速度逐漸減緩並呈現向正增長轉變的趨勢時，表明惡化的經濟環境逐步得到改善，證券市場走勢也將由下跌轉為上升。當GDP由低速增長轉向高速增長時，表明低速增長中，經濟結構得到調整，經濟的「瓶頸」制約得以改善，新一輪經濟高速增長已經來臨，證券市場亦將伴之以快速上漲之勢。

最后我們還必須強調指出，證券市場一般提前對GDP的變動做出反應，也就是說它是反應預期的GDP變動，而GDP的實際變動被公布時，證券市場只反應實際變動與預期變動的差別，因而對GDP變動進行分析時必須著眼於未來，這是最基本的原則。

二、經濟週期對證券市場的影響

經濟情況從來不是靜止不動的，某個時期產出、價格、利率、就業不斷上升直至某個高峰——繁榮，之後可能是經濟的衰退，產出、產品銷售、利率、就業開始下降，直至某個低谷——蕭條。接下來則是經濟重新復甦，進入一個新的經濟週期。

股票市場素有經濟「晴雨表」之稱，股票市場綜合了人們對於經濟形勢的預期，

這種預期較全面地反應了人們對經濟發展過程中表現出的有關信息的切身感受。這種預期又必然反應到投資者的投資行為中，從而影響股票市場的價格。既然股價反應的是對經濟形勢的預期，因而其表現必定領先於經濟的實際表現（除非預期出現偏差，經濟形勢本身才對股價產生糾錯反應）。當經濟持續衰退至尾聲——蕭條時期，百業不振，投資者已遠離股票市場，每日成交稀少，此時，那些有眼光而且在不停搜集和分析有關經濟形勢並做出合理判斷的投資者已在默默吸納股票，股價已緩緩上升。當各種媒介開始傳播蕭條已去，經濟日漸復甦的信息時，股價實際上已經升至一定水平。隨著人們普遍認同以及投資者自身的境遇亦在不斷改善，股市日漸活躍，需求不斷擴大，股價不停地攀升，更有大戶和主力借經濟形勢之大「利好」進行哄抬，普通投資者在逐利和樂觀從眾心理的驅使下極力「捧場」，股價屢創新高。而那些有識之士在綜合分析經濟形勢的基礎上，認為經濟將不會再創熱潮時，已悄然拋出股票，股價雖然還在上漲，但供需力量正逐漸發生轉變。

如果你能對經濟週期各個階段的預測比別人更準確，更可靠。那麼你必然會在證券投資中獲得不菲的收益，不幸的是確定經濟何時處於波峰或者波谷並不是很容易的事情。如此具有吸引力的投資機會不可能明顯到這種程度，通常人們要在幾個月過後才意識到蕭條期已經開始或者結束了。對經濟擴張也是如此。從事後來看經濟擴張與蕭條之間的轉折一般比較明顯，但是在當時，任何人都很難說清楚經濟到底是在加速發展還是逐步衰退。

由於經濟週期具有循環特性，所以某種程度上週期也是可以被預測的。下面我們將介紹一組週期性指標來對經濟活動的短期變化做出預測、測度和解釋。先行經濟指標是指經濟中預先上升或者下降的經濟數據。同步經濟指標和滯后經濟指標，正如它們的名稱一樣，就是與經濟同時變化或稍落后於宏觀經濟的指標。具體如表3.1。

表3.1　　　　　　　　經濟先行指標，同步指標和滯后指標

先行指標	同步指標	滯后指標
採購經理指數（PMI）	非農業工資名冊中的雇主人數	失業平均期限
生產工人（製造業）平均周工作時數	減去轉移支付的個人收入	貿易存貨與銷售比率
初次申請失業保險的人數	工業產量	每單位產出勞動成本指數的變化
製造商的新訂單	製造品和貿易銷售額	銀行支付的平均優惠利率
供應商業績		現有工商貸款數量
貨幣供給（M2）		現有消費分期付款信用與個人收入比
消費者預期指數		勞務的消費價格指數變動
當局允許開工的私人住宅單位數量		消費者物價指數（CPI）
固定資產投資		

通過這些先行經濟指標，我們可以對宏觀經濟的走向做出一定的判斷。以貨幣供給量為例，我們知道貨幣政策對經濟的影響是滯后的。正因為這個原因，我們可以馬上看到一個擴張的貨幣政策，但是它可能要在今后的幾個月內才影響整個經濟，所以現在的貨幣政策很可能預示著未來經濟的振興。

　　其他的先行經濟指標一般都是能影響今后產量的當期決策結果。例如，採購經理指數是一個綜合的指數體系，儘管指標不多，但涵蓋了經濟活動的多個方面，如新訂單、新出口訂單、進口、生產、供應商配送、庫存、雇員、價格等，其綜合指數反應了經濟總體情況和總的變化趨勢，而各項指標又反應了企業供應與採購活動的各個側面，尤其是採購經理指數中一些特有的指標是其他統計指標中所缺少的，如訂貨提前期與供應商配送時間等，有助於詳細分析行業發展走勢的成因，為國家宏觀經濟調控和指導企業經營提供了重要依據。

　　通過對經濟週期的瞭解，我們可以獲得以下幾點啟示：

　　首先，經濟總處在週期性運動中，股價伴隨經濟相應地波動，而且超前於經濟運動。

　　其次，收集有關宏觀經濟資料和政策信息，隨時注意經濟發展動向，正確把握當前經濟發展處於經濟週期的何種階段，對未來做出正確判斷，切忌盲目從眾。

　　最后，把握經濟週期，認清經濟形勢。不要被股價的「小漲」、「小跌」驅使而追逐小利或迴避小失（這一點對中長期投資者尤為重要）。在把握經濟週期的同時，配合技術分析的趨勢線進行研究或許會大有裨益。不同行業受經濟週期的影響程度是不一樣的，對具體某種股票的行情分析，應深入細緻地探究該輪週期的起因、政府控制經濟週期採取的政策措施，結合行業特徵及上市公司的公司分析綜合地進行。

　　景氣來臨之時首當其衝上漲的股票往往在衰退之時首當其衝下跌。典型的情況是，能源、有色金屬等股票在上漲初期將有優異表現，但其抗跌能力差；反之，公用事業股、消費彈性較小的日常消費品部門的股票則在下跌末期發揮較強的抗跌能力。

三、通貨膨脹對證券市場的影響

　　通貨膨脹和失業一直是困擾各國政府的兩個主要經濟問題，通貨膨脹的原因以及它對經濟的影響是一個十分複雜的問題，而政府對通貨膨脹進行控制的宏觀政策往往只能以一定的代價(比如增加失業率)來實現。在需求拉動或成本推動的條件下，物價都有上升的壓力。而價格又直接影響到宏觀經濟的總供給與總需求水平，從而對每個經濟參與者產生影響。對於企業而言，通貨膨脹率的改變會影響其投資與存貨水平，進一步影響到證券市場的供給；對於家庭而言，通貨膨脹率的改變會導致其財富保存形式的改變，進而影響到證券市場的需求。

　　我們首先分析通貨膨脹對股票市場的影響。通貨膨脹對股價特別是個股的影響，也無永恆的定勢，它完全可能同時產生相反方向的影響。對這些影響作具體分析和比較必須從該時期通貨膨脹的原因、通貨膨脹的程度，配合當時的經濟結構和形勢，政府可能採取的干預措施等方面的分析入手。這裡，我們就一般性的原則作以下幾點說明：

(1) 溫和的、穩定的通貨膨脹對股價的影響較小。

(2) 如果通貨膨脹在一定的可容忍範圍內持續，而經濟處於景氣（擴張）階段，產量和就業都持續增長，那麼股價也將持續上升。

(3) 嚴重的通貨膨脹是很危險的，這可能從兩個方面影響股價：其一，資金流出金融市場，引起股價下跌；其二，經濟扭曲和失去效率，企業一方面籌集不到必需的生產資金，同時，原材料、勞務價格等成本飛漲，使企業經營嚴重受挫，盈利水平下降，甚至倒閉。

(4) 政府往往不會長期容忍通貨膨脹存在，因而必然會動用某些宏觀經濟政策工具來抑制通貨膨脹，這些政策必然對經濟運行造成影響。這種影響將改變資金流向和企業的經營利潤，從而影響股價。

(5) 通貨膨脹時期，並不是所有價格和工資都按同一比率變動，而是相對價格發生變化。這種相對價格變化引致財富和收入的再分配，產量和就業的扭曲，因而某些公司可能從中獲利，而另一些公司可能蒙受損失。與之相應的是獲利公司的股票價格上漲，受損失的公司股票價格下跌。

(6) 通貨膨脹不僅產生經濟影響，還可能產生社會影響，並影響公眾的心理和預期，從而對股價產生影響。

(7) 通貨膨脹使得各種商品價格具有更大的不確定性，也使得企業未來經營狀況具有更大的不確定性，從而影響市場對股息的預期，並增大獲得預期股息的風險，從而導致股價下跌。

(8) 通貨膨脹對企業的微觀影響。通貨膨脹之初，「稅收效應」、「負債效應」、「存貨效應」、「波紋效應」有可能刺激股價上漲。但長期嚴重的通貨膨脹，必然惡化經濟環境、社會環境，股價必受大環境驅使下跌，短期效應的表現便不復存在。比如，石油危機導致世界性的通貨膨脹，工業原料、生產物資價格普遍上揚，最初擁有這些原料的廠商極度興奮，因為庫存的原料皆以低價購進，產品價格忽然上揚，意外地提高了他們的利潤。待一季盈餘公布增加後，自會促使買氣增加，股價上揚。待一段急速行情之後，通貨膨脹現象未減輕，反而加重，低價原料庫存終究有限，等到事實證明此次通脹並不是景氣復甦時，有識之士先行賣出股票，又因為股價本已偏高，買氣弱，而賣壓逐漸加重，當通貨膨脹繼續惡化，直接影響產品成本和銷量時，股價已下跌一段距離。

在適度的通貨膨脹下，人們為避免損失而將資金投向股市。而通貨膨脹初期，物價上漲，生產受到刺激，企業利潤增加，股價因此看漲。但在持續增長的通貨膨脹下，企業成本增加，而高價格導致需求下降，企業經營惡化。特別是，政府此時不得已採取嚴厲的緊縮政策，則猶如雪上加霜，企業資金週轉失靈，一些企業甚至倒閉，股市在恐慌中狂跌。

通貨膨脹不僅僅會影響到股票市場，其對債券市場也會產生一定的影響。其對債券市場的影響有以下幾點：

(1) 通貨膨脹提高了對債券的必要收益率，從而引起債券價格下跌。

(2) 適度的通貨膨脹下，人們企圖通過投資於債券實現資金保值，從而使債券需

求增加，價格上漲。

（3）未預期的通貨膨脹增加了企業經營的不確定性，降低了還本付息的保證，從而導致債券價格下跌。

（4）過度的通貨膨脹，將使企業經營發生困難甚至倒閉，同時投資者將資金轉移到實物資產和交易上尋求保值，債券需求減少，債券價格下降。

第三節　宏觀經濟政策對證券市場的影響

政府通過宏觀調控作用於整個國民經濟，從而影響到證券市場，政府的宏觀調控具有兩個方面：一方面是對產品和勞務的需求產生影響；另一方面是影響產品或勞務的供給。第二次世界大戰後，影響需求的政策成為主流，我們在下文中分析的財政政策，貨幣政策都屬於需求管理政策，它們通過刺激產品和勞務的需求來影響宏觀經濟。供給政策一般則強調通過控制邊際稅率來激勵生產率的提高。

一、財政政策對證券市場的影響

（一）財政政策的目標和內容

財政政策是政府依據客觀經濟規律制定的指導財政工作和處理財政關係的一系列方針、準則和措施的總稱。

財政政策分為長期、中期、短期財政政策。各種財政政策都是為相應時期的宏觀經濟調控總目標服務的。財政政策的短期目標是促進經濟穩定增長。從中國現實情況來看，經濟過熱、投資和消費過度膨脹而造成社會總供求不平衡是經濟不能保持穩定增長的主要原因。財政政策主要通過預算收支平衡或財政赤字、財政補貼和國債政策等手段影響社會總需求數量，促進社會總需求和社會總供給趨向平衡。財政政策的中長期目標，首先是資源的合理配置。總體上說，是通過對供給方面的調控來制約經濟結構的形成，為社會總供求的均衡提供條件。比如，政府支出方向直接作用於經濟結構的調整和制約，財政貼息手段引導社會投資方向，以配合產業政策為經濟持續穩定增長創造均衡條件。其次，中長期政策的另一個重要目標是收入的公平分配。

目前世界各國尤其是發達國家通常的做法是運用財政政策中的稅收和轉移支付手段來調節各地區和各階層的收入差距，達到兼顧平等與效率，促進經濟社會協調發展之目的。

財政政策手段主要包括國家預算、稅收、國債、財政補貼、財政管理體制、轉移支付制度等。這些手段可以單獨使用，也可以配合協調使用。具體措施如下：

1. 國家預算

國家預算是財政政策的主要手段，作為政府的基本財政收支計劃，國家預算能夠全面反應國家財力規模和平衡狀態，並且是各種財政政策手段綜合運用結果的反應，因而在宏觀調控中具有重要的功能作用。國家預算收支的規模和收支平衡狀態可以對

社會供求的總量平衡發生影響，在一定時期當其他社會需求總量不變時，財政赤字具有擴張社會總需求的功能；財政採用結餘政策和壓縮財政支出具有縮小社會總需求的功能。

國家預算的支出方向可以調節社會總供求的結構平衡。財政投資主要運用於能源、交通及重要的基礎產業、基礎設施的建設，財政投資的多少和投資方向直接影響和制約國民經濟的部門結構，因而具有造就未來經濟結構框架的功能，也有矯正當期結構失衡狀態的功能。

2. 稅收

稅收是國家憑藉政治權力參與社會產品分配的重要形式。由於稅收具有強制性、無償性和固定性特徵，使得它既是籌集財政收入的主要工具，又是調節宏觀經濟的重要手段。稅收調節經濟的首要功能是調節收入的分配。首先，稅制的設置可以調節和制約企業間的稅負水平。「區別對待」的稅制可以達到鼓勵一部分企業的發展，限制另一部分企業發展的目的；「公平稅負」稅制的設置則可使各類稅負水平大致相當。當前，為適應發展社會主義市場經濟的需要，中國通過稅制改革，設置統一的內外資企業所得稅和中性稅率的增值稅就是發揮「公平稅負」的政策效應，促進各類企業平等競爭。其次，通過設置個人所得稅可以調節個人收入的差距。

稅收可以調節社會總供求的結構。稅收可以根據消費需求和投資需求的不同對象設置稅種或在同一稅種中實行差別稅率，以控制需求數量和調節供求結構。稅收對促進國際收支平衡具有重要的調節功能。對出口產品的退稅政策可用來鼓勵出口，進口關稅的設置用來調節進口商品的品種和數量。

3. 國債

國債是國家按照有償信用原則籌集財政資金的一種形式，同時也是實現政府收入的財政政策，是進行宏觀調控的重要工具。國債可以調節國民收入初次分配形成的格局，將部分企業和居民收入以信用方式集中到政府手中，以擴大政府收支的規模。國債可以調節國民收入的使用結構和產業結構，將部分用於消費的資金轉化為投資基金，用於農業、能源、交通和基礎設施等國民經濟的薄弱部門和「瓶頸」產業的發展，調整固定資產投資結構，促進經濟結構的合理化。

國債可以調節資金供求和貨幣流通量。政府主要通過擴大或減少國債發行、降低或提高國債利率和貼現率以及中央銀行的公開市場業務來調節資金供求和貨幣供應。

4. 財政補貼

財政補貼是國家為了某種特定需要，將一部分財政資金無償補助給企業和居民的一種再分配形式。中國財政補貼主要包括：價格補貼、企業虧損補貼、財政貼息、房租補貼、職工生活補貼和外貿補貼。

5. 財政管理體制

財政管理體制是中央與地方、地方各級政府之間以及國家與企事業單位之間資金管理權限和財力劃分的一種根本制度，其主要功能是調節各地區、各部門之間的財力分配。

6. 轉移支付制度

轉移支付制度是中央財政將集中的一部分財政資金，按一定的標準撥付給地方財政的一項制度。其主要功能是調整中央政府與地方政府之間的財力縱向不平衡，以及調整地區間財力橫向不平衡。

(二) 財政政策的種類及運用

按照對經濟的刺激程度，財政政策可以分為：松的財政政策、緊的財政政策和中性財政政策，按照時效的長短，可以分為短期財政政策和中長期財政政策。不同的財政政策對證券市場的影響也是不一樣的。

一般而言，從擴張程度上來看，緊的財政政策將使得過熱的經濟受到控制，證券市場也將走弱，而松的財政政策刺激經濟發展，證券市場走強。具體分析如下：

松的財政政策及其對證券市場的影響是：

1. 減少稅收，降低稅率，擴大減免稅範圍

其政策的經濟效應是：增加微觀經濟主體的收入，以刺激經濟主體的投資需求，從而擴大社會供給。對證券市場的影響為：增加人們的收入，並同時增加了他們的投資需求和消費支出。前者直接引起證券市場價格上漲，後者則使得社會總需求增加。而總需求增加又會刺激投資需求，企業擴大生產規模，企業利潤增加。同時，企業稅後利潤增加，也將刺激企業擴大生產規模的積極性，進一步增加利潤總額，從而促進股票價格上漲。再者因市場需求活躍，企業經營環境改善，盈利能力增強，進而降低了還本付息風險，債券價格也將上揚。

2. 擴大財政支出，加大財政赤字

其政策效應是：擴大社會總需求，從而刺激投資，擴大就業。政府通過購買和公共支出增加商品和勞務需求，激勵企業增加投入，提高產出水平，於是企業利潤增加，經營風險降低，將使得股價和債券價格上升。同時居民在經濟復甦中增加了收入，持有的貨幣增加，景氣的趨勢更增加了投資者信心，買氣增強，股市和債市趨於活躍，價格自然上揚。特別是與政府購買和支出相關的企業將最先最直接從財政政策中獲益，因而有關企業的股價和債券價格將率先上漲。

3. 減少國債發行（或回購部分短期國債）

其政策效應是縮減證券市場上國債的供給量，從而對證券市場原有的供求平衡發生影響。國債是證券市場上重要的交易券種，國債發行規模的縮減，使市場供給量縮減，更多的資金轉向股票、企業債券，整個證券市場的價格水平趨於上漲。

4. 增加財政補貼

財政補貼往往使財政支出擴大。其政策效應是擴大社會總需求和刺激供給增加。緊的財政政策的經濟效應及其對證券市場的影響與上述分析相反，不再一一敘述。

從政策的時效性上講，由於財政政策的時滯較短，在短期財政政策的運作主要是發揮「相機抉擇」作用，即政府根據宏觀經濟運行狀況來選擇相應的財政政策，調節和控制社會總供求的均衡。這些運作大致有以下幾種情況：

（1）當社會總需求不足時，可單純使用松的財政政策，通過擴大支出，增加赤字，

以擴大社會總需求，也可以採取擴大稅收減免、增加財政補貼等政策，刺激微觀經濟主體的投資需求，證券價格上漲。

（2）當社會總供給不足時，單純使用緊縮性財政政策，通過減少赤字、增加公開市場上出售國債的數量，以及減少財政補貼等政策，壓縮社會總需求，證券價格下跌。

（3）當社會總供給大於社會總需求時，可以搭配運用「松」、「緊」政策。一方面通過增加赤字、擴大支出等政策刺激總需求增長；另一方面採取擴大稅收、調高稅率等措施抑制微觀經濟主體的供給。如果支出總量效應大於稅收效應，那麼，對證券價格的上揚會起到一種推動的作用。

（4）當社會總供給小於社會總需求時，可以搭配使用「松」、「緊」政策。一方面通過壓縮支出、減少赤字等政策縮小社會總需求；另一方面採取擴大稅收減免、減少稅收等措施刺激微觀經濟主體增加供給。壓縮支出的緊縮效應大於減少稅收的刺激效應，證券價格下跌。

就中長期而言，為了達到中長期財政政策目標，財政政策的運作主要是調整財政支出結構和改革、調整稅制。其做法是：

（1）按照國家產業政策和產業結構調整的要求，在預算支出中，優先安排國家鼓勵發展的產業的投資。

（2）運用財政貼息、財政信用支出以及國家政策性金融機構提供投資或者擔保，支持高新技術產業和農業的發展。

（3）通過合理確定國債規模，吸納部分社會資金，列入中央預算，轉作政府的集中性投資，用於能源、交通的重點建設。

（4）調整和改革整個稅制體系，或者調整部分主要稅制，以實現對收入分配的調節。特定的稅制體系或主要稅制，其客觀作用可以有利於刺激效率，或有利於收入的公平分配。一般來說，實行邊際稅率較高的超額累進稅制有利於收入的公平分配，而邊際稅率較低的超額累進稅制有利於刺激效率。政府根據一定時期的社會經濟發展戰略要求，調整和改革稅制體系，以利於進行宏觀調控，達到既定的目標。國家產業政策主要通過財政政策和貨幣政策來實現。優先發展的產業將得到一系列政策優惠和扶植，因而將獲得較高的利潤和具有良好的發展前景，這勢必受到投資者的普遍青睞，股價自然會上揚。債券價格也會因為這些產業具有較低的經營風險，從而具有較低的還本付息風險而上漲。即便在緊縮的財政貨幣政策下，這些產業也會受到特殊照顧，因而產業政策對證券市場的影響是長期而深遠的。

（三）財政政策與證券投資

正確地運用財政政策來為證券投資決策服務，應把握以下幾個方面：

（1）關注有關的統計資料信息，認清經濟形勢。

（2）從各種媒介中瞭解經濟界人士對當前經濟的看法，政府官員日常活動、講話，分析其經濟觀點、主張、性格，從而預見政府可能採取的經濟措施和採取措施的時機。

（3）分析過去類似形勢下的政府行為及其經濟影響，作為前車之鑑。

（4）關注年度財政預算，從而把握財政收支總量的變化趨勢，更重要的是對財政

收支結構及其重點做出分析，以便瞭解政府的財政投資重點和傾斜政策。受傾斜的產業必有好的業績，股價自然上漲。

（5）在非常時期對經濟形勢進行分析，預見財政政策的調整，結合行業分析做出投資選擇。通常，與政府投資密切相關的企業對財政政策極為敏感。

（6）在預見和分析財政政策的基礎上，進一步分析相應政策對經濟形勢的綜合影響（比如通貨膨脹、利率等），結合上市公司的內部分析，分析個股的變化趨勢。

二、貨幣政策對證券市場的影響

（一）貨幣政策的作用

所謂貨幣政策，是指政府為實現一定的宏觀經濟目標所制定的關於貨幣供應和貨幣流通組織管理的基本方針和基本準則。貨幣政策對經濟的調控是總體上和全方位的，貨幣政策的調控作用突出表現在以下幾點：

1. 通過調控貨幣供應總量保持社會總供給與總需求的平衡

在現代經濟社會中，社會總需求總是表現為具有貨幣支付能力的總需求。貨幣政策可通過調控貨幣供應量達到對社會總需求和總供給兩方面的調節，使經濟達到均衡。當總需求膨脹導致供求失衡時，可通過控制貨幣供應量達到對總需求的抑制；當總需求不足時，可通過增加貨幣供應量，提高社會總需求，使經濟繼續發展。同時，貨幣供給的增加有利於貸款利率的降低，可減少投資成本，刺激投資增長和生產擴大，從而增加社會總供給。

2. 通過調控利率和貨幣總量控制通貨膨脹，保持物價總水平的穩定

無論通貨膨脹的形成原因多麼複雜，從總量上看，都表現為流通中的貨幣超過社會在不變價格下所能提供的商品和勞務總量。提高利率可使現有貨幣購買力推遲，減少即期社會需求，同時也使銀行貸款需求減少；降低利率的作用則相反。中央銀行還可以通過金融市場直接調控貨幣供應量。

3. 調節國民收入中消費與儲蓄的比例

貨幣政策通過對利率的調節能夠影響人們的消費傾向和儲蓄傾向。低利率鼓勵消費，高利率有利於吸收儲蓄。

4. 引導儲蓄向投資的轉化並實現資源的合理配置

儲蓄是投資的來源，貨幣政策緊縮貨幣供應量，提高利率，有利於儲蓄的增加，同時會淘汰低效率和低盈利能力的投資，引導資金更合理的流動。

（二）貨幣政策的目標和工具

在現代社會，貨幣政策的目標總體上包括：穩定幣值（物價）、充分就業、經濟增長和國際收支平衡。但是由於這些目標自身之間存在一定的矛盾性，因此具體貨幣政策目標的選擇，各個國家都是根據不同時期的具體經濟環境和市場狀況確定的，並適時進行調整。

由於貨幣政策目標本身不能操作、計量和控制，因而為實現貨幣政策目標需要選定可操作、可計量、可監控的金融變量，即仲介指標。在市場經濟比較發達的國家一

般選擇利率、貨幣供應量和基礎貨幣等金融變量作為仲介指標。其中利率和貨幣供給量對中央銀行來說，調控力度和方便程度相對較弱，但作用過程離最終政策目標較近；而基礎貨幣，中央銀行對它們的調控能力和方便程度較強，但其作用過程離貨幣政策最終目標較遠。根據中國實際情況，國務院關於金融體制改革的決定提出，中國人民銀行的貨幣政策的仲介指標為：貨幣供應量、信用總量、同業拆借利率和銀行備付金率。

一旦央行選擇了貨幣政策的目標，那麼接下來央行就要選擇具體的政策手段來實現這個目標。央行為實現貨幣政策目標所採用的貨幣政策手段被稱為貨幣政策工具，貨幣政策工具可分為一般性政策工具和選擇性政策工具。一般性政策工具是指中央銀行經常採用的三大政策工具，具體包括：法定存款準備金率、再貼現政策和公開市場業務。

1. 法定存款準備金率

當中央銀行提高法定存款準備金率時，商業銀行可運用的資金減少，貸款能力下降，貨幣乘數變小，市場貨幣流通量便會相應減少。所以在通貨膨脹時，中央銀行可提高法定準備金率；反之，則降低。法定存款準備金率的作用效果十分明顯。一方面它在很大程度上限制了商業銀行體系創造派生存款的能力，而且其他政策工具也都是以此為基礎，提高法定存款準備金率，就等於凍結了一部分商業銀行的超額準備；另一方面法定存款準備金率對商業銀行的資金總量影響巨大，因為它對應數額龐大的存款總量，並通過貨幣乘數的作用，對貨幣供給總量產生更大的影響。人們通常認為這一政策工具效果過於猛烈，它的調整會在很大程度上影響整個經濟和社會心理預期，因此，一般對法定存款準備金率的調整都持謹慎態度。

2. 再貼現政策

它是指中央銀行對商業銀行用持有的未到期票據向中央銀行融資所做的政策規定。再貼現政策一般包括再貼現率的確定和再貼現的資格條件。再貼現率主要著眼於短期政策效應。中央銀行根據市場資金供求狀況調整再貼現率，以影響商業銀行借入資金成本，進而影響商業銀行對社會的信用量，從而調整貨幣供給總量。在傳導機制上，商業銀行需要以較高的代價才能獲得中央銀行的貸款，便會提高對客戶的貼現率或提高放款利率，其結果就會使信用量收縮，市場貨幣供應量減少；反之則相反。中央銀行對再貼現資格條件的規定則著眼於長期的政策效用，以發揮抑制或扶持作用，並改變資金流向。

3. 公開市場業務

它是指中央銀行在金融市場上公開買賣有價證券，以此來調節市場貨幣供應量的政策行為。當中央銀行認為應該增加貨幣供應量時，就在金融市場上買進有價證券（主要是政府債券）；反之就出售所持有的有價證券。

隨著中央銀行宏觀調控作用的重要性加強，貨幣政策工具也趨向多元化，因而出現了一些可供選擇使用的新措施，這些措施被稱為「選擇性貨幣政策工具」。選擇性政策工具主要有兩類：直接信用控制和間接信用指導。

直接信用控制是指以行政命令或其他方式，直接對金融機構尤其是商業銀行的信

用活動進行控制。其具體手段包括：規定利率限額與信用配額、信用條件限制，規定金融機構流動性比率和直接干預等。

間接信用指導是指中央銀行通過道義勸告、窗口指導等辦法來間接影響商業銀行等金融機構行為的做法。

(三) 貨幣政策的種類和運用

通常，將貨幣政策的運作分為緊的貨幣政策和松的貨幣政策。

緊的貨幣政策手段是：減少貨幣供應量，提高利率，加強信貸控制。如果市場物價上漲，需求過度，經濟過度繁榮，被認為是社會總需求大於總供給，中央銀行就會採取緊縮貨幣的政策以減少需求。松的貨幣政策手段是：增加貨幣供應量，降低利率，放松信貸控制。如果市場產品銷售不暢，經濟運轉困難，資金短缺，設備閒置，被認為是社會總需求小於總供給，中央銀行則會採取擴大貨幣供應的辦法增加總需求。

同財政政策一樣，貨幣政策也是通過作用於整個國民經濟從而影響到證券市場。貨幣政策對證券市場的影響比較複雜。總的來說，松的貨幣政策將使得證券市場價格上揚，緊縮的貨幣政策將使得證券市場價格下跌。寬松的貨幣政策的作用機制有以下幾個方面：

(1) 寬松的貨幣政策為企業生產發展提供充足的資金，利潤上升，從而股價上升。

(2) 寬松的貨幣政策社會增大總需求，刺激生產發展，同時使居民收入得到提高，因而對證券投資的需求增加，證券價格上揚。

(3) 銀行利率隨貨幣供應量增加而下降，部分資金從銀行轉移出來流向證券市場，也將擴大證券市場的需求，同時利率下降還提高了證券價值的評估，兩者均使證券價格上升。

(4) 貨幣供應量的增加將引發通貨膨脹，適度的通貨膨脹或在通貨膨脹初期，市場繁榮，企業利潤上升，加上受保值意識驅使，資金轉向證券市場，使證券價值和對證券的需求均增加，從而股價上升。

緊縮的貨幣政策對證券市場的影響正好與寬松的政策相反，在這裡我們就不再一一說明。

三、匯率對證券市場的影響

匯率對證券市場的影響是多方面的。一般來講，一國的經濟越開放，證券市場的國際化程度越高，證券市場受匯率的影響越大。

一般而言，匯率上升（直接標價法下），本幣貶值，本國產品競爭力加強，出口型企業將增加收益，因而企業的股票和債券價格上漲；相反，依賴於進口的企業成本增加，利潤受損，股票和債券的價格將下降。同時匯率上升，本幣貶值，將導致資本流出本國，資本的流失將使本國證券市場的需求減少從而使市場價格下降。

另外，匯率上升，本幣表示的進口商品價格提高，進而帶動國內物價水平上漲，引起通貨膨脹。通貨膨脹對證券市場的影響需根據當時的經濟形勢和具體企業以及政策行為進行分析。為了維持匯率的穩定，政府可能動用外匯儲備，拋售外匯，從而減

少本幣的供應量,使得證券市場價格下降,直到匯率回落恢復均衡,反面效應可能使證券價格回升。如果政府利用債市和匯市聯動操作達到既控制匯率的升勢又不減少貨幣供應量,即拋售外匯,同時回購國債,則將使國債市場價格上揚。

值得特別注意的是,由於中國經濟的持續高速發展,人民幣漸進升值而且給人們帶來進一步升值的預期。這個過程對股票市場的影響主要體現在兩個層面:其一,人民幣資產將全面升值,對內外資投資於中國資本市場都將產生極大的吸引力,特別是伴隨著金融業的全面開放、QFII投資額度的放寬、市場擴容和金融衍生工具的增加等,中國資本市場正迎來一個加速發展的時期;其二,擁有人民幣資本類的行業或企業將特別受到投資人的青睞,比如零售商業、房地產、金融業等,這類行業在2006年和2007年伴隨人民幣升值,成了股指上揚的龍頭。

我們在分析匯率變動對證券市場的影響的時候,一個不可忽視的因素就是人們的預期。外匯市場對本國貨幣形成升值預期,將在短期內吸引國際資本流入,以獲得以本幣計值資產升值的收益,導致證券資產價格上漲;並吸引更多的國際資本流入,進一步加大升值壓力,推動證券價格上漲。加上證券市場助漲助跌的特點,極易形成市場泡沫。反之,如果外匯市場產生本幣貶值預期,則資本大量流出,造成證券價格劇烈波動,並加劇貨幣貶值。如果市場的上述預期因匯率制度變革而實現,那麼這種預期將得以強化,推動匯率水平進一步上漲或下跌。

相當長時期內,如果人民幣升值預期不發生變化,國際資本持續流入中國證券市場的動力就難以減小。它對於證券市場的影響可能大於經濟增長與公司業績。對於國際資本而言,即使證券投資收益不大甚至沒有,但如果人民幣幣值水平最終提高,使其日后換回的外幣資產增值,也能獲得一定收益。

四、收入政策對證券市場的影響

收入政策是國家為實現宏觀調控總目標和總任務在分配方面制定的原則和方針。與財政政策、貨幣政策相比,收入政策具有更高一層次的調節功能,它制約著財政政策和貨幣政策的作用方向和作用力度,而且收入政策最終也要通過財政政策和貨幣政策來實現。

收入政策目標包括收入總量目標和收入結構目標。收入總量目標著眼於近期的宏觀經濟總量平衡,根據供求不平衡的兩種狀況分別選擇分配政策和超分配政策。收入政策的結構目標則著眼於中長期的產業結構優化和經濟與社會協調發展,著重處理累積與消費、公共消費與個人消費、各種收入的比例、個人收入差距等關係。無論是收入總量還是收入結構的變化都會影響到證券市場。

收入總量調控政策主要通過財政、貨幣機制來實施,還可以通過行政干預和法律調整等機制來實施。財政機制通過預算控制、稅收控制、補貼調控和國債調控等手段貫徹收入政策。貨幣機制通過調控貨幣供應量、調控貨幣流通量、調控信貸方向和數量、調控利息率等貫徹收入政策。因而收入總量調控會通過財政政策和貨幣政策的傳導對證券市場產生影響。

同時,隨著社會主義市場經濟體制的建立和完善,中國收入分配格局(即結構

發生了根本性的變化。農民收入增加，城鎮居民收入增加，企業留利增加，國家財政在總收入中的比重逐步下降，從而導致了中國民間金融資產大幅度增加，並具有相當規模。隨著收入分配格局的進一步完善，這種增加的趨勢是十分明顯的。由於社會累積資金向民眾傾斜，向社會分散，這部分資金必然要尋找出路，或者儲蓄，或者投資。由於資金分散，直接的實業投資很難普遍進行，大部分投資須借助於金融市場來實現。民間金融資產的增大、社會總累積向社會分配的趨向，將導致儲蓄增加，同時增加證券市場需求，促進證券市場規模的發展和價格水平的逐步提高。

五、閱讀材料：美國次貸危機對中國證券市場的影響

2007年開始肇始於美國的次貸危機成為新世紀以來影響全球金融市場的最重要事件。次貸危機（subprime crisis）又稱次級房貸危機，也譯為次債危機，它是指一場發生在美國，因次級抵押貸款機構破產、投資基金被迫關閉、股市劇烈震盪引起的金融風暴。從2006年春季開始美國「次貸危機」逐步顯現，2007年8月開始席捲美國、歐盟和日本等世界主要金融市場。

根據亞洲銀行相關分析報導：2008年1月21日，全球股市在美國次貸危機的背景下經歷了「黑色星期一」，23日又在美聯儲的降息救市措施中止跌回漲。這期間中國滬、深股市緊隨全球股市，在21、22日兩天內暴跌13%，23日隨全球市場一起部分收復失地。眾所周知，中國資本市場處於嚴格的資本管制之下，中國股市與全球股市的密切聯動，使人們更加關注兩者的關聯程度，進而擔憂日漸惡化的美國次貸危機會在多大程度上殃及中國股市。

美國次貸危機已經成為引發全球股市波動的最大的不安定因素，它可以通過市場傳導、貿易傳導、資金傳導等渠道影響中國股市。

關於次貸危機影響中國股市的渠道主要有以下幾種觀點：

1. 市場傳導渠道

有觀點認為，美國次貸危機導致美國股市暴跌，引發港股及H股下跌，並通過學習A＋H股的比價效應引起中國A股大盤下跌。但也有人認為H股的價格傳導效應並沒有想像的強烈。在全球股市中，美股是主板，港股是副板；在大中華經濟圈中，港股也是副板，A股才是真正的主板。因此是美股的暴跌只是A股下跌的一個外因，其對A股的影響只能是短期的、心理的，而不是長期的、根本的。

2. 貿易傳導渠道

有觀點認為，美國次貸危機若導致美國經濟衰退，必然會引起美國對中國出口需求下降，對中國這樣一個對外依存度很高的經濟體來說，這種打擊是很大的。中國經濟也可能由此步入衰退，中國股市可能因此暴跌。

但也有觀點認為，中美的貿易結構決定美國的暫時衰退不會嚴重影響中國出口進而影響中國股市。美國出口到中國的主要是高附加值的高科技產品，中國出口到美國的則主要是低附加值、低檔次的勞動密集型產品。這些產品的價格彈性小，其需求量不會因美國衰退而迅速減少。美國收入下降對中國出口產品的需求的影響有兩個方面，一是收入效應，二是替代效應。就收入效應而言，無疑會減少對中國產品的需求；而

就替代效應而言，收入減少了，美國消費者會放棄高價高檔商品，而增加對低價低檔產品的需求，對中國產品的需求反而會上升。當然這也有一個前提，就是美國經濟衰退的程度不能很深，否則對一切產品的需求都會降低。從實際效果上看，人民幣的升值已經持續了兩年多，中美的貿易順差並沒有縮小，可能的原因是匯率變動雖導致中國出口商品漲價、但尚未突破美國人心理價位，美國對中國產品需求量變動不大，反而因為漲價的因素，中國出口（到美國）的金額提高了。如果人民幣一直加速升值，這種情況可能會出現拐點。

3. 資金傳導渠道

有人認為次貸危機改變了國際資本的風險傾向，大批熱錢可能逃離系統風險較高的發展中國家股市（包括中國），從而導致這些股市價格全線下滑。但也有觀點與此相反，認為東亞股市可能成為國際熱錢的「避風港」。

多數觀點認為次貸危機是影響中國股市的一個重要外因，但決定中國股市方向的仍是中國經濟基本面這一內因。

近年來中國股市的股權分置改革、股權激勵計劃、新會計準則的實施、兩稅合一、央企資產重組、多層次資本市場的完善等改革措施，已大大改善上市公司的治理與管理，重估其真實價值，減輕其不合理的負擔，使得市場的運行基礎和產權關係發生質變，股市運行與國民經濟走勢嚴重脫離的狀況得以矯正，中國股市已逐步成為中國經濟的「晴雨表」。另外，QFII的大規模引入、H股市場的較快發展及國際熱錢通過非規範渠道的大批湧入，使得中國股市有了與全球股市聯動的部分資金基礎。而數家中國企業在內地與海外同時上市，使其在紐約、香港的比價效應向國內市場傳導成為可能。中國股市與國際股市已經建立起了「千絲萬縷」的內在聯繫。當然，中國對資本帳戶的嚴格管制以及我經濟基本面較強，使得中國股市仍將維持相對獨立的狀況。次貸危機是影響中國股市的一個重要外因，但決定中國股市方向的仍然是中國經濟基本面這一內因。

次貸危機不僅僅給中國證券市場帶來了大幅的下挫，同時也給中國證券業帶來了以下幾點啟示：

1. 嚴格資本監管、密切關注熱錢

趨利性是資本移動的唯一動機。在美國經濟唱衰、美國利率下跌及美元匯率看貶的大背景下，中國股市有經濟基本面良好及人民幣升值兩大利好空間支撐，成為國際熱錢流入地。雖然中國有著嚴格的資本管制制度，但熱錢通過外貿、FDI等渠道變相進入中國的數額仍然很大。中國有關監管部門應加大監管力度，密切關注國際熱錢可能對我股市和經濟帶來的衝擊。同時，中國宏觀調控政策應權衡上調利率對國際熱錢流入的進一步刺激，將更多權重放到對匯率政策和財政政策工具的運用上。

2. 需要盡快建立股市的風險防範機制

次貸危機后美國大力度的貨幣、財政刺激政策加劇了全球的流動性過剩，國際資本市場的波動，對中國資本市場的衝擊可能進一步加大。與此同時，中國股市在高位運行，且系統風險的預警與防範機制不健全，廣大投資者尤其是中小散戶的風險意識還不夠成熟，由內外因素誘發的股市波動有可能會給市場和投資者帶來嚴重影響。制

度是市場運行最有益也是最有效的防洪堤，防範和化解市場的矛盾和風險需要全新的市場制度和全方位的危機意識。有關部門應密切關注外部環境變化對資本市場帶來的影響，建立健全股市風險的預警、監控和防範機制，完善各類風險應急處置機制。同時要加大對廣大民眾的金融教育，增強整個社會的風險意識。

（資料來源：《經濟研究參考》2008 年第 6 期）

本章小結

1. 宏觀經濟分析的主要方法包括了經濟指標分析、計量模型分析、概率預測三個基本方法。
2. 國內生產總值、失業率、利率、匯率、國際收支、通貨膨脹率、固定投資規模、財政收支、消費者與生產者心理因素這九個宏觀經濟變量都會影響證券市場。
3. 經濟總處在週期性運動中，股價伴隨經濟相應地波動。投資者可以通過先行指標來判斷經濟週期，進而對股價做出預測。
4. 通貨膨脹對股價的影響具有一定的不確定性。
5. 政府制定的宏觀經濟政策會通過影響社會總供給與總需求作用於整個宏觀經濟，宏觀經濟形勢的改變必然會引起證券市場的相應變化。

重要概念提示

「自上而下」方法、先行指標、同步指標、滯後指標、貨幣政策、財政政策、收入政策

復習參考題

（1）簡述宏觀經濟分析的意義。
（2）試結合當前形勢，分析如果人民幣升值對證券市場產生怎樣的影響？
（3）如何判斷宏觀經濟週期？
（4）貨幣政策和財政政策的基本內容分別是什麼？

第四章 行業分析

本章學習目標

在這一章中，我們將瞭解證券分析中行業劃分的方法、行業的結構、行業的生命週期以及影響行業興衰的主要因素等內容。學習完本章后，你應當知道：
- 行業的含義；
- 行業的市場結構；
- 行業的競爭結構；
- 行業的生命週期；
- 影響行業興衰的主要因素；
- 行業分析的主要方法。

重點與難點提示：

行業的市場結構、行業的競爭結構、行業的生命週期、影響行業興衰的主要因素

與宏觀經濟分析重要性的原因一樣，行業分析也是不可缺少的。正如當宏觀經濟處於蕭條時，其中的行業不可能獲得好的發展的道理一樣，在某個行業陷入困境時，其中的一個公司也很難創造出驚人的業績。同樣，由於各個國家之間的經濟狀況千差萬別，因此不同行業間也可能會有不同的發展前景。這就要求一個成熟的投資者必須擁有對行業發展前景的分析能力。

第一節 行業分析概述

在宏觀經濟的分析基礎之上，投資者還應進行行業分析。如果說進行宏觀經濟分析的目的是確定經濟處於週期的哪一個階段，以便做出進入還是離開市場的決策；那麼進行行業分析的目的是投資者已經做出進入股市的決定后判斷哪個行業最具增長的空間與投資的價值。

一、行業的含義

所謂行業，是指在國民經濟中從事相同性質的生產或其他經濟社會活動的眾多經營單位和個體的集合，如林業、汽車業、銀行業、房地產業等。

從嚴格意義上講，行業與產業有差別，主要是適用範圍不一樣。產業作為經濟學的專業術語，有更嚴格的使用條件。構成產業一般具有三個特點：①規模性，即產業的企業數量、產品或服務的產出量達到一定的規模；②職業性，即形成了專門從事這一產業活動的職業人員；③社會功能性，即這一產業在社會經濟活動中承擔一定的角色，而且是不可缺少的。行業雖然也擁有職業人員，也具有特定的社會功能，但一般沒有規模上的約定。比如，國家機關和黨政機關行業就不構成一個產業。

二、行業分析的意義

行業分析的主要任務包括：解釋行業本身所處的發展階段及其在國民經濟中的地位，分析影響行業發展的各種因素以及判斷對行業影響的力度，預測並引導行業的未來發展趨勢，判斷行業投資價值，揭示行業投資風險，從而為政府部門、投資者及其他機構提供決策依據或投資依據。

行業經濟是宏觀經濟的構成部分，宏觀經濟活動是行業經濟活動的總和。行業經濟活動是介於宏觀經濟活動和微觀經濟活動中的經濟層面，是中觀經濟分析的主要對象之一。宏觀經濟分析主要分析了社會經濟的總體狀況，但沒有對總體經濟的各組成部分進行具體分析。宏觀經濟的發展水平和增長速度反應了各組成部分的平均水平和速度，但各個組成部分的發展卻有很大的差別，並非都和總體水平相一致。實際上，總是有些行業的增長快於宏觀經濟的增長，而有些行業的增長慢於宏觀經濟的增長。

行業分析是對上市公司進行分析的前提，也是連接宏觀經濟分析和上市公司分析的橋樑，是基本分析的重要環節。行業也有自己特定的生命週期，處在生命週期不同發展階段的行業，其投資價值不一樣。在國民經濟中具有不同地位的行業，其投資價值也不一樣。公司的投資價值可能由於所處行業不同而有明顯差異。因此，行業是決定公司投資價值的重要因素之一。

三、行業劃分的方法

（一）道·瓊斯分類法

道·瓊斯分類法是在19世紀末為選取在紐約證券交易所上市的有代表性的股票而對各公司進行的分類，是證券指數統計中最常用的分類法之一。

道·瓊斯分類法首先將大多數股票分為三類：工業、運輸業和公用事業，然後選取有代表性的股票。工業類股票選自工業部門的30家公司，包括採掘業、製造業和商業；運輸業股票選自20家交通運輸業公司，包括航空、鐵路、汽車運輸與航運業；公用事業類股票選自6家公用事業公司，主要包括電話公司、煤氣公司和電力公司等。雖然入選的股票並不涵蓋這類行業中的全部股票，但所選擇的這些股票足以表明行業的一種趨勢。

（二）中國國民經濟的行業分類

在中國，根據2011年最新修訂的《國民經濟行業分類和代碼》（GB4754－84）將中國全部的國民經濟劃分為20個門類、96個中類以及更多的小類。

最新標準的 20 個門類如下：

A 農、林、牧、漁業
B 採礦業
C 製造業
D 電力、燃氣及水的生產和供應業
E 建築業
F 批發和零售業
G 交通運輸、倉儲和郵政業
H 住宿和餐飲業
I 信息傳輸、軟件和信息技術服務業
J 金融業
K 房地產業
L 租賃和商務服務業
M 科學研究和技術服務業
N 水利、環境和公共設施管理業
O 居民服務、修理和其他服務業
P 教育
Q 衛生和社會工作
R 文化、體育和娛樂業
S 公共管理、社會保障和社會組織
T 國際組織

(三) 中國上市公司的行業分類

在證券市場上，也將上市公司分成不同行業。中國證監會於 2012 年最新修訂的《上市公司行業分類指引》中，將上市公司分為 19 個門類，包括農、林、牧、漁業，採礦業，製造業，電力、熱力、燃氣及水生產和供應業，建築業，批發和零售業，交通運輸、倉儲和郵政業，住宿和餐飲業，信息傳輸、軟件和信息技術服務業，金融業，房地產業，租賃和商務服務業，科學研究和技術服務業，水利、環境和公共設施管理業，居民服務、修理和其他服務業，教育，衛生和社會工作，文化、體育和娛樂業，綜合；以及其他 90 個大類和更多的中類。

第二節　行業的一般特徵分析

一、行業的市場結構分析

市場結構就是市場競爭或壟斷的程度。根據該行業中企業數量的多少、進入限制程度、產品差別和企業對市場價格的控制程度，行業可分為四種市場結構：完全競爭市場、壟斷競爭市場、寡頭壟斷市場和完全壟斷市場。

(一) 完全競爭

　　完全競爭市場是指競爭不受任何阻礙和干擾的市場結構。

　　其特點是：生產企業數量多，生產資料可以完全流動。單個企業很難控制或影響市場價格，只能被動地接受既定市場價格，企業的盈虧基本上由市場需求決定。生產的產品是同質的，相互之間完全無差別。買賣雙方對市場信息充分瞭解，生產者可以自由進出市場。

　　從上述特點可見，完全競爭市場的假設條件非常苛刻，在現實經濟生活中，真正符合條件的市場是不存在的。通常只是將一些初級農產品市場，如大米市場、小麥市場等，看成是比較接近完全競爭市場的市場。

　　由於受市場條件和其他客觀環境影響較大，這類行業的經營業績波動較大，利潤不穩定，證券價格容易受到影響。以小麥為例，如果風調雨順，小麥產量大幅提高，需求不變的情況下小麥價格會下降；若天氣情況惡劣，則小麥供給減少，價格就會提高。

(二) 壟斷競爭

　　壟斷競爭市場指一個市場中有許多企業生產和銷售有差別的同種產品。

　　其特點是：產品存在差別，這種差別可以是現實的差別，也可以僅僅是消費者觀念上或消費習慣上的差別。由於產品差異性的存在，每個企業對自己的產品的價格都有一定的控制力，產品差別越大，企業的壟斷程度也就越高。企業數量仍然很多，產品之間替代性很強，單個企業無法控制產品的價格，只能在價格水平大致相同的條件下在一定範圍內決定本企業的產品價格。價格和利潤仍受市場供求關係決定，但產品品牌、特徵、質量在一定程度上會對價格產生影響。

　　在現實生活中，壟斷競爭的市場組織在零售業和服務業中是很常見的。例如不同品牌的啤酒、服裝、家用電器、快餐業等。

(三) 寡頭壟斷

　　寡頭壟斷市場是指少數幾家生產集團控制了整個市場的產品生產和銷售的這樣一種市場結構。

　　寡頭壟斷市場形成的原因在於：某些產品的生產必須在相當大的生產規模下運行才能達到最好的經濟效益；行業中幾家企業對生產所需的基本生產資料的供給的控制；政府的扶植和支持等。

　　寡頭壟斷的特點是：企業數量很少，產品替代性強。企業對市場價格和交易具有一定的壟斷能力。這類行業基本上是資本密集型或技術密集型產品，如鋼鐵、汽車等重工業以及少數儲量集中的礦產品如石油等。由於生產這些產品需要巨額資本、高新的技術水平和複雜的生產工藝或產品儲量的分佈，從而限制了大量新企業進入。

(四) 完全壟斷

　　完全壟斷市場是指整個行業完全處於一家企業控制的市場結構。其特點是：市場上只有唯一的一個企業生產和銷售產品，且沒有任何相近的替代品，其他任何企業進

入該行業都極為困難或不可能，該壟斷企業可以控制和操縱市場價格。

如同完全競爭市場一樣，壟斷市場的假設條件也很嚴格。在現實的經濟生活中，真正的完全壟斷市場也幾乎是不存在的。公用事業，如自來水公司、煤氣公司、電力公司和某些資本、技術高度密集型或稀有金屬礦藏的開發等行業被認為是接近完全壟斷的市場類型，政府一般對其價格的決定和提高有所控制，從而保證其他企業和居民的正常消費。

實際上，大多數行業處於完全競爭和完全壟斷兩種極端情況之間，競爭程度越高的行業，其產品價格和企業利潤受供求關係影響越大，因此該行業的證券投資風險越大；而壟斷程度越高的行業，其產品價格和企業利潤受控制程度越大，投資該行業證券的風險相對較小。

二、行業的競爭結構分析

競爭決定了一個行業的利潤率。美國哈佛商學院教授邁克爾·波特認為，一個行業內激烈競爭的局面源於其內在的競爭結構。一個行業內存在著五種基本競爭力量，即潛在進入者、替代品、供給方、需求方以及行業內現有的競爭者。這五種競爭作用力綜合起來決定了某行業中的企業獲取超額收益率的能力。這五種力量的作用隨行業的不同而不同，隨著行業的變化而變化，所以不同行業的內在盈利能力並不一致。在五種力量都比較理想的行業中，例如醫藥業、軟飲料業等，許多競爭者都賺取可觀的利潤。而在那些一種或多種作用力形成的壓力強度很大的行業裡，如橡膠業，儘管管理人員竭盡全力，也幾乎沒有什麼企業能獲取令人滿意的利潤。

這五種力量決定了行業的盈利能力，因為它影響價格、成本和企業所需的投資，即影響投資收益的諸多因素。

（一）新進入者的威脅

行業的新進入者會對價格和利潤造成巨大的壓力，甚至當其他公司還未真正進入該行業時，進入威脅也會對價格施加壓力。因為高價和利潤率會驅使新的競爭者進入行業，所以進入壁壘是行業獲利能力的重要因素。進入壁壘可以有多種形式，例如，通過長期的商業關係，現有公司已經和消費者及供應商建立了牢固的分銷渠道，而這對一個新進入的企業來說成本是很大的。商標、版權使市場進入者難以在新市場中立足，因為它使不同企業遭受到嚴重的價格歧視。在為市場服務時，專有技術和專利保護讓某些公司具有一定的優勢。最后，市場中現有企業的奮鬥經歷可能也為其提供了優勢，因為這是它通過長時間的磨合而獲得的經驗。

（二）替代產品或服務的壓力

如果一個行業的產品存在替代品，那麼意味著它將面臨與相關行業進行競爭的壓力。替代品的存在對廠商向消費者索取高價做出了無形的限制。

（三）現有供給方之間的競爭

當在某一行業中存在一些競爭者時，由於它們力圖擴大各自的市場份額，市場中

會出現價格戰，從而降低了利潤。如果行業本身增長率緩慢，這些競爭會更加激烈，因為此時擴張意味著掠奪競爭對手的市場份額。高固定成本也會對價格產生壓力，因為高固定成本將使公司利用其完全的生產能力來進行生產以降低單位成本。如果企業之間生產幾乎完全相同的產品，那麼它們就會承受相當的價格壓力，因為此時公司就不能在區分產品的基礎上進行競爭。

（四）需求方討價還價的能力

如果一個採購者購買了某一行業的大部分產品，那麼它就會掌握很大的談判主動權，進而壓低購買價格。

（五）供應方討價還價的能力

如果關鍵投入品的供給廠商在行業中處於壟斷地位，它就能對該產品索取高價，進而從需求方行業中賺取高額利潤。決定賣方討價還價能力的關鍵因素是需求方能否得到相關的替代品。如果替代品存在而且可以被需求方獲得，賣方就會失去討價還價的資本，也就難以向需求方索取高價。

五種力量中每一種力量的優勢都是行業結構或作為行業基礎的經濟特徵和技術特徵的一個函數。行業結構是相對穩定的，但是隨著行業發展進程而變化，結構變化改變了競爭力量總體的相對的強度，從而能夠以積極或消極的方式影響行業的盈利能力。

從靜態角度看，這五種基本競爭力量的狀況及其綜合強度決定著行業內競爭的激烈程度，決定著行業內的企業可能獲得利潤的最終潛力。從動態角度看，這五種競爭力量抗衡的結果，共同決定著行業的發展方向，決定著行業競爭的強度和獲利能力。但是，各種力量的作用是不同的，常常是最強的某個力量或幾個力量處在支配地位、起決定性的作用。例如，一個企業在某個行業中處於極為有利的市場地位時，潛在的加入者可能不會對它構成威脅。但是如果它遇到了高質量、低成本的替代品競爭時，可能會失去其有利的市場地位，只能獲得較低的收益。有時，即使沒有替代品和大批的加入者，現有競爭者之間的激烈抗衡也會有限制該企業的潛在收益。

在各類行業中，並非所有五種力量都同等重要，某種因素的重要性依據結構不同而不同。每一行業都有其獨特的結構，因此需要透過複雜的表象看到本質，準確揭示對行業至關重要的競爭因素，並識別那些最能提高行業及企業本身的戰略創新。

三、行業的生命週期分析

任何行業都要經歷一個由成長到衰退的發展演變過程，這一過程可分為若幹個發展的階段，每一階段顯示出不同的特徵。這個過程被稱為行業的生命週期。通常，行業的生命週期可以分為初創、成長、成熟和衰退四個階段。處於不同生命週期階段的行業具有不同的投資價值，因此，分析行業的生命週期具有重要的價值。

（一）初創階段

初創階段主要是由技術進步推動的，譬如生物工程、太陽能、某些遺傳工程產品等。在這一階段，由於新行業剛剛誕生或初建不久，只有為數不多的創業公司投資於

這個新興行業，而且由於產品的研發費用高、市場需求狹小，因而企業的投資大於銷售額，往往處於虧損狀態，使得創業者面臨著較高的投資風險。但同時初創階段也蘊藏著巨大的投資機會，一旦新產品研發成功並得到廣大公眾的認可，產品價格和市場需求會迅速上升，利潤很可能成倍增長。所以，在初創階段進入某個行業的企業，其證券價格的變動通常比較頻繁和劇烈。一般認為，這類企業更適合創業投資者和投機者。

(二) 成長階段

一個行業在經歷了初創階段後，隨著產品逐漸被公眾所接受，市場需求增加，企業開始普遍轉為盈利，這表明該行業進入了成長階段。電子信息，生物醫藥等行業都處於行業生命週期的成長階段。這個階段以競爭加強、價格下降和利潤上升為特點。由於此時行業前景看好，投資利潤率高，因而會吸引越來越多的企業進入，產品也逐步從單一、低質、高價向多樣、優質和低價方向發展，形成了相互競爭的格局。競爭促使技術進步、產品創新和成本降低，從而使整個行業處於增長態勢。與初創階段行業增長的不確定性不同，成長階段行業的增長具有較強的可測性，因而使企業能夠比較穩定地分享行業增長帶來的收益。儘管這一時期企業的利潤增長很快，但所面臨的競爭風險也非常大，破產率與被兼併率相當高。那些財力與技術較弱、經營不善的企業往往被淘汰或被兼併。到後期，由於行業中廠商與產品競爭優勝劣汰的結果，市場上廠商的數量在大幅度下降後便開始穩定下來，市場需求基本飽和，產品的銷售增長率減慢，整個行業開始進入成熟階段。

(三) 成熟階段

行業的成熟階段是一個相對較長的時期。具體來看，各個行業成熟期的時間長短往往有所區別。石油冶煉、超級市場和電力等行業已進入成熟階段。一般而言，技術含量高的行業成熟期歷時相對較短，而公用事業行業成熟期持續的時間較長。在行業成熟階段，行業增長速度降到一個更加適度的水平。

與成長階段相比，成熟階段的行業呈現出以下特點：①在競爭中生存下來的少數大企業壟斷了整個行業的市場，每個企業都佔有一定比例的市場份額。由於彼此勢均力敵，市場份額比例發生變化的程度較小。②企業之間的競爭手段發生了變化。在成長階段，各企業之間的競爭以價格競爭為主，通過降低產品的生產成本，從而降低產品的銷售價格，以期在市場競爭中獲得勝利。進入成熟階段以後，進一步降低生產成本和銷售價格的潛力不大，而且進入大企業之間展開價格競爭也要冒很大的風險。因此企業與產品之間的競爭手段逐漸從價格手段轉向各種非價格手段，如提高質量、改善性能和加強售後維修服務等。③新企業進入該行業的可能性小。一方面，在市場需求和價格穩定以後，該行業只能獲得與社會平均利潤率相當的利潤，新企業進入該行業的動機減弱；另一方面，原有企業經過長期發展，實力雄厚，新企業難以與之競爭。同時，該行業的市場已經被幾家大企業分割，進入行業需要承擔較大的投資風險。新企業盲目進入往往會由於創業投資無法很快得到補償或產品的銷路不暢，資金週轉困難而倒閉或轉產。這種狀態持續一段時間後，該行業從成熟階段進入衰退階段。

從中外證券市場的發展歷史來看，處於成熟期的行業的藍籌股歷來為工薪層和長線投資者所青睞。

（四）衰退階段

行業衰退是客觀的必然，是行業經濟新陳代謝的表現。行業衰退可以分為絕對衰退和相對衰退兩類。絕對衰退是指行業本身內在的衰退規律起作用而發生的規模萎縮、功能衰退、產品老化。相對衰退是指行業因結構性原因或者無形原因引起行業地位和功能發生衰減的狀況，而並不一定是行業實體發生了絕對的萎縮。例如電視業的崛起，導致了電影業的相對衰退；公路業的發展也促使了鐵路業的相對衰退，等等。

這一時期，由於新產品和大量替代品的出現，原行業的市場需求開始逐漸減少，產品的銷售量也開始下降。一些企業開始向其他更有利可圖的行業轉移資金，因而原行業出現了企業數目減少、利潤下降的蕭條景象。至此，整個行業便進入了生命週期的最后階段。在衰退階段，廠商的數目逐步減少，市場逐漸萎縮，利潤率停滯或不斷下降。當正常利潤無法維持或現有投資折舊完畢后，整個行業便逐漸解體了。例如煤炭開採、自行車、鐘表等行業已進入衰退期。

衰退期的行業，當前收益率低，發展空間也有限，是績平股、垃圾股的搖籃。一般的，衰退型股票在市場上往往只剩下結構性功能，但常常因買殼賣殼或資產重組出現飆升行情。對這些行業一般投資者應該謹慎，長期投資可能存在較大的不安全性。

在很多情況下，行業的衰退期往往比行業生命週期的其他三個階段的總和還要長，大量的行業都是衰而不亡，甚至會與人類社會長期共存。例如，鋼鐵業、紡織業在衰退，但是人們卻看不到它們的消亡。菸草業更是如此，難有終期。

總之，行業生命週期的不同階段會表現出不同特點。在初創階段，行業內企業數量很少，產品價格很高，利潤很少甚至虧損，風險很大，通常適合風險投資者和投機者；在成長階段，企業數量增加，產品價格急速下降，利潤大幅增加，但由於競爭激烈，風險較大，投資於這類公需要精心研究上市公司的經營管理能力和市場開拓能力；在成熟階段，企業多數由於淘汰兼併而減少，產品價格穩定，銷售量和利潤都很高，風險降低；在衰退階段，企業數量進一步減少，銷售和利潤下降，甚至出現虧損，風險增大。

行業生命週期分析並非適用於所有行業。有的行業是生活和生產不可缺少的必需品，它有很長的生命週期，有的行業則由於高科技含量，需要高額成本、專利技術和高深的知識而阻礙其他公司進入。同一行業在不同發展水平的不同國家或者在同一國家的不同發展時期，可能處於生命週期的不同階段。但行業生命週期分析仍然適合大部分行業。對投資者來說，分析行業所處生命週期的哪個階段的目的是選擇有較高回報前景的投資行業。因此，投資者通常會選擇具有高成長率的行業，即正處於成長階段的行業。

四、經濟週期與行業分析

在國民經濟中，經濟週期的變化一般會對行業的發展產生影響，但影響程度是不

同的：有的行業與經濟週期同步，有的則與經濟週期關係不大。分析經濟週期與行業的關係，可以為我們選擇正確的行業投資提供依據。根據行業與經濟週期的關係，行業分為以下幾類：

（一）增長型行業

增長型行業是指發展速度經常快於平均發展速度的行業，較快的發展速度主要靠技術的進步、新產品的開發和優質服務取得。增長型行業的發展一般與經濟週期的變化沒有必然的聯繫。在經濟高漲時，它的發展速度通常高於平均水平；在經濟衰退時期，它所受影響較小甚至仍能保持一定的增長。選擇增長型行業進行投資通常可以分享行業增長的利益，同時又不受經濟週期的影響，這提供了一種財富套期保值的手段，受到很多投資者的青睞。近幾十年來，信息技術的發展表現出這種形態，信息正取代資本，逐漸成為世界經濟發展的核心資源。在美國納斯達克（NASDAQ）上市的計算機軟件公司和電子通信公司等高科技公司的股票成為最受投資者歡迎的熱門股票。

（二）週期型行業

週期型行業的運動狀態直接與經濟週期緊密相關。當經濟處於上升時期，這些行業會緊隨其擴張；當經濟衰退時，這些行業也相應衰落。產生這種現象的原因是，當經濟上升時，對這些行業相關產品的購買相應增加。如建築材料業、家用電器業、旅遊業等，就屬於典型的週期性行業，這些產品的消費取決於對經濟前景的樂觀程度。

（三）防守型行業

防守型行業的經營狀態在經濟週期的上升和下降階段都很穩定。這類行業的特點是受經濟週期的影響較小，其產品往往是生活必需品或公共產品，公眾對它們的產品需求相對穩定，因而行業中有代表性的公司的盈利水平相對穩定，經濟週期處於衰退階段對這種行業的影響也比較小。有時候，當經濟衰退時，該類行業還可能有實際增長。例如，食品行業、藥品業、公用事業等就屬於防守型行業。

瞭解了經濟週期與行業的關係，投資者應認清經濟循環的不同表現和不同階段，順勢選擇不同行業進行投資。當經濟處於上升與繁榮階段時，投資者可選擇投資週期性行業證券，以謀取豐厚的資本利得；當經濟處於衰退階段時，投資者可選擇投資防守型行業證券，獲得穩定的適當的收益，並可減輕所承受的風險。

第三節　影響行業興衰的主要因素

行業興衰實質上是行業在整個產業體系中的地位變遷過程，也就是行業經歷由幼稚產業到先導產業、主導產業、支柱產業最后到夕陽產業的過程；是資本在某一行業領域由形成、集中、大規模聚集到分散的過程；是新技術由產生、推廣、應用、轉移到落后的過程。影響行業興衰的因素主要有技術進步、產業政策、行業的組織創新、社會習慣的改變以及經濟全球化等多種因素。

一、技術進步

科學技術是第一生產力，技術進步對行業的影響是巨大的，它往往催生了一個新的行業，同時迫使一個舊的行業加速進入衰退期。例如，電燈的出現極大地削減了對煤氣燈的需求，蒸汽動力行業則被電力行業逐漸取代。尤其在當今時代，技術進步速度加快，週期明顯縮短，產品更新換代頻繁，為了獲得高額利潤，每個行業都會追求技術進步，但新技術在不斷地推出新行業的同時，也在不斷地淘汰舊行業。未來優勢行業將伴隨新的技術創新而到來，處於技術尖端的基因技術、納米技術等將催生新的優勢行業。因此，行業技術發展的狀況和趨勢，對於行業的興衰是至關重要的。

當然，新舊行業並存是未來全球行業發展的基本規律和特點，大部分行業都是國民經濟不可缺少的。多數行業都會在競爭中發生變化，以新的增長方式為自己找到生存的空間。例如，傳統農業已經遍布全世界，未來農業還會靠技術創新來獲得深度增長。傳統工業在通過技術創新獲得深度增長的同時，還可以通過行業的國際間轉移，在其他相對落後的國家獲得廣度增長的機會。

二、產業政策

產業政策是國家干預或參與經濟的一種形式，是國家（政府）系統設計的有關產業發展的政策目標和政策措施的總和。政府對於行業的管理和調控主要是通過產業政策來實施的。政府根據社會經濟發展的需要制定的產業政策對於產業的發展和衰退具有至關重要的作用；政府可通過補貼、優惠稅、保護性關稅和保護某一行業的附加法規等措施來促進某些行業的發展，也可以對某些行業實施限制性規定，加重該行業的負擔，限制該行業的發展。例如日本、西歐等國家都曾制定過加速行業發展的法規政策，如日本的《電子產業振興法》等；1998 年 4 月，美國商務部發表題為《新興的數字經濟》報告，宣布美國電子商務為免稅區。這些政策培育了網路經濟在美國的強勁增長。

從具體政策內容來看，產業政策在實際執行過程中大致可分為產業結構政策、產業組織政策、產業技術政策、產業佈局政策，這四大類共同構成了產業政策的基本體系。

產業結構政策是選擇行業發展重點的優先順序的政策措施，其目的是促使行業之間的關係更協調，社會資源配置更合理。產業組織政策是調整市場結構和規範市場行為的政策，以反對壟斷、促進競爭，規範大型企業集團，扶持中小企業發展為主要核心。產業佈局政策則是促使不同地區包括城鄉之間的行業分佈合理化。產業技術政策是促進產業技術進步的政策，由於其幾乎涉及國民經濟的所有產業，因此產業技術政策也往往被看作是整個國家的技術政策。產業佈局政策是指政府制定的用於規劃和干預產業的地區分佈的政策，其主要內容包括地區發展重點的選擇和產業集中發展策略的制定等問題。

實施政策的措施可以包括政府直接投資、制定差別稅率、實行折舊和成本控制等。某些時候，政府可能會直接干預企業行為，如美國政府歷史上屢次以違反反壟斷法狀

告一些大公司就是個明顯的例子。另外一點需要說明的是，政府的決策和協調動機可以是經濟的，也可以是非經濟的。比如博彩業雖然在經濟上是有利可圖的，但除香港和澳門兩個特別行政區之外，國內政策限制使得它們不能形成一個正式的產業。

三、行業的組織創新

行業組織創新是推動行業形成和產業升級的重要力量。如果某個行業內的企業安於現狀，沒有創新意識，必將降低產業平均利潤，最終使產業日漸衰落。如果產業組織創新活躍，新技術和新產品不斷湧現，則該產業能夠獲得超額利潤，產業的增長潛力就很大。即使對於某些已經處於衰退期的行業，由於新技術的運用、新產品或新用途的開發往往能使行業起死回生，迎來新一輪的增長。

行業組織創新，包括持續的產品創新、營銷創新和過程創新。產品創新可以開拓新的市場和擴大原有市場，從而促進行業增長和加強產品的歧異化；快速推出產品的過程，以及隨之而來的高市場營銷成本，可以創造新的行業壁壘，形成新的競爭格局。

營銷創新和產品創新一樣重要，新的營銷方式和營銷渠道不但能夠幫助企業找到新的顧客群或減輕產品的價格敏感性，而且提高產品的歧異化。另外，提高效率的營銷創新還可降低產品的成本。營銷創新還能改變買賣雙方的力量對比，影響固定成本和可變成本的平衡，從而影響競爭的激烈性。

生產過程或生產工藝的創新，能提高生產效率，改變固定成本的比例，降低成本，增加產品的競爭力，提高規模經濟性，延伸國內外產品銷售市場經驗。

實踐證明，行業組織創新的直接效應包括實現規模經濟、專業化分工與協作、提高產業集中度、促進技術進步和有效競爭等；間接影響包括創造行業增長機會、促進行業增長實現、構築行業趕超效應、適應產業經濟增長等多項功效。

四、社會習慣的改變

需求變化是未來優勢產業的發展導向，在相當程度上影響行業的興衰。隨著人們生活水平和受教育水平的提高，消費心理、消費習慣、文明程度和社會責任感會逐漸改變，從而引起對某些商品的需求變化並進一步影響行業的興衰。在基本溫飽解決之後，人們更注意生活的質量，不受污染的天然食品和紡織品倍受人們青睞；對健康投資從注重保健品轉向健身器材；在物質生活豐富後注重智力投資和豐富的精神生活，旅遊、音響成了新的消費熱點；快節奏的現代生活使人們更偏好便捷的交通和通信工具；高度工業化和生活現代化又使人們認識到保護生存環境免受污染的重要，發達國家的工業部門每年都要花費幾十億美元的經費來研製和生產與環境保護有關的各種設備，以便使工業排放的廢渣、廢水和廢氣能夠符合規定的標準。所有這些社會觀念、社會習慣、社會趨勢的變化對企業的經營活動、生產成本和利潤收益等方面都會產生一定的影響，足以使一些不再適應社會需要的行業衰退而又激發新興行業的發展。

五、經濟全球化

經濟全球化是影響行業興衰的另一重要因素。所謂經濟全球化，是指商品、服務、

生產要素與信息等資源，通過國際分工，在世界市場範圍內配置，以提高資源使用效率，從而使各國經濟相互依賴程度日益加深的趨勢。它是全球生產力發展的結果，其推動力是追求利潤和取得競爭優勢。20世紀90年代以來，經濟全球化的趨勢大大加強。導致經濟全球化的直接原因是國際直接投資與貿易環境出現了新變化。

經濟全球化對各國產業發展的重大影響，首先表現為經濟全球化導致產業的全球性轉移。發達國家將傳統的勞動密集型（如紡織服裝、消費類電子產品）甚至是低端技術的資本密集型行業（如中低檔汽車製造）加快向發展中國家轉移，使得這些低端製造技術的行業延長其生命週期並取得一定的發展。例如，中國雖然是NIKE、ADIDAS等世界鞋業的全球性工廠，但是最先進的運動鞋設計製造技術仍然掌握在發達國家手中。其次，選擇性發展將是未來各國形成優勢行業的重要途徑，因為一個國家受技術水平、資源潛力的限制，不可能在所有領域都取得領先優勢。戰略性產業發展思路成為許多國家的戰略，比如日本的機器人行業，印度的計算機軟件業等等。再次，產業全球化導致的國際競爭和國際投資因素，將會使行業結構發生很大變化。比如近年來，美國汽車工業受到日本、西歐、甚至韓國汽車的挑戰。這種國際競爭不僅打破了美國國內原先的市場格局，而且影響到美國汽車行業生命週期的發展。

第四節　行業分析的方法

一、歷史資料研究法

歷史資料研究法是通過對已有資料的深入研究，尋找事實和一般規律，然後根據這些信息去描述、分析和解釋過去的過程，同時解釋當前的狀況，並依據這種一般規律對未來進行預測。這種方法的優點是省時、省力並節省經費；缺點是只能被動的按照現有資料，而不能主動地去提出問題並解決問題。

歷史資料來源包括政府部門、專業研究機構、行業協會和其他自律組織、高等院校、相關企業和公司、專業媒介（書籍和報紙雜誌等）以及其他相關機構。比如，國家統計局和各級地方統計部門定期發布的統計公報，定期出版的各類統計年鑑；各種經濟信息部門、各行業協會和聯合會提供的定期或不定期信息公報；國內外有關報紙、雜誌等大眾傳播媒介，各種國際組織、外國商會等提供的定期或不定期統計公告或交流信息；國內外各種研討會、座談會、報告會等專業性、學術性會議上發放的正式文件和學術報告；企業資料；各級政府公布的相關政策法規；研究機構、高等院校、仲介機構發表的學術論文和專業報告等等。這些資料一般可以通過圖書館查閱或者互聯網搜索得到，或者向政府部門、行業協會、相關仲介機構索取，也可以通過學術交流、學術報告等途徑得到。

二、調查研究法

調查研究法是搜集第一手資料用以描述一個難以直接觀察的群體的最佳方法。它

一般通過抽樣調查、實地調研、深度訪談等形式，通過對調查對象的問卷調查、訪查、訪談獲得資訊，並對此進行研究。當然，也可以利用他人搜集的調查數據進行分析，即所謂的二手資料分析的方法，這樣可以節省費用。這種方法的優點是可以獲得最新的資料和信息，並且研究者可以主動提出問題並獲得解釋，適合對一些相對複雜的問題進行研究時採用。缺點是這種方法的成功與否取決於研究者和訪問者的技巧和經驗。在向相關部門的官員諮詢行業政策、向特定企業瞭解特定事件、與專家學者探討重大話題的時候，特別適用這種方法。

1. 問卷調查或電話訪問

當需要對研究對象進行研究時，並不一定能夠完全得到研究者想要的資料，這時可以採取問卷調查或電話訪問的方式。這種方式在市場調查中被廣泛應用。問卷調查涉及問卷的設計、分發、回收和整理。問卷的回收率是調查研究中比較重要的問題，回收率偏低將會導致據此分析得出的結論不能代表總體屬性。另外值得注意的一個問題是回收問卷的有效性。具有較低回收率但是回收問卷都經過驗證且沒有偏差，這種情況也許比高回收率但問卷有較大偏差的情況更令人滿意。

電話訪問的優點在於即時性和互動性。它不需要像等待問卷回收那樣耗費漫長的時間，而且在某些比較敏感的問題上由於受訪者不曾露面的原因反而會更加真實地回答問題。但電話訪問的缺點是電話會被輕易的掛斷從而終止訪問。

2. 實地調研

實地調研的最大好處是研究者能夠在行為現場觀察並且思考，具有其他研究方法所不及的彈性。例如，問卷調查研究者必須在某些方面專注於問卷，從而限制了將要搜集到的資料。即使在接下來的研究過程中發現了某些重要問題的缺失也無法進行補償。實地調查適用於那些不宜簡單定量的研究課題，而且還特別適用於對進行中的重大事件的研究，這種方法勝過在事後的重新構建和探討。在實地調研前，調研者需要事先搜索和準備相關的資料，在實地調研中，需要把一切過程完整而真實地記錄下來。

3. 深度訪談

深度訪談可以得到較為充分和詳細的回答，避免由於問卷設計的要求而對問題進行簡化的標準化處理。深度訪談對訪問者的要求較高，訪問者應做到外觀和舉止得體，熟悉訪談內容，準確記錄訪談內容，深入追問以確定受訪者的意思表達等。

三、歸納與演繹法

歸納法是從個別出發以達到一般性，從一系列特定的觀察中發現一種模式，這種模式在一定程度上代表所有給定事件的秩序。演繹法是從一般到個別，從邏輯或者理論上驗證預期的模式是否確實存在。演繹法是先推論後觀察，歸納法則是從觀察開始。

在演繹法中，研究的角度就是用經驗去檢驗每一個推論，看看哪一個在現實中言之有理，從而獲得理論的驗證。而在歸納法中，研究的角度則是通過經驗和觀察試圖得到某種模式或理論。由此可見，邏輯完整性和經驗實證性兩者都不可或缺。一方面只有邏輯並不夠；另一方面，只有經驗觀察和資料搜集也不能提供理論或解釋。

四、比較研究法

比較研究法可以分為橫向比較和縱向比較兩種方法。橫向比較是取某一時點的狀態或者某一固定時段的指標，在這個橫截面上對研究對象及其比較對象進行比較研究。比如將行業的增加情況與國民經濟的增長進行比較，從中發現行業增長速度快於還是慢於國民經濟的增長；或者將不同國家或者地區的同一行業進行比較，研究行業的發展潛力和發展方向等等。縱向比較主要是利用行業的歷史數據，如銷售收入、利潤、企業規模等，分析過去的增長情況，並據此預測行業的未來發展趨勢。利用比較研究法可以直觀和方便的觀察行業的發展狀態和比較優勢。

1. 行業增長比較分析法

分析某行業是否屬於增長型行業，可利用該行業的歷年統計資料與國民經濟綜合指標進行對比。這種方法的具體做法是取得某行業歷年的銷售額或營業收入的可靠數據並計算出年變動率，與國民生產總值增長率、國內生產總值增長率進行比較。通過比較分析，基本上可以發現和判斷增長型行業。

如果該行業的年增長率，在大多數年份中都高於國民生產總值、國內生產總值的年增長率，則說明這一行業是增長型行業；如果行業年增長率與國民生產總值、國內生產總值的年增長率持平甚至相對較低，則說明這一行業與國民經濟增長保持同步或是增長過緩。另外，計算各觀察年份該行業銷售額在國民生產總值中所占比重，如果這一比重逐年上升，說明該行業增長比國民經濟平均水平快；反之，則較慢。

在國民經濟中，可能有多個行業都屬於增長性行業，可將增長性行業選出，然後以這些增長性行業進行投資組合，也可以在這些增長性行業中選擇出最具有增長性的行業進行投資。當然，上述方法只是採用歷史數據進行的分析，實際應用時，還應考慮行業所處的週期以及行業的成長性等因素。這需要對行業的未來發展趨勢進行預測。

2. 行業未來增長率預測

對行業未來的發展趨勢的預測有多種方法，常用的有以下兩種：一是將行業歷年銷售額與國民生產總值標在坐標圖上，用最小二乘法找出兩者的關係曲線，這一關係曲線即為行業增長的趨勢線。根據國民生產總值的計劃指標或預計值可以預測行業的未來銷售額。二是利用行業歷年的增長率資料計算出歷史的平均增長率和標準差，以此預計未來增長率。使用這一方法需要有行業十年或十年以上的歷史數據，其結果才較有可靠性。若是與居民基本生活資料相關的行業，也可以利用歷史資料計算人均消費量及人均消費增長率，再利用人口增長預測資料預測行業的未來增長。

綜上所述，通過行業增長比較分析和預測分析，可以篩選出處於成長期或成熟期、競爭實力雄厚、有較大發展潛力的行業。此外，分析者還應該考慮其他如消費者的偏好和收入分配的變化、某產品或許有國外競爭者的介入等因素。只有系統地評估這些因素，才能對一個行業做出正確的分析，從而最后做出明智的行業投資決策建議。

本章小結

1. 行業是指在國民經濟中從事相同性質的生產或其他經濟社會活動的眾多經營單位和個體的集合。

2. 市場結構就是市場競爭或壟斷的程度。行業可分為四種市場結構：完全競爭市場、壟斷競爭市場、寡頭壟斷市場和完全壟斷市場。

3. 一個行業內存在著五種基本競爭力量，即潛在進入者、替代品、供給方、需求方以及行業內現有的競爭者。這五種競爭作用力綜合起來決定了某行業中的企業獲取超額收益率的能力。

4. 行業的生命週期可以分為初創、成長、成熟和衰退四個階段。

5. 根據行業與經濟週期的關係，行業分為增長型行業、週期型行業和防守型行業。

6. 影響行業興衰的因素主要有技術進步、產業政策、行業的組織創新、社會習慣的改變以及經濟全球化等多種因素。

7. 行業分析的方法包括歷史資料研究法、調查研究法、歸納與演繹法和比較研究法。

重要概念提示

行業、完全競爭、壟斷競爭、寡頭競爭、完全壟斷、波特五力模型、生命週期

思考復習題

（1）行業可以劃分為哪些市場結構？它們分別有什麼樣的特點？
（2）影響行業興衰的因素有哪些？
（3）行業分析的方法有哪些？
（4）簡述行業的生命週期分析理論，並嘗試判斷一個自己感興趣的行業處於哪個階段。

第五章　公司分析

本章學習目標

在這一章中，我們將分別討論公司基本狀況分析和公司財務狀況分析，包括公司發展前景、競爭能力、盈利能力、經營管理能力及其相對應的財務指標等內容。學習完本章后，你應當知道：
- 公司基本分析的內容；
- 公司財務報表的內容；
- 公司分析的財務指標。

重點與難點提示：

公司財務報表內容、財務比率分析

在第二章中，我們探討了證券估值的技巧，這些技巧將公司的紅利和預期收入作為現金流。未來的現金流決定了股票的價值，但要全面準確地預測現金流必須借助於公司目前的財務數據。那麼如何讀懂那些能夠幫助我們估算一家公司股票價值的會計資料呢？這正是本章我們要學習的內容。當然，在進行財務分析之前，我們先要對公司的基本狀況進行瞭解。

第一節　公司分析概述

一、公司分析的意義

公司一般是指依法設立的從事經濟活動並以營利為目的的企業法人。按公司股票是否上市流通為標準，可將公司分為上市公司和非上市公司，我們這裡說的公司是上市公司。

無論是進行判斷投資環境的宏觀經濟分析，還是進行選擇投資領域的行業分析，最終選擇的投資對象都將落實在微觀層面的上市公司上。也就是說，不管進行什麼樣的分析，最終的投資是要購買上市公司的股票，因此，對微觀層面的上市公司分析具有特別重要的意義，這是投資者的最終選擇對象。

二、公司分析的內容

公司分析包括公司基本狀況分析和公司財務狀況分析兩個方面。公司基本狀況分析主要包括對公司經營管理、組織結構、發展潛力等基本情況的分析。財務報表通常被認為是能夠發現有關公司信息的工具。在信息披露規範的前提下，已公布的財務報表是上市公司投資價值預測與證券定價的重要信息來源。投資者對企業財務報表的分析，是其預測公司收益和現金流的各項因素的基礎，也是其做出具體投資決策的直接依據之一。但由於公司財務分析反應的是已經公開的歷史信息，已經被較多投資者掌握，所以有時對公司基本狀況的分析更為重要。

第二節　公司基本分析

一、公司發展前景分析

公司的股票價格會因公司發展前景的變動而波動。若公司具有良好的發展前景，投資者就會看好公司的未來發展趨勢，便會買進並持有這家公司的股票，該公司股票價格便會看漲；反之，投資者就會對公司的未來發展前景擔憂，便會出售這家公司的股票，該公司股票價格便會看跌。公司發展前景的好壞可以從以下幾個方面進行分析。

1. 公司經濟區位環境分析

上市公司的投資價值與區位經濟的發展密切相關，任何上市公司都是在一定的經濟區位環境中發展的，區位內的自然條件與基礎條件、區位內政府的產業政策、區位內的經濟特色對企業的發展都具有促進或制約作用。如果區位內的自然條件和基礎條件有利於該區位內上市公司的發展，同時，上市公司的產品符合當地政府制定的經濟發展戰略規劃，並能得到相應的財政、信貸以及稅收等諸多方面的優惠政策和政府的大力支持，企業的產品具有區位特色，則企業具有良好的發展前景；反之，企業發展前景則不容樂觀。

2. 公司經營戰略分析

經營戰略是企業面對激烈的變化與嚴峻挑戰的環境，為求得長期生存和不斷發展而進行的總體性謀劃。它是企業戰略思想的集中體現，是企業經營範圍的科學規定，同時又是制定規劃（計劃）的基礎。經營戰略是在充分利用環境中存在的各種機會的基礎上，確定企業同環境的關係，規定企業從事的經營範圍、成長方向和競爭對策，合理地調整企業結構和分配企業的資源。經營戰略具有全局性、長遠性和綱領性的特徵，它從宏觀上規定了公司的成長方向、成長速度及其實現方式。由於經營戰略決策直接牽涉企業的未來發展，其決策對象比較複雜，所面對的問題常常是突發性的、難以預料的，因此，對公司經營戰略的評價比較困難，難以標準化。一般來說，對公司經營戰略的評價可以通過考察公司是否有明確統一的經營戰略，公司高級管理層是否穩定，公司的投資項目、財力資源、人力資源等是否適應公司經營戰略的要求，公司

在所處行業中的競爭地位以及公司產品所處的生命週期等方面進行。

3. 公司產品的更新換代分析

隨著社會經濟的不斷發展，市場對公司生產的商品提出了更高的要求，要求產品不斷更新換代以適應社會需求的不斷發展變化。因此，公司必須加強技術投入，加大新產品的開發力度，才能根據市場的不同需求開發出適應市場需要的新產品，才能在市場上佔有領先和主導地位，這類公司便會有良好的發展前景。

二、公司的競爭能力分析

公司競爭能力的強弱，是引起公司股票價格漲跌的重要因素之一。對公司競爭能力的分析，可從以下幾個方面進行：

1. 公司行業地位分析

行業地位分析的目的是判斷公司在所處行業中的競爭地位。上市公司在行業中的地位決定著該公司競爭能力的強弱和盈利水平。如果某公司為該行業的領導企業，在價格上具有影響力，其產品在市場上占主導地位，則該公司的競爭能力就較強；反之，企業的競爭能力就較弱。對於競爭能力較強的企業，其股票價格相對穩定或穩步上揚。衡量公司行業競爭地位的主要指標是行業綜合排序和產品的市場佔有率。

2. 公司產品的競爭能力分析

產品的競爭能力分析主要包括成本優勢分析、技術優勢分析、質量優勢分析三個方面。

成本優勢是指公司的產品依靠低成本獲得高於同行業其他企業的盈利能力。在很多行業中，成本優勢是決定競爭優勢的關鍵因素。如果公司能夠創造和維持全面的成本領先地位並創造出與競爭對手價值相等或價值近似的產品，那麼它只要將價格控制在行業平均或接近平均的水平，就能獲取優於平均水平的經營業績。企業一般通過規模經濟、專有技術、優惠的原材料和低廉的勞動力以及優良的經營管理降低生產成本和管理費用，實現成本優勢。企業取得了成本優勢，便可以在競爭中處於有利地位，提高其競爭能力。

技術優勢是指公司擁有的比同行業其他競爭對手更強的技術實力及其研究與開發新產品的能力。這種能力主要體現在生產的技術水平和產品的技術含量和技術創新上。技術創新則不僅包括產品技術創新，還包括創新人才。其有技術優勢的上市公司往往具有更大的發展潛力，因而具有更強的競爭能力。

質量優勢是指公司的產品高於其他公司同類產品的質量，從而取得競爭優勢。由於公司技術能力及管理等諸多因素的差別，不同公司間相同產品的質量是有差別的。如果一個企業在與競爭對手成本相等或成本近似的情況下，其產品質量超過競爭對手，則該企業往往在該行業中占據領先地位。企業只有不斷提高產品的質量，才能提升公司產品的競爭力。

3. 公司產品的市場佔有率

市場佔有率是指一個公司的產品銷售量占該類產品整個市場銷售總量的比例。公司產品的市場佔有率，是衡量公司競爭地位的重要指標。如果企業產品在市場上供不

應求，產品的市場佔有率就高，表示公司的經營能力和競爭力越強，公司的銷售和利潤水平越好、越穩定，公司股價亦會不斷上漲。對公司產品的市場佔有率的分析通常從產品銷售市場的地域分佈和公司產品在同類產品市場上的佔有率兩個方面進行考察。如果公司產品銷售市場是全國型的或是世界範圍型的，則公司的競爭能力就強；如果銷售市場是地區型的，其競爭能力一般較弱。如果公司的產品銷售量佔該類產品整個市場銷售總量的比例高，表示公司的經營能力和競爭力強。

產品的市場佔有率是個動態的概念，不僅要分析當前的市場佔有率，還要分析以前各年的市場佔有率，瞭解市場佔有率的變化趨勢，並預測以後產品的市場佔有率，進而判斷企業的行業地位以及競爭優勢。

三、公司盈利能力分析

盈利能力就是公司賺取利潤的能力，獲利是企業經營的直接目的，因而公司盈利能力是投資者關心的重要指標，公司的盈利水平和盈利能力是影響公司利潤和股票市場價格的重要因素。

公司的盈利是銷售收入或營業收入減去成本和費用的餘額，是企業經營狀況的綜合反應。從某種程度來說，盈利能力是保持良好財務狀況的基本目的，因此，企業的盈利能力比其財務狀況更為重要。作為債權人，除非借方有取之不盡的抵押資產，否則企業的償債能力還是寄托於經營前景是否看好，因此，貸款給利潤優厚的企業比貸款給利潤低薄的企業更為安全可靠。對於投資者和企業管理人來說，他們更關心企業利潤水平的高低，盈利能力的大小是企業經營和管理業績的直接指標。

影響公司盈利能力的主要因素是多方面的，如資金籌措和運用是否得當、固定資產是否充分利用、勞動生產率和工作效率是否提高、新產品開發和新技術應用是否有效等。只有具有較強盈利能力的企業才能取得較高的盈利水平，因此，投資者不僅要注意分析公司過去的盈利水平，更應該注意分析公司的盈利能力和公司未來盈利的增減趨勢。

衡量公司盈利能力的主要指標有：銷售毛利率、銷售淨利率、淨資產收益率等，這些指標的含義將在后面財務比率分析中詳盡介紹。一般來說，這些指標的數值越大，企業盈利能力越強。

四、公司經營管理能力分析

上市公司經營管理水平的好壞，直接影響企業的盈利能力，進而影響股價的波動。公司的經營管理能力，反應在公司的總體形象上，如社會責任形象、社會知名度、員工的素質和精神面貌、產品的市場形象以及公司領導人的公眾形象等。經營管理好的上市公司，投資者普遍看好，投資時有一種安全感，因而這類公司股票受到投資者的青睞和追捧；反之，經營管理差的上市公司，投資者則認為投資時風險較大，這類公司股票價格將下跌。

公司經營管理能力的分析內容繁多，也比較複雜，一般包括公司社會形象、公司法人治理結構、公司員工的素質與能力分析、公司管理風格及管理理念分析等多個

方面。

1. 公司社會形象

公司帶給社會大眾的整體形象的好壞，無疑對其股票股價的變動有很大影響。公司形象一般有社會責任形象、產品市場形象、公司未來發展形象等。

在現代社會中，公司不僅是一個經濟單位，也是社會的一個構成單位。公司必須在社會發展中負擔起應有的社會責任，在公眾中樹立良好的具有社會責任感的公司形象。同時，要在市場上建立優良的產品形象，使消費者對公司所生產的產品放心，以便在競爭中占領更多的市場份額。另外，公司的生產經營環境，公司所倡導的員工精神面貌，公司的企業文化以及公司的經營方針和未來發展戰略等，都會給公司樹立起獨特的企業形象。良好的公司形象能使公司在競爭激烈、變幻莫測的市場上不斷發展，向消費者提供優質商品，向股東提供穩定而豐厚的投資收益。

2. 公司員工的素質與能力分析

公司員工一般包括經理層管理人員和普通業務人員兩個部分。

管理人員的素質是指從事企業管理工作的人員應當具備的基本品質、素養和能力。在現代企業裡，管理人員不僅擔負著對企業生產經營活動進行計劃、組織、指揮、控制等管理職能，而且從不同角度和方面負責或參與對各類非管理人員的選擇、使用與培訓工作。因此，管理人員的素質是決定企業能否取得成功的一個重要因素。一般而言，企業的管理人員應該具備的素質有：具有從事管理工作的願望、有較強的專業技術能力、良好的道德品質修養、較強的人際關係協調能力以及綜合分析能力和決策能力等。

普通業務人員的素質也是衡量公司經營管理水平的一個方面。一個企業是一個團隊，要完成企業的發展戰略目標，公司普通業務人員的素質同樣會對公司的發展起重要的作用。一般而言，普通業務人員應該具有的素質包括：熟悉自己從事的業務、對企業的忠誠度、相關的專業技術能力、崗位責任感、具有團隊合作精神等。對公司業務人員的素質進行分析可以判斷該公司發展的持久力和創新能力。

3. 公司管理風格及經營理念分析

管理風格是企業在管理過程中所一貫堅持的原則、目標及方式等方面的總稱。經營理念是企業發展一貫堅持的一種核心思想，是公司員工堅守的基本信條，也是企業制定戰略目標及實施戰術的前提條件和基本依據。一個適應社會經濟發展、不斷創新的管理風格及經營理念是企業成功的前提和保障，也是公司經營管理能力的重要體現。

一般而言，公司的管理風格和經營理念有穩健型和創新型兩種。穩健型公司的特點是在管理風格和經營理念上以穩健原則為核心，一般不會輕易改變已形成的管理模式和經營模式。奉行穩健型原則的公司的發展一般較為平穩，大起大落的情況較少。創新型公司的特點是管理風格和經營理念上以創新為核心，公司在經營活動中的開拓能力較強。創新型企業依靠自己的開拓創造，有可能在行業中率先崛起，獲得超常規的發展；但創新並不意味著企業的發展一定能夠獲得成功，有時實行的一些冒進式的發展戰略也有可能迅速導致企業的失敗。

分析公司的管理風格可以跳過現有的財務指標來預測公司是否具有可持續發展的

能力，而分析公司的經營理念則可據以判斷公司管理層制定何種公司發展戰略。

4. 公司法人治理結構

公司法人治理結構是指有關公司董事會的功能、結構和股東的權利等方面的制度安排。良好的法人治理結構是企業實現其戰略目標及實施戰術的基本前提條件，也是公司經營管理能力的重要體現。

健全的公司法人治理機制主要包括以下幾個方面內容：第一，規範的股權結構，它主要指股權的集中度適中，既不存在「一股獨大」的問題，也不過度分散，使得機構投資者、戰略投資者在公司治理中能夠發揮積極作用；同時，股權具有普遍的流通性。第二，有效的股東大會制度，這是確保股東充分行使權利的最基礎的制度安排，也是上市公司建立健全公司法人治理機制的關鍵。第三，應有完善的獨立董事制度，加強公司董事會的獨立性，有利於董事會對公司的經營決策做出獨立判斷。第四，公司應具有優秀的經理層，這是保證公司治理結構規範化、高效化的人才基礎。第五，員工、債權人、供應商和客戶等主要利益相關者共同參與公司的治理，可以有效地建立公司外部治理機制，以彌補公司內部治理機制的不足。

第三節　公司財務分析

一、公司基本的財務報表

財務分析是公司分析中的重要內容。通過對公司財務數據進行加工、分析和比較，投資者能夠掌握公司財務狀況和營運情況，預測公司未來的經營前景，判斷公司證券的價值，從而作出合理的投資決策。在上市公司公布的財務資料中，主要是一些財務報表。在這些財務報表中，最基本的有資產負債表、利潤表和現金流量表。

(一) 資產負債表

資產負債表是反應公司某一特定時點（一般為季末、年中和年末）財務狀況的會計報表。它反應了公司資產、負債（包括股東權益）之間的平衡關係。

資產負債表由資產和負債兩部分組成，每部分各項目的排列一般以流動性的高低為序。

資產部分表示公司的總資產和各類資產的構成，主要有流動資產、長期投資、固定資產、無形資產及其他資產。流動資產是現金和其他變現能力很強的資產，主要有現金和銀行存款、期限很短的有價證券、應收帳款以及原材料、在產品和庫存品的存貨。長期投資包括公司擁有的其他公司的股票、債券等有價證券及其他長期投資。固定資產是指單位價值高、使用期限長、企業可在生產經營中反覆使用並具有物質實體的資產，如土地、廠房、機器設備、交通運輸工具等。無形資產是公司擁有的專利權、版權、商標權和其他類似資產。

負債部分包括負債和股東權益兩項。負債表示公司應支付的所有債務；股東權益表示公司的淨值，即在清償各種債務以後，公司股東所擁有的資產價值。它主要有流

動負債、長期負債和股東權益。流動負債指短期內應清償的債務，包括應付帳款、應付票據、短期借款和未交稅金等。長期負債包括長期借款、應付長期票據和公司發行的長期債券等長期債務。股東權益又稱淨值，是股東應享有的權益。

根據會計平衡公式，資產負債和股東權益的關係用公式表示如下：

資產 = 負債 + 所有者權益

中國資產負債表按帳戶式反應，即資產負債表分為左方和右方，左方列示資產各項目，右方列示負債和所有者權益各項目。表5.1為某上市公司的資產負債表。

通過帳戶式資產負債表，可以反應資產、負債和所有者權益之間的內在關係，並達到資產負債表的左右平衡。

表5.1　　　　　　　　　　　　　　資產負債表

編製單位：×公司　　　　　×年×月×日　　　　　　　　單位：萬元

資產	期末餘額	年初餘額	負債和所有者權益（或股東權益）	期末餘額	年初餘額
流動資產：			流動負債：		
貨幣資金			短期借款		
短期投資			應付票據		
應收票據			應付帳款		
應收股利			預收帳款		
應收利息			應付職工薪酬		
應收帳款			應付股利		
其他應收款			應交稅費		
預付帳款			其他應付款		
應收補貼款			其他應付款		
存貨			預提費用		
待攤費用			預計負債		
一年內到期的長期債權投資			一年內到期的長期負債		
其他流動資產			其他流動負債		
流動資產合計			流動負債合計		
長期投資：					
長期股權投資			長期負債：		
長期債權投資			長期借款		
長期投資合計			應付債券		
固定資產：			長期應付款		
固定資產原價			專項應付款		

表5.1(續)

資產	期末餘額	年初餘額	負債和所有者權益（或股東權益）	期末餘額	年初餘額
減：累計折舊			其他長期負債		
固定資產淨值			長期負債合計		
減：固定資產減值準備					
固定資產淨額			遞延稅項：		
工程物資			遞延稅款貸項		
在建工程			負債合計		
固定資產清理					
固定資產合計			所有者權益（或股東權益）：		
無形資產及其他資產：			實收資本（或股本）		
無形資產			減：已歸還投資		
長期待攤費用			實收資本（或股本）淨額		
其他長期資產			資本公積		
無形資產及其他資產合計			盈餘公積		
其中：法定公益金					
遞延稅項：			未分配利潤		
遞延稅款借項			所有者權益（或股東權益）合計		
資產總計			負債和所有者權益（股東權益）總計		

(二) 利潤表

利潤表是指反應企業在一定會計期間的經營成果的會計報表，表明企業運用所擁有的資產的獲利能力，是投資者分析判斷公司盈利能力大小的主要依據。中國一般採用多步式利潤表格式。（見表5.2）

表5.2　　　　　　　　　　　　利潤表
編製單位：×公司　　　　　　　×年×月×日　　　　　　　　單位：萬元

項目	本期金額	上期金額
一、營業收入		
減：營業務成本		
營業務稅金及附加		
銷售費用		

表5.2(續)

項目	本期金額	上期金額
管理費用		
財務費用		
資產減值損失		
加：公允價值變動收益（損失以「-」號填列）		
投資收益（損失以「-」號填列）		
其中：對聯營企業和合營企業的投資收益		
二、營業利潤（虧損以「-」號填列）		
加：營業外收入		
減：營業外支出		
其中：非流動性資產處置損失		
三、利潤總額（虧損總額以「-」號填列）		
減：所得稅費用		
四、淨利潤（淨虧損以「-」號填列）		
五、每股收益		
（一）基本每股收益		
（二）稀釋每股收益		

　　利潤表是一個動態報告，它展示本公司的損益帳目，反應公司在一定時期的業務經營狀況，直接明瞭地揭示公司獲取利潤能力的大小、潛力以及經營趨勢。如果說資產負債表是公司財務狀況的瞬時寫照，那麼利潤表就是公司財務狀況的一段錄像，因為它反應了兩個資產負債表編製日之間公司財務盈利或虧損的變動情況。可見，利潤表對於瞭解、分析上市公司的實力和前景具有重要的意義。

　　利潤表主要反應以下五個方面的內容：

　　（1）構成營業收入的各項要素。營業收入由主營業務收入和其他業務收入組成。

　　（2）構成營業利潤的各項要素。營業收入減去營業成本、營業稅金及附加、銷售費用、管理費用、財務費用、資產減值損失，加上公允價值變動收益、投資收益，即為營業利潤。

　　（3）構成利潤總額（或虧損總額）的各項要素。利潤總額（或虧損總額）在營業利潤的基礎上加營業外收入，減營業外支出後得到。

　　（4）構成淨利潤（或淨虧損）的各項要素。淨利潤（或淨虧損）在利潤總額（或虧損總額）的基礎上，減去本期計入損益的所得稅費用後得出。

　　（5）每股收益。普通股或潛在普通股已公開交易的企業，以及處於公開發行普通股過程中的企業，還應在利潤表中列示每股收益的信息，包括基本每股收益和稀釋每

股收益兩項指標。

(三) 現金流量表

現金流量表是公司的一種主要財務報表，它充分反應了企業一定時期（通常為1年）現金的流入和流出。現金流量表編製的目的，是為了向會計報表使用者提供企業一定會計期間內現金和現金等價物流入和流出的信息，以便於報表使用者瞭解和評價企業獲取現金和現金等價物的能力，並據以預測企業未來現金流量。現金等價物是指企業持有的期限短、流動性強、易於變現的投資。現金流量表主要分為經營活動、投資活動和籌資活動產生的現金流量三個部分。（見表5.3）

表5.3　　　　　　　　　　　　現金流量表

編製單位：×公司　　　　　　××××年　　　　　　　　　　　單位：萬元

項目	本期金額	上期金額
一、經營活動產生的現金流量：		
銷售商品、提供勞務收到的現金		
收到的稅費返還		
收到的其他與經營活動有關的現金		
經營活動現金流入小計		
購買商品、接受勞務支付的現金		
支付給職工以及為職工支付的現金		
支付的各項稅費		
支付其他與經營活動有關的現金		
經營活動現金流出小計		
經營活動產生的現金流量淨額		
二、投資活動產生的現金流量：		
收回投資所收到的現金		
取得投資收益所收到的現金		
處置固定資產、無形資產和其他長期資產所收回的現金淨額		
收到的其他與投資活動有關的現金		
投資活動現金流入小計		
購建固定資產、無形資產和其他長期資產所支付的現金		
投資所支付的現金		
支付的其他與投資活動有關的現金		
投資活動現金流出小計		
投資活動產生的現金流量淨額		

表5.3(續)

項目	本期金額	上期金額
三、籌資活動產生的現金流量：		
吸收投資所收到的現金		
借款所收到的現金		
收到的其他與籌資活動有關的現金		
籌資活動現金流入小計		
償還債務所支付的現金		
分配股利、利潤或償付利息所支付的現金		
支付的其他與籌資活動有關的現金		
籌資活動現金流出小計		
籌資活動產生的現金流量淨額		
四、匯率變動對現金及現金等價物的影響		
五、現金及現金等價物淨增加額		
加：期初現金及現金等價物餘額		
六、期末現金及現金等價物餘額		

　　現金流量表是以收付實現制為基礎編製的，它真實反應了公司當前實際收入的現金、實際支出的現金、現金流入與流出相抵后的淨值，並以此為基礎分析利潤表中本期淨利潤與現金流量的差異，正確評價公司的經營成果。換句話說，現金流量表只承認產生了現金變化的交易。例如，公司銷售了一批產品，買家承諾60天後付款。在公司的利潤表中會在銷售發生時就確認了一筆收入，資產負債表也會立即增加一項應收帳款，即增加一項流動資產，而現金流量表只有在貨款到帳時才確認這一交易。

二、財務報表分析的目的與方法

(一) 財務報表分析的目的

　　公司的經營管理人員通過分析財務報表，判斷公司的現狀及可能存在的問題，以便進一步改善經營管理。

　　公司的現有投資者及潛在投資者通過對財務報表所傳遞的信息進行分析、加工，得出反應公司發展趨勢、競爭能力等方面的信息，計算投資收益率，評價風險，比較本公司和其他公司的風險和收益，決定自己的投資策略。

　　公司的債權人通過密切觀察公司有關財務情況、分析財務報表，得出對公司短期償債能力和長期償債能力的判斷，以決定是否需要追加抵押和擔保，是否提前收回債權等。

　　財務報表分析的功能：通過分析資產負債表，可以瞭解公司的財務狀況，對公司

的償債能力、資本結構是否合理、流動資金是否充足作出判斷。通過分析利潤表，可以瞭解、分析公司的盈利能力、盈利狀況、經營效率，對公司在行業中的競爭地位、持續發展能力作出判斷。通過分析現金流量表，判斷公司的支付能力和償債能力，以及公司對外部資金的需求情況，瞭解公司當前的財務狀況，並據此預測企業未來的發展前景。

（二）財務報表分析的方法

財務報表分析的方法很多，主要有比較分析法、因素分析法和比率分析法。

1. 比較分析法

比較分析法是對不同時期和空間的同質財務指標進行對比，以確定其增減差異，用以評價財務指標狀況優劣，是財務報表分析中最基本的方法。最常用的比較分析方法有單個年度的財務比率分析、不同時期比較分析、與同行業其他公司之間的比較分析三種。

單個年度的財務比率分析是指對公司一個財務年度內的財物報表各項目之間進行比較，計算比率，評價年度內償債能力、資產管理效率、經營效率、盈利能力等情況。

對公司不同時期的財務報表比較分析，可以對公司持續經營能力、財務狀況變動趨勢、盈利能力做出分析，從一個較長的時期來動態的分析公司狀況。

與同行業其他公司之間的財務指標比較分析，可以瞭解公司各種指標的優劣，在群體中判斷個體。使用本方法時常選用行業平均水平或行業標準水平，通過比較得出公司在行業中的地位，認識優勢和不足，真正確定公司的價值。

2. 因素分析法

因素分析法又稱連環替代法，是將某一綜合經濟指標分解為若幹具有內在聯繫的因素並計算每一因素對綜合經濟指標變動影響程度的一種分析方法。其基本思想是總體指標是受各種有相互依存關係的連鎖因素的相互影響的。首先，把總指標分解為各項有次序性的連鎖因素；其次，順次地把其中一個因素是為可變，其他因素暫時視為不變，依次逐項進行替代，每一次替代在上一次基礎上進行；最後，將每一次替代後的結果反向兩兩相減，測算出各項因素變動對總體指標的影響程度和影響方向。

3. 比率分析法

比率分析法是指對公司一個財務年度內的財務報表各項目之間進行比較，計算比率，據此分析企業的財務狀況和經營成果的分析方法。它可以是同一財務報表的各項目之間的比率，也可以是不同財務報表各項目之間的比率。例如，資產負債比率是負債總額與資產總額的比值，它是資產負債表中不同項目之間的比率；流動資產週轉率是銷售收入與全部流動資產的平均餘額的比值，它涉及資產負債表和利潤表兩個財務報表。結構比率分析法使同一行業中不同規模企業的財務狀況具有了可比性。

比率分析法是最簡便但揭示能力最強的評價方法，其突出的特點在於它能將現金流量表同資產負債表和利潤表有機的聯繫在一起。

比率分析法與比較分析法雖然都是將兩個數據進行對比，但比較分析法一般主要是對同質的指標進行比較，而比率分析法主要是將不同質但相關的不同指標進行比較。

而且比較分析法的分析結果主要強調絕對差異的大小，相對差異只是絕對差異的輔助說明；比率分析法的分析結果則純粹以相對數值表示，以說明指標數值之間的關係。

三、公司財務比率分析

財務比率分析是公司財務評價中最基本、最重要的分析方法，是將財務報表中相關的項目進行比較，以揭示它們之間存在的邏輯關係以及企業的經營狀況和財務狀況。不同的使用者對財務比率的要求不同。例如反應短期償債能力的流動比率對短期債權人來說越大越好，但對公司管理層來說可能被認為是沒有充分利用資金。

比率分析涉及公司管理的各個方面，大致可以歸為以下幾大類：償債能力分析、營運能力分析、盈利能力分析、投資收益分析、現金流量分析等。

(一) 償債能力分析

1. 短期償債能力比率

企業的償債能力是指在一定時期內企業能否及時償還到期債務的清償能力。債權人十分關心企業的償債能力，往往把償債能力的高低視為企業信用狀況好壞的標誌。企業的償債能力按分析要求，可以分為短期償債能力和長期償債能力。短期償債能力是指企業對一年內到期債務的清償能力。企業到期債務一般均以現金清償，因此，短期償債能力本質上是一種資產變現能力。反應短期償債能力的指標主要有流動比率、速動比率、現金比率等。

(1) 流動比率。流動比率是用比率形式反應的流動資產和流動負債之間的對比關係。流動資產是短期內可以予以現金的資產，流動負債是短期內需要用現金及等價物償還或支付的債務。其計算公式為：

$$流動比率 = \frac{流動資產}{流動負債}$$

【例5-1】某公司2009年年末的流動資產為411,301萬元，流動負債為631,715萬元，則該公司2009年流動比率為？

$$流動比率 = \frac{411,301}{631,715} \approx 0.65$$

這項比率從流動資產對流動負債的保障程度的角度，來說明企業的短期償債能力的。流動比率越高，表明短期償債能力越強，企業信用狀態越好。但從優化資本結構和提高資本金利用效率方面考慮，該比值並非越高越好。因為比值過高，可能表明企業的負債較少，沒有充分發揮負債的財務槓桿效應，也可能是資產存量過大，資產利用效率不高。

一般認為，流動比率在1.5~2.0之間比較恰當。生產型公司合理的最低流動比率為2，因為處在流動資產中變現能力最差的存貨金額，約占流動資產總額的一半，剩下的流動性較大的流動資產至少要等於流動負債，公司的短期償債能力才會有保證。值得注意的是，不同行業對流動比率的要求並不一致。比如食品加工等生產週期短的行業，無須大量存貨，應收帳款週轉期也較短，流動比率可以較低。相反，鋼鐵等生產

週期長的企業，流動比率要求較高。

(2) 速動比率。流動比率雖然可以用來評價流動資產總體的變現能力，但人們（特別是短期債券持有人）還希望能獲得比流動比率更進一步的有關變現能力的比例指標。這個指標被稱為速動比率，又被稱為酸性測試比率。

所謂速動比率是指幾乎可以立即用來償付流動性負債的資產，即流動資產中扣除存貨部分，再除以流動負債的比值，反應企業對日常經營債務支付能力的迅速性。速動比率的計算公式為：

$$速動比率 = \frac{速動資產}{流動負債}$$

其中：速動資產＝流動資產－存貨

速動資產沒有將存貨包括在內，是因為公司的存貨包括原材料、在產品和產成品，它們並非都能立即變成現金。原材料要經過一個生產週期成為產品後才能銷售，而存貨在銷售過程中常受市場價格波動的影響，不能適銷對路還可能變成滯銷品，因此存貨能否在不受損失的條件下迅速變成現金以支付債務，存在一定不確定性。可見，作為衡量公司償付短期債務能力的指標，速動比率比流動比率更科學更可靠。

通常認為，速動比率為1較為理想，因為速動資產為流動負債的1倍意味著公司不需要動用存貨就可以償付流動負債，表明公司有較強的償債能力。速動比率過低，說明公司在資金使用和安排上不夠合理，隨時會面臨無力清償短期債務的風險，應立即採取措施調整資產結構，並想方設法籌措到足夠資金以備不測。速動比率過高，則表明低收益資產過多或是應收帳款中壞帳較多，將影響公司的盈利能力。

影響速動比率可信度的重要因素是應收帳款的變現能力，如果帳面上的應收帳款壞帳過多，將影響企業的償債能力。為更進一步計算企業的變現能力，在扣除存貨以外，還可以從流動資產中去掉其他一些可能與當期現金流量無關的項目（如待攤費用等），如採用保守速動比率（或稱超速動比率）。其計算公式為：

$$保守速動比率 = \frac{現金 + 交易性金融資產 + 應收帳款 + 應收票據}{流動負債}$$

(3) 現金比率。現金比率是指企業在會計期末擁有的現金餘額與同期流動負債總額的比率，其計算公式為：

$$現金比率 = \frac{現金餘額}{流動負債}$$

由於現金是流動性最強的資產，現金比率反應了企業的即刻變現能力，它比速動比率所反應的即時支付能力更迅速。如果現金比率達到或超過1，表明現金餘額等於或大於流動負債總額，也就是說，公司不用動用其他資產，僅憑現金就可以償還流動負債。然而，對企業來說，並非現金比率越高越好，因為資產的流動性與盈利能力成反比，過高的現金比率雖然提高了公司的償債能力，但同時又降低了公司的盈利能力，因此，企業不應將現金比率保持過高。一般來說，只有在企業財務發生困難時，才用現金比率衡量企業最壞情況下的短期償債能力。所以，現金比率只是速動比率指標的輔助比率。

2. 長期償債能力比率

長期償債能力，是指公司清償長期債務（期限在一年或一個營業週期以上的債務）的能力。用於評價長期償債能力的基本財務指標主要有資產負債率、產權比率和利息保障倍數。

（1）資產負債率。資產負債率是指企業在一定時點（通常為期末）的負債總額對資產總額的比例，或者說負債總額占資產總額的百分比，其計算公式為：

$$資產負債率 = \frac{負債總額}{資產總額} \times 100\%$$

公式中的負債總額不僅包括長期負債，還包括短期負債。這是因為，從總體上看，企業總是長期性占用著短期負債，可以視同長期性資本來源的一部分。

公式中的資產總額則是扣除累計折舊后的淨額。

該指標有以下幾個方面的含義：從債權人的立場看，他們希望債務比率越低越好，這樣貸款風險不大。從股東的角度看，如果全部資本利潤率高於借款利息率時，希望負債比率越大越好，否則相反。從經營者的立場看，如果舉債很大，超出債權人心理承受程度，則被認為是不保險的；如果企業負債比例很小，說明企業畏縮不前，對前途信心不足，利用債權人資本進行經營活動的能力很差。所以企業在利用資產負債率制定借入資本決策時，必須充分估計可能增加的風險，在兩者之間權衡利害得失，做出正確決策。

（2）產權比率。產權比率是負債總額與股東權益總額之間的比率，也稱為債務股權比率。其計算公式為：

$$產權比率 = \frac{負債總額}{股東權益} \times 100\%$$

該指標反應由債權人提供的資本與股東提供的資本的相對關係，反應公司基本財務結構是否穩定。一般來說，股東資本大於借入資本較好，但也不能一概而論。比如從股東來看，在通貨膨脹加劇時期，公司多借債可以把損失和風險轉嫁給債權人；在經濟繁榮時期，公司多借債可以獲得額外的利潤；在經濟萎縮時期，少借債可以減少利息負擔和財務風險。產權比率高，是高風險、高報酬的財務結構；產權比率低，是低風險、低報酬的財務結構。

資產負債率與產權比率具有相同的經濟意義，兩個指標可以相互補充。

（3）利息保障倍數。從債權人的立場出發，他們向企業投資的風險，除了計算上述資產負債率，審查企業借入資本占全部資本的比例以外，還要計算營業利潤是利息費用的倍數。利用這一比率，可以測試債權人投入資本的風險。

利息保障倍數，又稱已獲利息倍數，是指企業經營業務收益與利息費用的比率，用以衡量償付借款利息的能力，也叫利息保障倍數。其計算公式如下：

$$利息保障倍數 = \frac{息稅前利潤}{利息費用} （倍）$$

其中，息稅前利潤 = 營業性收入 − 經營性成本

或：　　　　息稅前利潤 = 稅前利潤總額 + 利息費用

公式中的「稅息前利潤」是指利潤表中未扣除利息費用和所得稅之前的利潤。它可以用「利潤總額加利息費用」來預測。「利息費用」不僅包括計入當期財務費用的利息費用，而且還應包括資本化的利息，因為利息作為企業對債權人的一項償付義務，其性質並不因為企業的會計處理不同而變更。由於中國現行利潤表中利息費用沒有單列，證券分析師一般以利潤總額加財務費用來估計息稅前利潤。

【例5-2】某公司2009年利潤總額為13,399萬元，利息費用未知，以財務費用估算，暫為3,539萬元，則該公司利息保障倍數為？

$$利息保障倍數 = \frac{13,399 + 3,539}{3,539} \approx 4.79（倍）$$

相對而言，該比率值越高，表明企業的償息能力越強。從長期來看，該比率值至少應大於1，也就是說，企業只有在息稅前利潤至少能夠償付債務利息的情況下，才具有負債的可行性，否則就不宜舉債經營。

如何合理評價企業的利息支付倍數，這不僅需要與其他企業，特別是本行業平均水平進行比較，而且還要分析比較本企業連續幾年的該項指標水平，並選擇最低指標年度的數據作為標準。這是因為，企業在經營好的年度要償債，而在經營不好的年度也要償還大約等量的債務。某一個年度利潤很高，利息支付倍數就會很高，但不能年年如此。採用指標最低年度的數據，可保證最低的償債能力。一般情況下應採納這一原則，但遇有特殊情況，需結合實際來確定。

(二) 營運能力分析

營運能力是指公司經營管理中利用資金營運的能力，一般通過公司資產管理比率來衡量，主要表現為資產管理及資產利用的效率。因此，資產管理比率通常又稱為營運效率比率，主要包括存貨週轉率（存貨週轉天數）、應收帳款週轉天數（應收帳款週轉率）、流動資產週轉率和總資產週轉率等。

1. 存貨週轉率和存貨週轉天數

在流動資產中，存貨所占的比重較大，存貨的流動性直接影響企業的流動比率。存貨的流動性，一般用存貨的週轉速度指標即存貨週轉率或存貨週轉天數來反應。

存貨週轉率是衡量和評價企業購入存貨、投入生產、銷售收回等各環節管理狀況的綜合性指標。其計算公式為：

$$存貨週轉率 = \frac{營業成本}{平均存貨}（次）$$

$$存貨週轉天數 = \frac{360}{存貨週轉率}（天）$$

公式中的「營業成本」數據來自利潤表，「平均存貨」數據來自資產負債表中的期初存貨與期末存貨的平均數。

一般來說，存貨週轉速度越快，存貨轉換為現金或應收帳款的速度越快，企業管理的效率越高。但並非存貨週轉率越高越好，存貨週轉率越高，可能是原材料存貨較少，生產中可能出現停工待料的局面，也可能是產成品庫存不足，出現脫銷的局面，兩種局面都會影響企業的生產效率和市場競爭能力，所以，庫存要有一個適當的水平。

2. 應收帳款週轉率和應收帳款週轉天數

應收帳款和存貨一樣，在流動資產中有著舉足輕重的地位。及時收回應收帳款，不僅增強了企業的短期償債能力，也反應出企業管理應收帳款方面的效率。反應應收帳款週轉速度的指標是應收帳款週轉率；應收帳款週轉天數表示企業從取得應收帳款的權利到收回款項，轉換為現金所需要的時間。其計算公式為：

$$應收帳款週轉率 = \frac{營業收入}{平均應收帳款}（次）$$

$$應收帳款週轉天數 = \frac{360}{應收帳款週轉率}（天）$$

$$= \frac{平均應收帳款 \times 360}{營業收入}（天）$$

公式中的營業收入數據來自利潤表。平均應收帳款是指未扣除壞帳準備的應收帳款金額，它是資產負債表中應收帳款餘額期初數與期末數的平均數。因為壞帳準備僅是會計上基本穩健原則所確認的一種可能損失，這種可能損失是否轉變為現實損失，以及轉變為現實損失的程度取決於企業對應收帳款的管理效率。

一般來說，應收帳款週轉率越高，說明應收帳款的收回越快；否則，企業的營運資金會過多地滯留在應收帳款上，影響正常的資金週轉。投資者必須將計算出的指標與該企業前期或行業平均水平或其他類似企業相比較後，才能判斷該指標的高低，找出問題產生的原因。

將該比率聯繫存貨週轉率分析，可大致說明企業所處的市場環境和管理的營銷策略。具體說，若應收帳款週轉率與存貨週轉率同時上升，表明企業的市場環境優越，前景看好；若應收帳款週轉率上升，而存貨週轉率下降，可能表明企業因預期市場看好，而擴大產、購規模或緊縮信用政策，或兩者兼而有之；若存貨週轉率上升，而應收帳款週轉率下降，可能表明企業放寬了信用政策，擴大了賒銷規模，這種情況可能隱含著企業對市場前景的預期不甚樂觀，應予警覺。

3. 流動資產週轉率

流動資產週轉率是銷售收入與全部流動資產平均餘額的比值。其計算公式為：

$$流動資產週轉率 = \frac{營業收入}{平均流動資產}（次）$$

式中，平均流動資產是資產負債表中流動資產期初數與期末數的平均數。

流動資產週轉率反應了流動資產的週轉速度。週轉速度快，會相對節約流動資產，擴大資產投入，增強企業盈利能力；而延緩週轉速度，需要補充流動資產參加週轉，形成資金浪費，降低企業盈利能力。

4. 總資產週轉率

總資產週轉率是銷售收入與平均資產總額的比值。其計算公式為：

$$總資產週轉率 = \frac{營業收入}{平均資產總額}（次）$$

其中，平均資產總額 =（期初總資產 + 期末總資產）÷ 2

總資產週轉率反應了資產總額的週轉速度，是用於衡量企業資產綜合營運效率和

變現能力的比率。總資產週轉率越大，說明企業資產綜合營運能力越強，效率越高。反之亦然。

(三) 盈利能力分析

企業盈利能力分析主要反應利用資產的結果，即企業利用資產實現利潤的狀況，通過對盈利能力指標的長期趨勢分析，可以判斷公司的投資價值。反應企業獲利狀況的財務比率主要有銷售毛利率、銷售淨利率、資產淨利率、淨資產收益率等指標。

1. 銷售毛利率

毛利是營業收入與營業成本的差，毛利率是毛利占營業收入的百分比。其計算公式為：

$$銷售毛利率 = \frac{營業收入 - 營業成本}{營業收入} \times 100\%$$

銷售毛利率表示每 1 元銷售收入扣除銷售成本后，有多少錢可以用於各項期間費用和形成盈利。銷售毛利率是企業銷售淨利率的基礎，沒有足夠大的毛利率便不能盈利。

2. 銷售淨利率

銷售淨利率是指淨利與銷售收入的百分比。其計算公式為：

$$銷售淨利率 = \frac{淨利潤}{營業收入} \times 100\%$$

淨利在中國會計制度中是指稅后利潤。它反應每 1 元銷售收入帶來的淨利潤的多少，表示銷售收入的收益水平。同一行業中，銷售淨利率越高的企業盈利能力越高。從銷售淨利率的指標關係看，淨利額與銷售淨利率成正比關係，而銷售收入額與銷售淨利率成反比關係。企業在增加銷售收入額的同時，必須相應地獲得更多的淨利潤，才能使銷售淨利率保持不變或有所提高。通過分析銷售淨利率的升降變動，可以促使企業在擴大銷售的同時，注意改進經營管理，提高盈利水平。

3. 資產淨利率

資產淨利率是公司淨利率與平均資產總額的百分比。其計算公式如下：

$$資產淨利率 = \frac{淨利潤}{平均資產總額} \times 100\%$$

把企業一定期間的淨利與企業的資產相比較，表明企業資產利用的綜合效果。該指標值越高，表明資產的利用效率越高，說明企業在增加收入和節約資金使用等方面取得了良好的效果，否則相反。

4. 淨資產收益率

淨資產收益率是淨利潤與淨資產的比值，也稱為淨資產報酬率或權益報酬率。該比率用於從淨收益的角度來說明企業淨資產的獲利水平，其比值越高，表明企業的獲利能力越高。

按照《公開發行證券公司信息披露編報規則第 9 號——淨資產收益率和每股收益率的計算及披露》(2010 年修訂) 的規定，公司編製招股說明書、年度財務報告、中期財務報告等公開披露信息中的淨資產收益率和每股收益，應列示按加權平均法計算

的淨資產收益率，以及基本每股收益和稀釋每股收益。其計算公式為：

$$全面攤薄淨資產收益率 = \frac{淨利潤}{期末淨資產} \times 100\%$$

$$加權平均淨資產收益率 = \frac{P}{E_o + N_p \div 2 + E_i \times M_i \div M_o - E_j \times M_j \div M_o} \times 100\%$$

其中：

P 為報告期利潤；

N_p 為報告期淨利潤；

E_o 為期初淨資產；

E_i 為報告期發行新股或債轉股等新增淨資產；

E_j 為報告期回購或現金分紅等減少淨資產；

M_o 為報告期月份數；

M_i 為新增淨資產下一月份起至報告期期末的月份數；

M_j 為減少淨資產下一月份起至報告期期末的月份數。

前者主要反應了報告期末公司股東所持權益的盈利能力，而后者更側重於反應報告期中公司各種權益要素的綜合收益水平。

【例5-3】已知某公司為上市公司，其年末淨資產 473,820 萬元，年初淨資產 424,895 萬元，年度淨利潤 48,925 萬元。會計年度內，除未分配利潤外，其他所有者權益項目均無變化。根據上述公式，該公司當年的全面攤薄淨資產收益率和加權平均淨資產收益率分別為：

$$全面攤薄淨資產收益率 = \frac{48,925}{473,820} \times 100\% \approx 10.33\%$$

$$加權平均淨資產收益率 = \frac{48,925}{424,895 + 48,925 \div 2} \times 100\% \approx 10.89\%$$

淨資產報酬率反應公司所有者權益的投資報酬率，具有很強的綜合性。加之它與企業財務目標的內涵（即股東財富最大化）相吻合，使其在企業業績評價中具有廣泛的適用性。它不僅為國際通用，而且在中國目前所頒布的業績評價指標體系中也位居榜首。

（四）投資收益分析

股東是股份公司的外部投資者，他們往往需要從股份公司對外公布的會計報表數據中分析企業的財務狀況和經營成果，進而進行股權（股票）投資或轉讓的決策。在對上市公司進行財務評價時，除需對前述各基本財務比率進行分析和評價外，還應對反應股票投資價值的特定財務比率進行評價。這些比率主要有每股收益、市盈率、股票獲利率、每股淨資產、市淨率等。

1. 普通股每股收益

普通股每股收益是指本年淨收益與發行在外的加權平均普通股股數的比值。其計算公式為：

$$普通股每股收益 = \frac{淨利潤 - 優先股股利}{年末股份總數 - 年末優先股股數}$$

其中已做部分扣除的淨利潤通常被稱為盈餘，所以，扣除優先股股利后計算出的每股收益又稱為每股盈餘。

每股收益是衡量上市公司盈利能力的財務指標，它反應普通股的獲利水平。在分析時，可以對公司的不同時期進行比較，瞭解該公司盈利能力的變化趨勢。但在使用每股收益指標分析投資收益時要注意以下問題：第一，不同企業每股收益一般不具有可比性，即不同股票的每一股在經濟上不等量，它們所含有的淨資產和市價不同。第二，每股收益不反應股票所含有的風險，也就是說，每股收益多的企業，不一定風險小，每股收益少的企業，不一定風險大，這主要是由於不同企業每股收益不具有可比性。第三，每股收益多，不一定分紅多，企業分紅多少取決於公司的股利分配政策。

2. 市盈率

市盈率是普通股每股市價與每股稅后淨利的比率，亦稱本益比。其計算公式為：

$$市盈率 = \frac{每股市價}{每股收益}（倍）$$

該指標是股票市場上用於反應股票投資價值的首選比率，反應投資者對每元淨利所願支付的價格，是投資者所普遍關注的一項指標。該比率的高低反應了投資者對公司股票的投資收益與投資風險的預期。比率越高，意味著公司未來成長的潛力越大。一般說來，市盈率越高，說明公眾對該股票的評價越高。但在市場過熱、投機氣氛濃鬱時，常有被扭曲的情況，投資者應特別小心。

使用市盈率指標時應注意以下問題：第一，該指標不能用於不同行業公司的比較，成長性好的新興行業的市盈率普遍較高，而傳統行業的市盈率普遍較低，這並不說明后者的股票沒有投資價值。第二，在每股收益很小或虧損時，由於市價不至於降為零，公司的市盈率會很高，如此情形下的高市盈率沒有任何意義。第三，市盈率的高低受市價的影響，而影響市價變動的因素很多，包括投機炒作等，因此觀察市盈率的長期趨勢很重要。

3. 股利支付率

股利支付率是普通股每股股利與每股收益的比率。其計算公式為：

$$股利支付率 = \frac{每股股利}{每股收益} \times 100\%$$

該指標反應公司股利分配政策和支付股利的能力。

與股利支付率指標關係緊密的一個指標是股票獲利率。股票獲利率是指每股股利與每股市價的比率，其計算公式為：

$$股票獲利率 = \frac{普通股每股股利}{普通股每股市價} \times 100\%$$

股票獲利率主要應用於非上市公司的少數股權。在這種情況下，股東難以出售股票，也沒有能力影響股利分配政策，他們持有公司股票的主要動機在於獲得穩定的股利收益。

4. 每股淨資產

每股淨資產是年末淨資產（即年末股東權益）除以發行在外的年末普通股股數的比值，也成為每股帳面價值或每股權益。用公式表示為：

$$每股淨資產 = \frac{年末淨資產}{發行在外的年末普通股股數}$$

式中，淨資產是資產總額與負債總額之差，該指標反應公司發行在外的每股普通股所代表的股東權益額，它在理論上提供了股票的最低價值。該比率越高，說明公司股票的財富含量越高，內在價值越大。但在具體運用時，應注意：①若公司發行有優先股，應先從帳面權益額中減去優先股權益；②投資分析時，只能有限地使用這個指標，因為它是用歷史成本計量的，既不反應淨資產的變現價值，也不反應淨資產的產出能力。

5. 市淨率

市淨率是指每股市價與每股淨資產的比值。其計算公式為：

$$市淨率 = \frac{每股市價}{每股淨資產}$$

市淨率表明股價以每股淨資產的若干倍在流通轉讓，評價股價相對於每股淨資產而言是否被高估。市淨率越小，說明股票的投資價值越高，股價的支撐越有保證。

(五) 現金流量分析

現金流量分析不僅要依靠現金流量表，還要結合資產負債表和利潤表。

1. 債務支付能力比率

該比率用於從動態的角度說明企業經營現金淨流量對流動負債或到期債務的支付能力。這裡，經營現金淨流量對流動負債之比稱為現金流動負債比，對到期債務之比稱為現金到期債務比，對負債總額之比稱為現金債務總額比。其計算公式為：

$$現金流動債務比 = \frac{經營現金淨流量}{流動負債}$$

$$現金到期債務比 = \frac{經營現金淨流量}{本期到期債務}$$

$$現金債務總額比 = \frac{經營現金淨流量}{債務總額}$$

式中，經營現金淨流量是現金流量表中的經營活動產生的現金流量淨額，本期到期債務是指本期到期的長期債務和本期應付的應付票據，因為這些債務通常不能展期，到期必須如數償還。

上述比值越大，表明企業對債務的支付能力越強。具體評價時應結合行業平均水平分析，只要比率值接近行業平均水平，即可認為是適度的。

2. 獲取現金能力比率

獲取現金能力是指經營現金淨流入和投入資源的比值。投入資源可以是銷售收入、總資產、營運資金、淨資產或普通股股數等。其計算公式為：

$$銷售現金比率 = \frac{經營現金淨流量}{營業收入}$$

$$每股營業現金淨流量 = \frac{經營現金淨流量}{普通股股數}$$

$$全部資產現金回收率 = \frac{經營現金淨流量}{資產總額} \times 100\%$$

3. 財務彈性分析

財務彈性是指公司適應經濟環境變化和利用投資機會的能力。財務彈性是用經營現金流量與支付要求進行比較。財務彈性分析主要包括現金滿足投資比率和現金股利保障倍數，其計算公式為：

$$現金滿足投資比率 = \frac{近五年經營活動現金淨流量}{近五年資本支出、存貨增加、現金股利之和}$$

該比率越大，說明資金自給率越高。達到 1 時，說明公司可以用經營活動獲取的現金滿足擴充所需資金；若小於 1，則說明公司是靠外部融資來補充。

$$現金股利保障倍數 = \frac{每股營業現金淨流量}{每股現金股利}$$

該比率越大，說明支付現金股利的能力越強。

4. 收益質量分析

收益質量是指報告收益和公司業績之間的關係。如果收益能如實反應公司業績，則認為收益的質量好；反之，則認為收益的質量不好。

從現金流量表的角度來看，收益質量分析主要是分析會計收益與現金淨流量的比率關係，其主要的財務比率是營運指數。其計算公式為：

$$營運指數 = \frac{經營現金淨流量}{經營所得現金}$$

經營所得現金 = 經營淨收益 + 非付現費用
          = 淨利潤 − 非經營收益 + 非付現費用

該比率越大，表明企業的收益質量越好。根據該比率構成因素的內在相關性，其適度範圍應在 1 以上。若小於 1，則說明收益的質量不夠好，一部分收益尚沒有取得現金，停留在實物或債券形態。

四、財務分析中應注意的問題

(一) 財務報表的局限性

財務報表是按會計準則進行編製的，有特定的假設前提，執行統一的會計規範，但它們並不能認為財務報表揭示了企業的全部實際情況。財務報表的局限性體現在：

(1) 以歷史成本報告資產，不代表其現行成本或現行價值。財務報告傾向於反應企業過去的財務狀況和經營成果，而不是對未來財務狀況的預測。

(2) 穩健性原則要求預計損失而不預計收益，有可能誇大費用，少計收益和資產。

(3) 假設幣值不變，未按通貨膨脹或物價水平進行調整。

(4) 會計處理過程中會依賴於一些主觀估計，如無形資產的攤銷、固定資產折舊的計提，而這些估計未必正確。

（5）會計報告一般均為按年度進行分期報告，以至報告了短期信息，不能提供反應長期潛力的信息。

（二）報表的真實性問題

只有根據真實的財務報表，才有可能得出正確的分析結論。財務分析通常假定報表是真實可靠的。財務分析本身不能解決報表的真實性問題，通常要注意以下幾點：

（1）財務報告是否規範。不規範的財務報告，其真實性應受到懷疑。

（2）財務報告是否有遺漏。

（3）注意分析數據的反常現象。如無合理的反常原則，則要考慮數據的真實性和一致性是否有問題。

（4）要注意審計報告的意見及出具審計報告的會計師事務所及註冊會計師的信譽。

（三）公司增資行為對財務結構的影響

公司的增資行為一般會改變負債和所有者權益在公司資本總額中的相對比重，因此，公司的資產負債表和權益負債比率會受到相應的影響。

（1）股票發行增資對財務結構的影響。公司通過增發新股或配股融資後，由於淨資產增加，而負債總額和負債結構都不會發生變化，因此公司的資產負債率和權益負債比率將降低，減少了債權人承擔的風險，而股東所承受的風險將增加。

（2）債券發行增資對財務結構的影響。發行債券後，公司的負債總額將增加，同時總資產也增加，資產負債率將提高。此外，公司發行不同期限的債券，也將影響到公司的財務結構。

（3）其他增資行為對財務結構的影響。除了對股權融資和發行債券外，公司其他的增資方式還有向外借款籌資等，如果公司向銀行等金融機構以及向其他單位借款，則形成了公司的負債，公司的權益負債比率和資產負債率都將提高。

（四）會計政策和稅收政策的變化

會計政策是指企業在會計核算時所遵循的具體原則以及企業所採納的具體會計處理方法。企業的會計政策發生變更，會影響公司年末的資產負債表和利潤表；如果採用追溯調整法進行會計處理，則會計政策的變更將影響公司年初及以前年度的利潤、淨資產、未分配利潤等數據。例如，新會計制度要求會計報告主體對短期投資按成本與市價孰低法提取投資跌價準備。在市價低於成本時對長期投資提取減值準備，按存貨成本與市價孰低法確認可變現淨值來提取存貨跌價準備；這對那些存貨量大、存貨週轉不靈的上市公司影響較大。又如，按照新會計制度。上市公司應對應收帳款用未來法進行確認，擴大了應收帳款確認的基礎，再加上對應收帳款採用帳齡法提取壞帳準備，這無疑抵減了部分利潤。

稅收政策的變更也將對上市公司的業績產生一定的影響。稅法的相關變動，會直接影響企業收入、費用和利潤，進而影響企業的財務狀況與現金流量。如2008年1月1日起實施的《中華人民共和國企業所得稅法》，將法定稅率確定在25%，對外資企業的過渡期設定在3～5年。這使得內資企業整體實際稅負有所下降，對中國包括上市公

司在內的內資企業的淨利潤增長將帶來積極的預期。從行業角度看，目前實際稅負到33%的上市公司，受惠程度將十分明顯，主要體現在鋼鐵、釀酒、煤炭、造紙、有色金屬等相關傳統產業。

本章小結

1. 公司一般是指依法設立的從事經濟活動並以營利為目的的企業法人。公司分析包括公司基本分析和財務分析。

2. 公司基本分析包括公司發展前景分析、競爭能力分析、盈利能力分析、經營管理能力分析。

3. 公司財務報表中，最基本的有資產負債表、利潤表和現金流量表。

4. 財務比率分析是公司財務評價中最基本、最重要的分析方法，包括：償債能力分析、營運能力分析、盈利能力分析、投資收益分析、現金流量分析等。

5. 財務分析中應注意財務報表的局限性、報表的真實性問題、公司增資行為對財務結構的影響以及會計政策和稅收政策的變化。

重要概念提示

競爭能力、盈利能力、經營管理能力、資產負債表、利潤表、現金流量表、比率分析法、償債能力、營運能力

復習和思考題

（1）簡述公司競爭力分析的內容。
（2）財務報表中最基本的報表有哪些？它們分別有什麼內容？
（3）公司的營運能力通過哪些指標來反應？
（4）財務比率分析包括哪些內容？
（5）財務分析中應注意的問題有哪些？

第六章 技術分析

學習目標：

在這一章中，我們將討論證券投資技術分析的含義、基本假設、技術分析的要素和方法，系統學習 K 線理論、切線理論、形態理論、波浪理論以及主要技術指標分析。學習完本章后，你應當知道：
- 證券投資技術分析是什麼；
- 證券投資技術分析的假設、要素和方法；
- 證券投資的主要技術方法有哪幾種；
- 如何運用證券投資技術分析。

重點與難點提示：

證券投資技術分析的概念、K 線理論、切線理論、形態理論、波浪理論、證券投資技術分析的幾種指標

證券投資分析包括了證券投資的基本分析和技術分析，基本面分析包括了前文所述的宏觀經濟分析、行業分析和上市公司分析，本章就是介紹有關技術分析方法的內容。相比基本分析，技術分析更加靈活、數理性相對也較強，這就要求熟悉技術分析的各種圖形和指標。雖然技術分析經常會失靈，在使用上有局限性，但技術分析的作用仍然不可替代，在分析中仍有其重要地位。

第一節　證券投資技術分析概述

一、技術分析法的含義

技術分析是證券投資分析中的一種常見的分析方法，一直以來被技術分析人士和投資大眾津津樂道，所謂的技術分析是指以證券市場過去和現在的市場行為為分析對象，應用一系列的數學、圖形和邏輯的方法，找出一些典型的變化規律，並據此預測證券市場未來的變化趨勢的技術方法。

技術分析方法的主要特徵表現於：首先是運用大量歷史資料進行分析，主要採用的數據是成交價和成交量，通過對這些數據的趨勢來分析預測將來；其次是技術分析

展示了大量的統計指標和圖形，歷史資料是雜亂無章的，並且帶有一定的隨機成分，通過對歷史數據的加工，設計一系列指標來揭示未來；最後許多技術分析方法包含著人們心理活動的定量分析。

技術分析方法最早產生於二百多年前的日本大阪米市，經過一百多年的發展，技術分析方法已經逐步成熟，形成了指標分析、K線分析、形態分析、切線分析、波浪分析五大類的主要分析方法。各種理論和技術指標都經過幾十年甚至上百年的實踐經驗，應用效果良好，收到投資者的廣泛重視，如K線理論已經成為投資者進行技術分析必不可少的圖標。技術分析不但用於證券市場，而且廣泛應用於外匯、期貨和其他金融市場。

二、技術分析法的基本假設

作為一種投資分析的工具，技術分析是以一定的假設條件為前提的，這些假設包括以下三個方面：

（一）市場行為涵蓋一切信息

這一假設是技術分析的基礎，其主要思想是影響證券價格的所有因素，包括外在的、內在的、基礎的、政策的、心理的以及其他影響股票價格的所有方面的因素，將最終都必然體現在股票價格的變動上，在市場中得到反應。技術分析根據市場行為進行預測，如果市場行為沒有包括全部影響價格的因素，或者說對影響價格的因素考慮的只是局部而不是全部，這樣得到的結論當然就沒有說服力了。

這一假設其實是有一定的合理性的，因為任何一個因素對市場的影響最終都必然體現在價格變動上，比如上市公司某一消息公布后，如果價格同以前一樣沒有大的變動，這就表明這個消息不是影響市場的因素，或者說造成的影響可以忽略不計了。如果股價出現向上跳空，並伴隨著成交量的急遽增加，那麼這個消息一定個利好的消息，具體是什麼消息，完全沒有必要過問，它已經體現在市場行為中了。這個例子就是某一因素在證券市場行為中的反應。作為技術分析人員，只關心這些因素對市場行為的影響效果，而不關心具體導致這些變化的東西究竟是什麼。

（二）證券價格沿趨勢運動

這一假設是進行證券技術分析最根本、最核心的條件，這一假定的基本思想是，證券價格在一段時間內的上漲或下跌是存在一定規律，在將來一段時間內，如果沒有足夠的力量改變這一趨勢，價格將沿襲過去的變化趨勢，即價格保持原來運動方向的慣性。

證券價格的運動方向是由一定時期內的供求關係決定的，供求關係一旦確定，證券價格的變動趨勢將會一直持續下去，只要供求關係不發生根本性的改變，證券價格的價格走勢就沒有理由改變既定的運動方向。也就是我們常說的「順勢而為」，如果沒有調頭的內部和外部的因素，就沒有必要逆大勢而為。這一假設也有一定的合理性，因為供求關係決定價格在市場經濟中是普遍存在的。試想如果否認了這個假設，即使沒有外部因素的影響，價格也可以改變原來的變化方向，價格可以隨意變化，沒有任

何規律可言，投資成了完全的賭博，那麼技術分析也就沒有絲毫意義了。

(三) 歷史會重演

這最后一個假設是從統計和人的心理因素方面來考慮的，其含義是投資者過去的經驗可以作為制定投資策略的參考。市場中進行具體買賣的是人，人決定了最終的操作行為，而人的行為又必然會受到人類心理學中某些規律的制約。在證券市場中，如果一個人在某種情況下按一種方法進行操作取得成功，那麼以後遇到相同或相似的情況，他（她）就會按統一方法進行操作，相反如果前一次失敗了，后面這一次就不會按前一次的方法操作了。

證券市場的某個市場行為給投資者留下的陰影或快樂會長期影響著投資者，進行分析時，一旦遇到與過去相同或相似的情況，應該與過去的結果進行比較。過去的結果是已知的，這個已知的結果應該是用現在對未來作預測的參考，任何以往的經驗都是有價值的，我們都要以史為鑒。因此根據技術分析法，依據歷史預測未來概括出來的規律已經包含了未來證券市場的一切變動趨勢，所以可以根據歷史預測未來。這一假設也有一定的合理性，因為投資者的心理因素會影響投資行為，進而影響證券價格。

對這三大假設來說，有合理的一面，也有不盡合理的一面。例如，第一個假設是市場行為包括了一切信息，但市場行為反應的信息同原始的信息畢竟有一些差異，信息損失是必然的。正因為如此，在技術分析的同時，還應該適當進行一些基本分析和別的方面分析，以消除片面性。再比如第三個假設歷史會重演，但證券市場的市場行為是千變萬化的，不可能有完全相同的情況重複出現，差異總是或多或少存在。在使用「歷史會重複」的時候，這些差異的大小一定會對做出的結果產生影響。因此，技術分析法由於說服力不夠強、邏輯關係不夠充分引起不同的看法和爭論。

三、技術分析法的要素

在證券市場中，價格、成交量、時間和空間是進行技術分析的四個要素，這幾個要素的具體情況和相互的關係給我們提供了很多信息，是進行正確的技術分析的基礎。

(一) 價格和成交量是市場行為的最基本的表現

市場行為最基本的表現是成交價和成交量。過去和現在的成交價和成交量涵蓋了過去和現在的市場行為的信息。技術分析就是利用這些資料，以圖形和指標分析工具來分析、預測未來的市場走勢。如果把時間也考慮進去，技術分析其實就可簡單地歸納為：對時間、價、量三者關係的分析。在某一時點上的價與量反應的是買賣雙方在這一時點上共同的市場行為，是雙方的暫時均衡點，隨著時間的變化，均衡會發生變化，這就是價量關係的變化。一般來說，買賣雙方對價格的認同程度通過成交量大小來確認，認同程度越大，成交量大；認同程度小，成交量小。雙方的這種市場行為反應在價、量上就往往呈現出這樣一種趨勢規律：價增量增，價跌量減。例如，我們看到當價格上升時，成交量不再增加，這意味著價格得不到買方的確認，價格的上升趨勢就會被打破。成交價、成交量的這種規律關係式技術分析的合理性所在，一切技術分析方法都是以價、量這兩個基本要素的關係為研究對象的，目的在於分析和預測未

來的價格趨勢。

(二) 時間和空間體現趨勢的深度和廣度

時間在行情判斷時有著重要的作用，因此我們必須對價格波動的時間跨度進行研究。一方面，一個已經形成的趨勢在短時間內不會發生根本變化，中途出現的反方向波動，對原來的趨勢不會產生大的影響；另一方面，一個已經形成的趨勢不可能永遠不變，經過了一定時間會有新的趨勢出現。

空間在某種意義上講，可以認為是價格的一個方面，它指的是價格波動能夠達到的從空間上考慮的限度，表示價格的變動範圍。在進行實際投資過程中，價格的波動空間與自身聚集的能量有關。

四、技術分析法的理論基石——道氏理論

(一) 形成歷史

道氏理論是技術分析的理論基礎，許多技術分析方法的基本思想都是建立在道氏理論的基礎之上的。其創始人是美國人查爾斯·亨利·道，為了更好地研究市場趨勢，他與愛德華·瓊斯創立了著名的道·瓊斯平均指數，目前已經成為美股市場的主要參考指數。他們在《華爾街日報》上發表了許多有關證券市場的文章，經后人整理，奠定了今天我們所說的道氏理論的基礎。

(二) 主要原理

1. 市場價格平均指數可以解釋和反應市場的大部分行為

這是道氏理論對證券市場的重大貢獻。道氏理論認為收盤價是最重要的價格，並通過利用收盤價計算平均價格指數，目前全球所有的證券交易所計算價格指數的方法都源於道氏理論。此外，他還提出平均價格涵蓋一切信息的假設，直到現在這一假設仍然是技術分析的一大基本假設。

2. 市場波動具有某種趨勢

道氏理論認為，價格的波動儘管表現形式各異，但是最終可以將它們分為三種趨勢：主要趨勢、次要趨勢、短暫趨勢。主要趨勢是指持續一年或者一年以上的趨勢，看起來像大潮；次要趨勢是那些持續三周至三個月的趨勢，看起來像波浪，是對主要趨勢的調整；短暫趨勢持續時間不超過三周，看起來像是波紋，其波動幅度最小。

3. 主要趨勢又可分為三個階段

我們以上升趨勢為例，第一個階段為累積階段，該階段股價處於橫向盤整時期，蓄勢待發。如果投資者意識到某只股票處於這一階段，那麼就應該買入該股票；第二階段為上漲階段，在這一階段，許多投資者根據財經信息並加以基本和技術的分析后，開始參與該股票的投資。但這也並不意味著股價能一直保持上升，也存在著股價的調整和回落；第三階段為市場達到頂峰后出現的一個累積期，在這一階段，市場信息廣泛傳播，為眾人所知以后，市場就變得異常活躍。第三個階段結束的標誌是下降趨勢，並又回到累積期。

道氏理論認為趨勢還必須得到交易量的確認，成交量是判斷某種趨勢是否形成的重要信號，例如判斷價格上升趨勢的形成，成交量應該是放大的。當一個趨勢形成以後將持續，直到趨勢出現明顯的反轉信號，這是趨勢分析的基礎，但在實踐中，確定某趨勢的反轉卻很困難。

(三) 道氏理論的不足

道氏理論雖然是技術分析的基石，但是它從來不能讓我們判斷出該買賣那只股票，而是在相關收盤價的基礎上確定出股票的主要趨勢，所以，道氏理論對大形勢的判斷有較大的作用，但在每日每時都在發生的小波動卻顯得無能為力，甚至對於次級趨勢的判斷作用也很有限。

道氏理論的另一個缺點是操作性較差。一方面，道氏理論的結論落後於價格變化，信號太遲；另一方面，理論本身也存在缺陷，一個很優秀的道氏理論分析師在進行行情判斷時，也會因為得到一些不明確的信號而困惑。

儘管道氏理論存在某些缺陷，隨著技術分析方法的進步，有的內容在目前看來已經過時了，即使如此，它仍然是許多技術分析的基礎。如今出現的許多新的技術分析方法，有很多都可以看作是道氏理論的延伸，這在一定程度上也彌補了道氏理論的不足。

五、技術分析法的分類

對價、量歷史資料進行統計、數學計算、繪製圖表方法是技術分析方法的主要手段。從這個意義上講，某種對資料的處理的方法都可以稱作是一種技術分析方法，因此技術分析方法種類繁多，形式多樣。一般來說，我們可以將技術分析方法分為如下五類：指標法、切線法、形態法、K線法、波浪法。

(一) 指標法

指標法是根據價、量的歷史資料，給出數學上的計算公式，通過建立一個數學模型，得到一個體現證券市場的某個方面內在的實質的指標值。指標值的具體數值和相互間關係直接反應市場所處的狀態，為我們的操作行為提供指導方向。

指標反應的東西大多是從行情報表中直接看不到的，用於證券市場上的各種技術指標數不勝數，而且新的技術指標不斷湧現。常用的指標如：相對強弱指標（RSI）、隨機指標（KD）、趨向指標（DMI）、平滑異同移動平均線（MACD）、能量潮（OBV）、心理線（PSY）、乖離率（BIAS）等。

(二) 切線法

切線法是按照一定的方法和原則在根據股票價格數據所繪製的圖表中畫一些直線，然後根據這些直線推測價格的未來趨勢。這些直線我們稱為切線，對應的這種技術分析法我們稱作切線法。切線的作用起支撐和壓力的作用。

一般來說，價格從下向上抬升的過程中，觸及壓力線，甚至還未觸及壓力線就會掉頭向下；價格從上向下跌的過程中，在支撐線附近就會轉頭向上。如果觸及切線後

沒有轉向，而是繼續向上或向下，這就叫突破。突破之後，這條線仍然有實際作用，只是名稱變了，原來的支撐線變成了壓力線，原來的壓力線變成了支撐線，也就是說，壓力線和支撐線相互轉化了。畫切線的方法也很重要，畫得好壞直接影響預測的結果，常見的切線有：趨勢線、軌道線、黃金分割線、甘氏線、角度線等。

（三）形態法

形態法是根據價格圖標過去一段時間走過的軌跡形態來預測股票價格未來趨勢的方法。市場行為反應一切信息，價格走過的形態是市場行為的重要部分，是證券市場對各種信息反應之後的具體表現。用價格的軌跡或者形態來推測價格的將來應該是有道理的。從價格軌跡形態中，我們可以推測出證券市場處在一個什麼樣的大環境中，對未來的行為進行指導。主要的形態有 M 頭、W 底、頭肩頂、頭肩底等十幾種。

（四）K 線法

K 線法根據若干天 K 線組合的情況，推測證券市場多空力量的對比，進而判斷證券市場行情的方法。K 線圖是進行技術分析的最重要圖標。K 線的組合種類隨著考察 K 線數量的增多而急遽遞增，人們經過不斷的經驗總結，發現了一些對股票買賣有著指導意義的 K 線組合，而且新的研究結果也正不斷地被發現和運用。

（五）波浪法

波浪理論是把股價的上下變動和不同時期的持續上漲、下跌看成是波浪的上下起伏，認為股票的價格運動遵循波浪起伏的規律，簡單地說上升時 5 浪下跌時 3 浪，數清楚了各個浪就能準確地預見跌勢已接近尾聲、牛市即將來臨或者是牛市到了強弩之末、熊市將到來。波浪理論較之別的技術分析流派，最大的區別就是能提前很長時間預計到行情的底和頂，而其他流派往往是在新的趨勢已經確立後才可以看到。此外，波浪理論又是公認的較難掌握的技術分析方法。

以上五種技術分析流派儘管考慮的方法不同，但目的是相同的。在操作指導時，有的注重長線，有的注重短線；有的注重價格的相對位置，有的注重絕對位置；有的注重時間，有的注重價格。這五種方法並不存在彼此排斥，而是相互借鑑、相互補充的。

六、技術分析方法應用時應注意的問題

（一）技術分析必須與基本分析結合起來使用

從理論上講，使用技術分析法與基本分析法分析股價趨勢的基本點是不同的。基本分析法的基點是事先分析，即在基本因素變動對證券市場發生影響之前，投資者通過對宏觀經濟、行業前景和上市公司的財務狀況來判斷股票的未來走勢，作出買賣決策。但基本分析法很多時候依賴於經驗判斷，受主觀能力的制約較大，對證券市場的影響力難以量化。而技術分析法的基點是事後分析，通過歷史資料，用數據、圖形、統計方法來預知未來，而不依賴於人的主觀判斷。但未來不會簡單地重複過去，僅僅依賴歷史資料預測未來也並不是可靠的。因此，為了提高技術分析的可靠性，投資者

只有將技術分析法與基本分析法結合起來進行分析，才能同時發揮兩者的優勢，提高預測的準確性。

(二) 注意多種技術分析方法的綜合研判

技術分析方法目前已經是五花八門，每一種方法都有其獨特的優勢和功能，也存在著不足和缺陷。在實踐中，應切忌片面地使用單一的技術分析方法，因為單一的技術分析方法有相當大的局限性和盲目性，甚至得出錯誤的買賣信號。為了減少誤差，只有將多種技術分析方法結合起來運用，相互補充、相互印證，才能減少出錯的機會，提高決策的準確性。

(三) 理論和實踐的相結合

各種技術分析的理論和方法都是前人或別人在一定環境下總結出來的。如果環境變化了，別人的成功方法在自己應用時卻有可能失敗。因此，在使用技術分析方法時，要注意掌握各種技術分析方法的精髓，並根據實際情況作適當調整。另外，調整後的方法只有經過了實踐的成功檢驗后才是最好的方法。

第二節　K線理論

一、K線的畫法和主要形狀

(一) K線的畫法

K線又稱為日本線，英文名稱是蠟燭線，起源於200多年前日本的米市，當時的K線只是用於米市交易，那時的日本還沒有發展起證券市場。經過上百年的運用和變更，目前已經形成了一整套K線分析理論，在實際中得到了廣泛的應用，今天我們所看到的盤面，其走勢就是由一條條K線圖組成的。K線對於我們進行證券投資分析具有極其重要的作用，受到了證券市場、外匯市場以及期貨市場等各類市場投資者的喜愛。

K線是一條柱狀的線條，由影線和實體組成。影線在實體上方的部分叫作「上影線」，下方的部分叫作「下影線」，實體的上下頂部表示一日的開盤價或者收盤價，上影線的上端頂點表示一日的最高價，下影線的下端頂點表示一日的最低價。根據開盤價和收盤價的關係，K線又分為陽線和陰線兩種，收盤價高於開盤價時為陽線，意味著股價的上漲，收盤價低於開盤價時為陰線，意味著股價的下跌（見圖6.1）。中國股市的盤面K線圖陽線為紅色，陰線為藍色。

常用的證券價格涉及四個：開盤價、收盤價、最高價、最低價

每日的開盤價是指每個交易日的第一筆成交價格，目前中國股票市場採用集合競價的方式產生開盤價，以避免人為操縱開盤價；收盤價是指每個交易日的最后一筆成交價格，一般按證券最后一筆交易前一分鐘的所有交易的成交量的加權平均數確定收盤價；最高價和最低價分別是指每個交易日成交股票的最高成交價格和最低價格，反應了股票價格上下波動的幅度大小。圖6.1列出了四種價格對應於K線圖的位置。四

圖 6.1 陰線與陽線

種價格中，收盤價是最重要的，很多技術分析方法只關心收盤價格，而不理會其他三個價格，通常人們常說的股票價格也是指收盤價。

一條 K 線記錄的是某一種股票一天的價格變動情況。將每天的 K 線按時間順序排列在一起，就可以反應該股票自上市以來的每天的價格變動情況，這就是我們常用的「日 K 線圖」。同樣的道理，我們還可以畫周 K 線和月 K 線，畫法與日 K 線圖完全一樣，區別只在四個價格時間參數的選擇上。周 K 線是指一週的開盤價、一週之內的最高價和最低價以及這一週的收盤價。月 K 線是指這一各月之內的四個價格。周 K 線和月 K 線的優點是反應趨勢和週期比較清晰。

(二) K 線的主要形狀

除了圖 6.1 所畫的 K 線形狀外，根據四個價格的不同取值，還會產生其他形狀的 K 線，概括起來，主要有以下所列出的幾種（圖 6.2）。

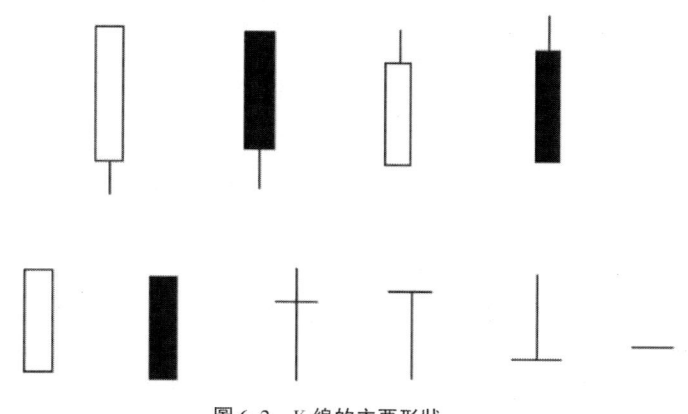

圖 6.2 K 線的主要形狀

光頭陽線和光頭陰線。如圖 6.2 第一排前兩根 K 線所示，它們是沒有上影線的 K 線，當陽線的收盤價或陰線的開盤價正好就是最高價時，就會出現這種 K 線。

光腳陽線和光腳陰線。如圖 6.2 第一排后兩根 K 線所示，它們是沒有下影線的 K 線，當陽線的開盤價或陰線的收盤價正好就是最低價時，就會出現這種 K 線。

光頭光腳的陽線和陰線。如圖 6.2 第二排前兩根 K 線所示，它們是沒有上下影線的 K 線，當收盤價和開盤價分別與最高價和最低價中的一個相等時，就會出現這種 K 線。

十字形。它是沒有實體部分的 K 線，當收盤和開盤價相同時，就會出現這種 K 線。

T 字形和倒 T 字形。當收盤價、開盤價和最高價三價相等時，就會出現 T 字形 K 線圖；當收盤價、開盤價和最低價三價相等時，就會出現倒 T 字形 K 線圖。它們都沒有實體，且沒有上影線或者下影線。

一字形。當收盤價、開盤價、最高價和最低價四價相等時，就會出現這種 K 線。在存在漲跌停板制度時，當一只股票一開盤就封死在漲跌停板上，而且一天都不打開時，就會出現這種 K 線。同樣，它也是沒有實體的。

二、K 線的組合形態

根據以上分析可以知道，任何證券的交易中都會形成一個完整的 K 線圖，該圖可以作為投資者的重要的決策參考。但實際操作往往比較複雜，僅僅根據某日 K 線圖無法正確地做出判斷，因為多空雙方很可能處於搏殺的相持階段，也就是所謂牛皮盤整時期。這時就需要將連續若幹天的 K 線圖聯繫結合起來分析，從中做出某種判斷。這種 K 線圖的組合分析是十分有效和較為科學的，它可以使人們更加全面和正確地看到證券交易的發展趨勢。以下就介紹幾種主要的 K 線圖組合。

（1）如圖 6.3（a）兩天的 K 線，一陽一陰，第一天低開高走，第二天的光頭光腳大陰線切入第一天的 2/3 處，稱之為切入線，它表示第二天的開盤價沒能開在第一天的收盤價上，說明前一天多方已筋疲力盡，儘管收盤收在最高點，但缺乏成交量的配合，第二天股價即刻掉頭下行，預示著近日價格可能趨軟。

（2）圖 6.3（b）這兩根 K 線，也是「一陽一陰」。今日的大陰線完全吞掉了前一交易日的陽線，給投資者一個強烈的信號，表示反轉行情即將出現，這種圖形被稱為包入線；反之，今天的 K 線陽線完全吞掉前一日的陰線，也是同樣的反轉信號。

（3）圖 6.3（c）這兩根 K 線一陽一陰，大陽之後出現大陰，次日開盤價儘管高於昨日收盤價但開盤后即掉頭下行，收盤價低於昨日，表示漲勢受阻，大陽的實地被空方攻占了一部分，明顯有回檔下跌的進一步趨勢，稱之為迫入線。

（4）圖 6.3（d）表示前一交易日的大陰遇到了支撐，第二天開盤雖然低於前一交易日的收盤價，但明顯表示出反轉的信號，有反彈的要求，這也是迫入線的一種。

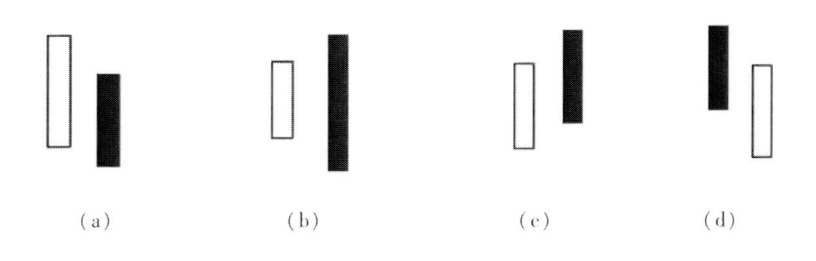

（a）　　　　（b）　　　　（c）　　　　（d）

(e)　　　　　(f)

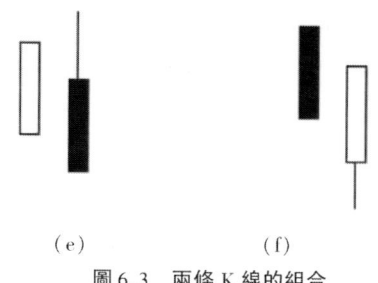

圖6.3　兩條K線的組合

（5）圖6.3（e）表示陽線后的出貨，空方迫切利用獲利解套的心理去打壓行情，價位開盤后衝高即刻回落，直至收盤，如果第三日不再是向上衝，則極有可能形成大回檔；反之，圖6.3（f）在前一交易日走陰的基礎上，第二天繼續低開，並一度下探全日最低點后遇買盤支撐，拉出一條下影線，屬下跌抵抗型，反應出市場還是有信心，可看好后市。

（6）圖6.4（a）屬於較典型的步步高圖形，三天走勢是一浪高過一浪，多方呈絕對優勢，一般可放心入市。但這也並非無風險，應該觀其所處區域，如果是處於高價位區域，要警惕獲利回吐盤的壓出；反之，如果是處於低迷時的低價位區域，則可大膽購入做多。如果這兩天的K線都各自帶有長短不一的上下影線，則表示價位在低處有人接盤，而在高處又有人拋壓。如果這種圖形在行情漲升已久后出現，應視為出貨信號；反之，若在久跌之后出現，可視為買進信號，大膽建倉進貨。

（7）圖6.4（b）表示在第一天上漲的基礎上，第二天股價有所回落，但開盤價並不比第一天低，或只是在稍低的價位上停留。而第三天的陽線強勁挺拔，明顯有主力介入，第二天的陰線則表示獲利回吐后，又有大量新買家湧入，股價還有進一步看漲的理由。兩陽夾一陰，多方氣勢十足。

（8）圖6.4（c）表明連續幾天的上漲勢頭突然受到抑制，把前幾天的漲幅一筆勾銷。或者出現連續兩次的陰線，把數日來的勝利果實完全吞沒，可大致判斷該股行情已是峰回路轉，由陽轉陰，后市可能會持續一段時間的下降通道。

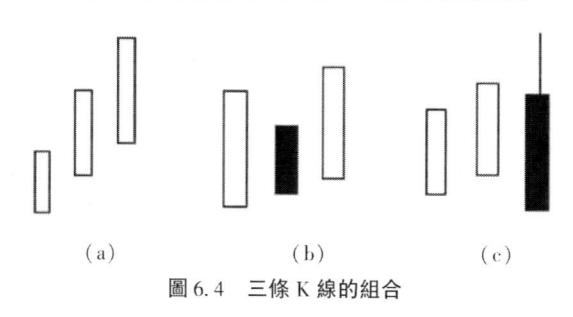

(a)　　　　　(b)　　　　　(c)

圖6.4　三條K線的組合

三、應用 K 線理論應注意的問題

以上所列舉的僅僅是兩天、三天的主要 K 線組合，更多天數的 K 線組合將會更加複雜。我們需要注意的是，由它們的組合得到的結論都是相對的，不是絕對的。對股票投資者而言，結論只是起一種建議作用。

在應用時，有時會發現運用不同種類的組合會得到不同的結論。有時應用一種組合得到明天會下跌的結論，但是次日股價沒有下跌，反而上漲。這時的一個重要原則是盡量使用根數多的 K 線組合的結論，並將新的 K 線加進來重新進行分析判斷。一般來說，多根 K 線組合得到的結果不大容易與事實相反。在應用 K 線組合時，還應與其他分析方法結合起來應用，並根據實際情況，不斷「修改和調整」組合形態。

還有，上面我們都是以日 K 線為例進行的分析，在實際投資中，如進行中長期投資，還應分析周 K 線和日 K 線；如進行一天內的投資，可分析 30 分鐘、5 分鐘 K 線等。具體分析方法與上面類似。

第三節　切線理論

證券市場也存在順應潮流的說法，所謂「順勢而為，不可逆勢而動」，已經成為投資者的共識。本節從對總的趨勢的認識著手，應用切線理論的一些方法，幫助我們識別大勢是繼續維持原方向還是掉頭反向這一重要的問題。當然，切線法主要是給出一些方法，正確的應用還是靠具體實踐經驗的累積。

一、趨勢分析

（一）趨勢的含義

簡單地講，趨勢就是指股票價格的波動方向。技術分析三大假設的第二條明確指出價格的變化是有趨勢的，可見趨勢分析在技術分析中的重要性。若確定了一段上升或下降的趨勢，則股價的波動必然朝著這個方向運動，上升的行情中，雖然也時有下降，但不影響上升的大方向；同樣，下降行情中也可能上升，但不斷出現的新低使下降趨勢不變。

（二）趨勢的方向

趨勢的方向主要有三類：

1. 上升方向

如果圖形中每個后面的峰和谷都高於前面的峰和谷，則趨勢就是上升方向。這就是常說的一底比一底高或底部抬高。

2. 下降方向

如果圖形中每個后面的峰和谷都低於前面的峰和谷，則趨勢就是下降方向。這就是常說的一頂比一頂低或頂部降低。

3. 水平方向

如果圖形中後面的峰和谷和前面的峰和谷相比，沒有明顯的高低之分，幾乎呈水平延伸，這時的趨勢就是水平方向。這時，股價的下一步朝哪個方向走是沒有規律可循的，可以向上也可以向下，這種情況市場上也是常見的，在實際預測時也是相當困難的。

（三）趨勢的類型

按道氏理論的分類，趨勢主要分為以下三個類型：

1. 主要趨勢

主要趨勢就是趨勢的主要方向，一般持續時間比較長，是股票投資者極力需要弄清楚的，只有瞭解了主要趨勢方可做到順勢而為。

2. 次要趨勢

次要趨勢是在主要趨勢過程中進行的調整。由於趨勢不會是直來直去的，總有局部的調整和回撤，次要趨勢完成的正是這一使命。

3. 短暫趨勢

短暫趨勢是在次要趨勢過程中進行的調整。短暫趨勢與次要趨勢的關係就如同次要趨勢和主要趨勢的關係一樣。

這三種類型的趨勢最大區別是持續的時間的長短和波動幅度的大小。主要趨勢持續時間最長，波動幅度最大；次要趨勢次之；短期趨勢持續時間最短，波動幅度最小。

二、支撐線和壓力線

（一）支撐線

支撐線又稱抵抗線。當股價跌到某個價位附近時，股價停止下跌，甚至可能回升，這是多方在此強勁的買入造成的。支撐線起到阻止股價繼續下跌的作用。

（二）壓力線

壓力線又稱阻力線。當股價上漲到某個價位附近時，股價會停止上漲，甚至回落，這是因為空方在此拋售造成的。壓力線起到阻止股價繼續上升的作用。

有人認為往往在下跌的行情中才有支撐線，在上升的行情中才有壓力線。其實，在下跌行情中也有壓力線，在上升行情中也有支撐線。這些主要是由投資者籌碼分佈、持有成本和投資者心理因素所決定的。通常選取支撐線和壓力線的方法是前期的高點、低點和成交密集區。

（三）支撐線和壓力線的作用

我們知道，股價的變動是有趨勢的，要維持這種趨勢、保持原來的方向，就必須衝破阻止其繼續向前的障礙。支撐線和壓力線遲早有被突破的可能，它們不足以長久地使股價保持原來的方向。

另一方面，支撐線和壓力線又有徹底阻止股價按原方向變動的可能。當一個趨勢終了時，就不可能創出新低或新高，這時，支撐線和壓力線就異常重要。

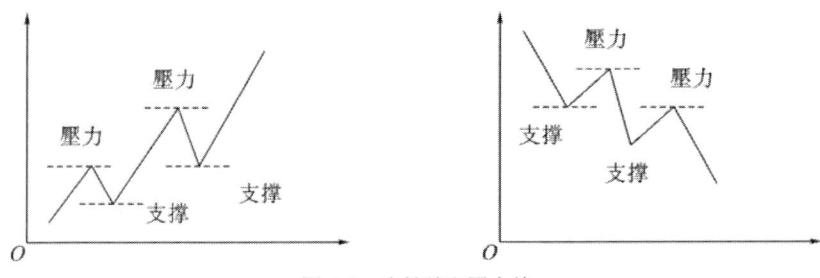

圖6.5　支撐線和壓力線

在上升趨勢中，如果下一次未創新高，即未突破壓力線，這個上升趨勢就處在一種比較關鍵的位置。如果股價向下突破了這個上升趨勢的支撐線，這就產生了一個趨勢有變的很強烈的警告信號。同樣在下跌趨勢中，如果下一次未創新低，即未突破支撐線，這個下降趨勢就比較關鍵，如果股價向上突破了下降趨勢的壓力線，這就發出了下降將要結束的強烈信號。（如圖6.6所示）

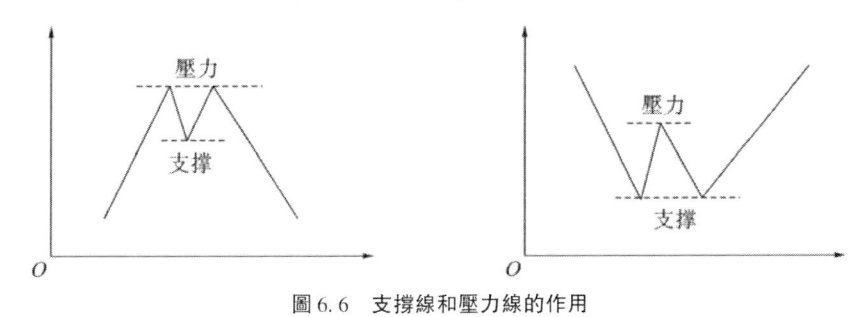

圖6.6　支撐線和壓力線的作用

（四）支撐線和壓力線的相互轉化

支撐線和壓力線能夠起到支撐和壓力的作用，很大程度上是由於人們心理方面的因素，兩者的相互轉化也是如此。

一條支撐線如果被突破，那麼這條支撐線將變成壓力線；同理，一條壓力線被突破，這條壓力線將變成支撐線。這說明支撐線和壓力線的地位不是一成不變的，而是可以改變的，條件是它被有效的足夠強大的股價變動突破。（如圖6.7所示）

（五）支撐線和壓力線的確認和修正

每一條支撐線和壓力線的確認都是人為進行的，主要是根據股價變動所畫出的圖標，因此存在很大的人為主觀因素。

一般來說，一條支撐線和壓力線對當前影響的重要性有三個方面的考慮：一是股份在這個區域停留時間的長短；二是股價在這個區域伴隨的成交量大小；三是這個支撐或壓力區域發生的時間距離當前這個時期的遠近。很顯然，股價停留的時間越長，伴隨的成交量越大，離現在越近，則這個支撐線或壓力線對當前的影響就越大，反之則越小。

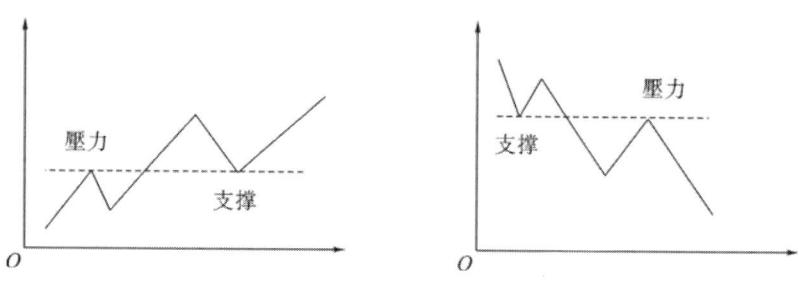

圖6.7　壓力線與支撐線的相互轉化

上述三個方面是確認一條支撐線或壓力線的重要識別手段。如果股價的變動使原來確認的支撐線和壓力線不真正具有支撐和壓力的作用，就要對支撐線或壓力線進行調整，這就是我們所說的支撐線和壓力線的修正。

每條支撐線和壓力線在人們心目中的地位是不同的。股價到了某個區域，投資者意識到它可能會被突破；而到了另一個區域，投資者則認為，它卻不容易被突破。這為進行買賣提供了一些依據，不至於任憑直覺進行買賣。

三、趨勢線和軌道線

（一）趨勢線

1. 趨勢線的含義

簡單地講，表示證券價格變化趨勢的直線就稱為趨勢線。反應價格向上波動發展的趨勢線稱為上升趨勢線；反應價格向下波動發展的趨勢線稱為下降趨勢線。由於股票價格的波動可分為長期、中期和短期三種趨勢，因此描述價格變動的趨勢線也可分為長期趨勢、中期趨勢和短期趨勢三種。

由於價格波動經常變化，在上升或者下降過程中經常會轉換方向，因此價格變動的趨勢線不可能一成不變，而是要隨著價格波動的實際情況進行調整。

2. 趨勢線的畫法

連接一段時間內價格波動的高點或低點可畫出一條趨勢線。在上升趨勢中，將兩個低點連成一條直線，就得到上升趨勢線；在下降趨勢中，將兩個高點連成一條直線，就得到下降趨勢線。標準的趨勢線必須由兩個以上的高點或低點連接而成。通過前面學過的內容，我們知道，上升趨勢線起支撐作用，是支撐線的一種；下降趨勢線起壓力作用，是壓力線的一種。（如圖6.8所示）

3. 趨勢線的確認和作用

獲得一條真正起作用的趨勢線，要經過多方面的驗證才能最終確認。首先，必須確認趨勢的存在，在上趨勢中，必須確認出兩個依次上升的低點；在下降趨勢中，必須確認兩個依次下降的高點，才能確認趨勢的存在。其次，畫出直線后，還應得到第三個點的驗證才能確認這條趨勢線是有效的。一般來說，所畫出的直線被觸及的次數越多，直線所持續的時間越長，則其作為趨勢線的有效性越能得到確認，用它進行預測越準確有效。

第六章 技術分析

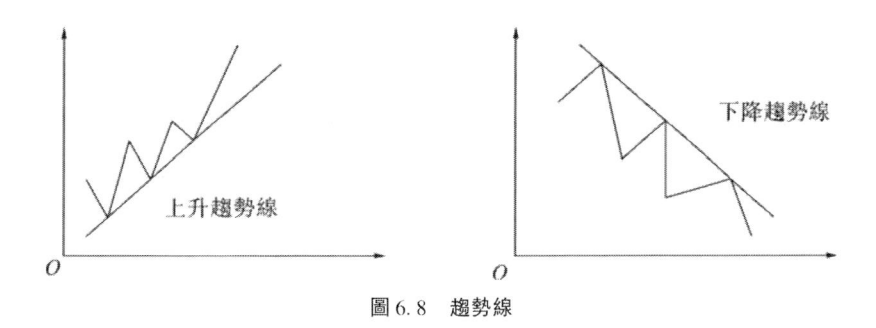

圖6.8 趨勢線

一般來說，趨勢線有兩種作用：

①約束今後價格的變動，使得價格總保持在這條趨勢線的上方或下方，實際上，就是起著支撐和壓力的作用。

②趨勢線被突破后，說明股價下一步的走勢將要反轉。越是重要、有效的趨勢線被突破，其轉勢的信號越強烈。被突破的趨勢線原來所起的支撐和壓力作用，現在將相互交換角色。（如圖6.9所示）

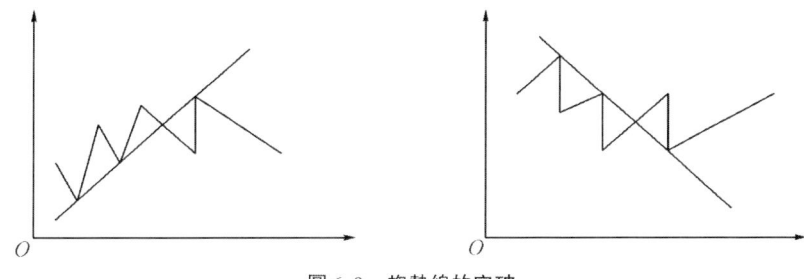

圖6.9 趨勢線的突破

（二）軌道線

兩條平行線組成一個軌道，就是常說的上升和下降軌道。軌道的作用是限制股價的變動範圍。一個軌道一旦得到確認，那麼價格將在這個通道裡變動。突破兩端的直線將意味著行情的一個大的變化。

與突破趨勢線不同的是，軌道線的突破並不是趨勢反轉的開始，而是趨勢加速的開始，趨勢的方向將會更加陡峭。（如圖6.10所示）

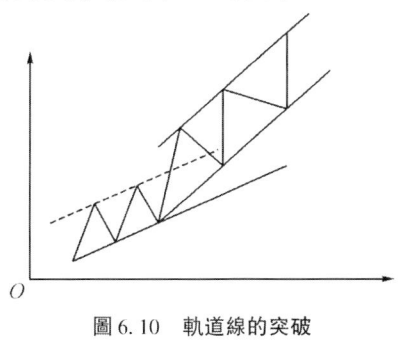

圖6.10 軌道線的突破

113

軌道線也有一個被確認的問題，一般地，軌道線被觸及的次數越多，延續的時間越長，其被認可的程度越高。軌道線除了能限制價格的變動範圍外，還有一個作用是提出趨勢轉向的預警：如果在一次波動中未觸及軌道線，離得很遠就開始掉頭，這往往是趨勢將要改變的信號。

軌道線和趨勢線是相互合作的一對。顯然，先有趨勢線，后有軌道線，趨勢線比軌道線重要，趨勢線可以單獨存在，而軌道線則不能單獨存在。

四、應用切線理論應注意的問題

切線理論為我們提供了很多價格移動可能存在的支撐線和壓力線，這些直線在我們進行技術分析中具有重要的作用。然而，支撐線、壓力線也會被突破，所以它們的價格只能是一種參考，不能絕對化。

第四節　形態理論

K線理論已經告訴我們一些判斷股價走勢的方法。K線圖形密集區內會經常出現一些常見的標準圖形。這些圖形有利於證券投資者對行情的研判。形態理論正是通過研究股價所走過的軌跡，分析和挖掘出曲線告訴我們的一些多空雙方力量的對比結果，進而指導我們的行動。

一、股價移動規律和兩種形態類型

（一）股價移動規律

股價的移動是由多空雙方力量大小決定的。一段時期內，多方處於優勢，股價則向上移動；如果在另一段時期內，空方處於優勢，則股價向下移動。當然這種多空的力量強弱程度不一。在形態理論中，這些問題我們會作具體的分析。

根據多空雙方力量的對比可能發生的變化，可以知道股價的移動應該遵循如下的規律：第一，股價應該在多空雙方取得的位置上下來回波動；第二，原有的平衡被打破后，股價將尋找新的平衡位置。這種股價移動的規律可用下式來描述：

持續整理、保持平衡→打破平衡→新的平衡→再次打破平衡→再次尋找新的平衡→……

股價的移動就是按這一規律循環往復、不斷地進行的。證券市場中的勝利者往往是在原來的平衡快要打破之前或者是在打破的過程中採取行動而獲得投資收益的。原平衡已經打破，新的平衡已經確定，這時候才開始行動，就會錯失良機。

（二）股價移動的兩種形態類型

根據股價移動的規律，我們可以把股價曲線的形態分為兩大類：持續整理形態和反轉突破形態。前者保持平衡，後者打破平衡。當然平衡的概念是相對的，股價只要在某一個範圍內變動，都屬於保持了平衡。然而，這個範圍的選擇卻是判斷平衡是否

被打破的關鍵。

如同支撐線、壓力線被突破一樣，一個平衡被打破也存在被確認的問題。剛打破一點，不能算是真正的打破，反轉突破形態存在種種假突破的情況，如果投資者不能把握這一點，那麼假突破給他們造成的損失有時是很大的。雖然上面我們對形態的類型進行了分類，但是這些形態中有些不容易區分其究竟屬於哪類。例如，一個局部的三重頂（底）形態，在一個更大的範圍內有可能被認為是矩形形態的一部分；一個三角形形態有時也可以被當成反轉突破形態，儘管多數情況下我們都把它當成持續整理形態。

二、反轉突破形態

反轉突破形態描述了趨勢方向的反轉，是投資分析中一個重點關注的變化形態。以下主要列舉幾種常見的、重要的反轉突破形態。

（一）M 頭和 W 底

M 頭又稱為雙重頂，W 底又稱雙重底，這兩種形態在實際中出現得非常頻繁，具體形狀如圖 6.11 所示。

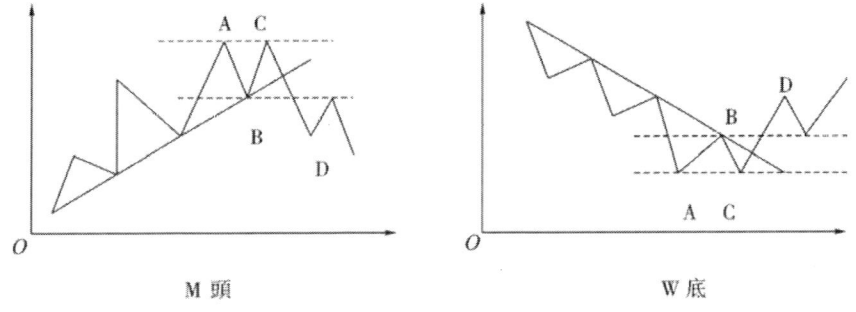

圖 6.11　M 頭和 W 底

M 頭是當股價上升到某一價格水平時，出現了比較大的成交量，股價隨之下跌，成交量跟著減少，此后股價又上升到和前一價位大致相同的頂點，然后出現第二次下躍，成交量也再次放大，但一般不會超過前一次的最高量。

M 頭形成以后，有兩種可能的前途：一是未突破 B 點的支撐位置，股價在 A、B、C 三點形成的狹窄範圍內上下波動，演變成矩形；二是突破 B 點的支撐位置繼續向下，這是 M 頭的真正出現。

從 B 點做一條平行於 A、C 連線的平行線，得到的線稱為頸線。一個真正的 M 頭的出現，除了必要的兩個近似相同高度的高點外，還要向下突破頸線。

M 頭一旦形成就可以對后市進行預測。它的主要功能是：從突破點算起，股價將至少跌到 A 與 B 之間的垂直高度的距離。

以上是以 M 頭為例來說明，對於 W 底，只要將 M 頭的敘述反過來就可以了。

(二) 頭肩頂和頭肩底

頭肩頂和頭肩底是實際股價形態中出現得比較多的形態，也是最著名和最可靠的反轉突破形態。圖6.12就是這兩種形態的簡單形式。

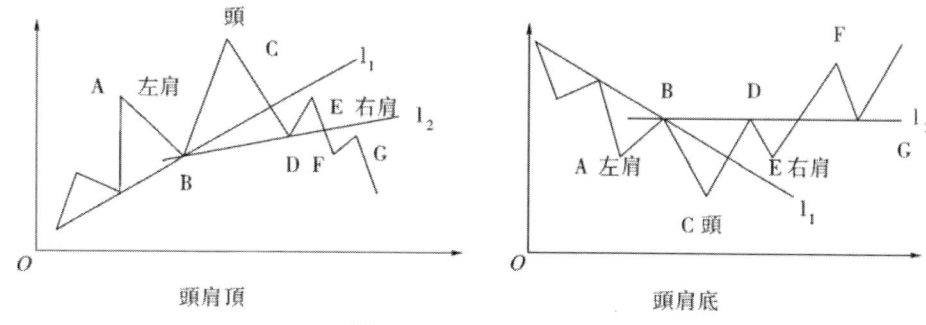

圖6.12 頭肩頂和頭肩底

圖中的直線l_2其實就是頭肩頂形態中極為重要的直線——頸線。我們已經知道，在頭肩頂形態中，它是支撐線，起支撐作用。頭肩頂形態走到E點並調頭向下，只能說是原有的上升趨勢已經轉化成了橫向延伸，還個能說已經反轉向下了。只有當圖形走到F點，即股價向下突破了頸線，才能說頭肩頂反轉形態已經形成。頸線被突破、反轉確認之後，我們就知道股價下一步的大方向是下跌，下跌的深度從突破點算起，股價將至少要跌到與形態高度（「頭」到頸線的直線距離）相等的距離。

對頭肩底而言，除了在成交量方向與頭肩頂有所區別外，其餘可以說與頭肩頂一樣，只是方向正好相反。例如，上升改成下降，高點改成低點，支撐改成壓力。

值得注意的是，頭肩頂形態完成後，向下突破頸線時，成交量不一定放大，但日後繼續下跌時，成交量會放大。頭肩底向上突破頸線，若沒有較大的成交量出現，可靠性將降低，或者會再跌回底部整理一段時間，積蓄買方力量才能上升。

(三) 圓弧形態

將股價在一段時間的頂部高點用折線連起來，每一個局部的高點都考慮到，我們有時可能得到一條類似於圓弧的弧線，蓋在股價之上；將每個局部的低點連在一起也能得到一條弧線，托在股價之下，這就是圓弧頂或圓弧底。如圖6.13所示。

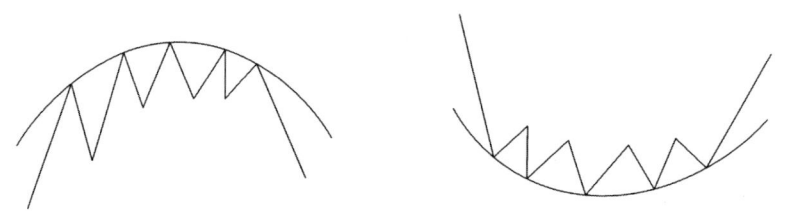

圖6.13 圓弧頂和圓弧底

圓弧形態在實際中出現的機會較少，但是一旦出現則是絕好的機會，它的反轉深

度和高度是深不可測的，這一點同前面幾種形態有一定區別。

　圓弧頂情形的形成在很大程度上是一些機構大戶炒作證券的結果。這些人手裡有足夠的股票，如果一下拋出太多，股價下落太快，就會影響其股票的拋出，為了能獲得比較穩定的收益，機構大戶希望能在大致相等的價位拋出股票，因此，股價的走勢形成眾多的來回拉鋸，直到手中股票接近拋完時，大戶才會大幅度打壓，一舉使股價下降到很深的位置。

　圓弧底的形成是因為如果機構大戶手裡持有足夠的資金，一下子買得太多，股價升得太快，無法低成本吸收到足夠的籌碼，因此股價走勢是一點一點地來回拉鋸，直到機構大戶吸收到足夠的籌碼，也就是股價在往上接近圓弧緣時，才會用少量的資金一舉往上提拉到一個很高的高度。因為這時股票大部分在機構大戶手裡，別人無法打壓股價。

　在識別圓弧形態時，成交量也是很重要的因素。無論是圓弧頂還是圓弧底，在它們的形成過程中，成交量的過程都是兩頭多，中間少。越靠近頂或底成交量越少，到達頂或底時成交量達到最少（圓弧底在達到底部時，成交且可能突然大一下，之後恢復正常）。在突破后的一段，都有相當大的成交量。

　圓弧形態形成所花的列間越長，今后反轉的力度就越強，越值得人們去相信這個圓弧形。一般來說，應該與一個頭肩形態形成的時間相當。

（四）喇叭形態

　喇叭形態也可以當作一種反轉突破形態，大多出現在底部，是一種可靠的看跌形態。這種形態在實際中出現的次數不多，但是一旦出現，則極為有用。

　喇叭形的正確名稱應該是「擴大形」或「增大形」。因為這種形態酷似一支喇叭，故得此名。喇叭形的形狀其實也可以看成是一個對稱三角形（接下來會介紹）倒轉過來的結果。如圖 6.14 所示。

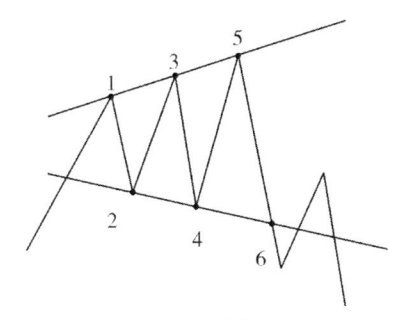

圖 6.14　喇叭形

　從圖 6.14 中可以看出，股價波動的幅度越來越大，形成了越來越高的三個高點，以及越來越低的兩個低點。這說明當時的交易活躍異常，成交量日益放大，市場失控。這使得交易非常危險也是比較難以操作的。在經過了劇烈的動盪之後，人們的熱情會漸漸平靜，遠離這個市場，股價將逐步地往下運行。

一個標準的喇叭形態應該有三個高點和兩個低點。投資者應該在第三峰（圖中的 5 點）調頭向下時就拋出手中的股票，這在大多數情況下是正確的。如果股價進一步跌破了第二個谷（圖中的 4 點），則喇叭形完全得到確認，拋出股票更成為必然。股價在喇叭形之後的下跌過程中，多方肯定會反撲，而且反撲的力度一般也比較大，這是喇叭形的特殊性。但是，只要股價回升的高度不超過下跌高度的一半，股價下跌的勢頭會繼續。

三、持續整理形態

與反轉突破形態不同，持續整理形態描述的是，在股價向一個方向經過一段時間的快速運行后，不再繼續保持原趨勢，而是在一定區域內上下窄幅波動，等待時機成熟后再繼續前行。這種運行的軌跡稱為「整理形態」。三角形、矩形、旗形和楔形是著名的整理形態。

（一）三角形

三角形是屬於持續整理形態的一類常見形態。三角形主要分為三種：對稱三角形、上升三角形和下降三角形。第一種有時也稱正三角形，后兩種合稱直角三角形。以下我們分別對這三種形態進行介紹。

1. 對稱三角形

對稱三角形情況大多是發生在一波大行情的途中，其變動浮動逐漸縮小，也就是每次變動的最高價低於前次的水平，而最低價高於前次的水平，其上線為向下傾斜的斜線，下線為向上傾斜的斜線。見到對稱三角形后，股價今后走向最大的可能是沿原有的趨勢方向運動。如圖 6.15 所示。

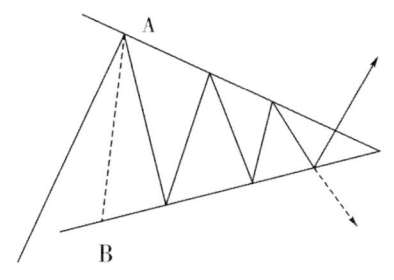

圖 6.15 對稱三角形

對稱三角形只是原有趨勢運動途中的休整階段，所以持續的時間不應太長。持續時間太長了，保持原有趨勢的能力就會下降。一般說來，突破上下兩條直線的包圍繼續沿原有既定的方向運動的時間要盡量早些，越靠近三角形的頂點，三角形的各種功能就越不明顯，對我們進行買賣操作的指導意義就越不強。根據實踐的經驗，突破的位置一般應在三角形的橫向寬度的一半到四分之三的位置之間。向上突破要有成交量的配合，向下突破則不必。

對稱三角形向上或向下突破其幅度至少為對稱三角形的高度（圖 6.15 中 AB 的連線高度）。對稱三角形向上突破是一次極佳的買進時機，向下突破則是一次極佳的賣出

時機。

2. 上升（下降）三角形

上升三角形是對稱三角形的變形體。對稱三角形有上下兩條直線，將上面的直線逐漸由向下傾斜變成水平方向就得到上升三角形。除了上面的直線是水平的以外，上升三角形同對稱三角形在形狀上沒有什麼區別。

我們知道，上邊的直線起壓力作用，下面的直線起支撐作用。在對稱三角形中壓力和支撐都是逐步加強的。一方是越壓越低，另一方是越撐越高，看不出誰強誰弱。在上升三角形中就不同了，壓力是水平的，始終都是一樣，沒有變化，而支撐卻是越撐越高。

由此可見，上升三角形比起對稱三角形來有更強烈的上升意識，多方比空方更為積極。通常以三角形的向上突破作為這個持續過程終止的標誌。

如果股價原有的趨勢是向上，則很顯然，遇到上升三角形後，今後是向上突破的可能性非常大。一方面股價運行要保持原有的趨勢，另一方面形態本身就有向上的願望。這兩方面的綜合因素使股價很難逆大方向而動。如果原有的趨勢是下降的，則出現上升三角形后，前后股價的趨勢判斷起來有些難度。一方要繼續下降，保持原有的趨勢，另一方要上漲，兩方必然發生爭鬥。如果在下降趨勢處於末期（下降趨勢持續了相當一段時間），出現上升三角形還是以看漲為主，這樣，上升三角形就成了反轉形態的底部。如圖 6.16 所示。

上升三角形被突破后，突破后股價運行的高度的測算辦法與對稱三角形相類似。下降三角形同上升三角形情形正好相反，基本上是看跌的形態。它的基本情況與上升三角形類似，只不過方向相反。這裡就不作詳細介紹了。

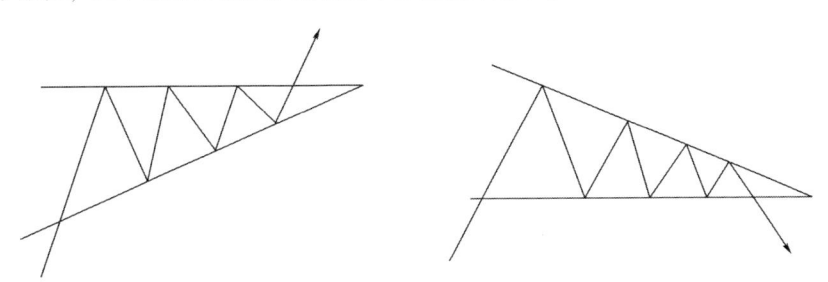

圖 6.16　上升三角形與下降三角形

（二）矩形

矩形又叫「箱型」，也是一種典型的整理形態。在這種形態下，股價在兩條水平線之間上下波動，做橫向延伸的運動。矩形在形成之初，多空雙方全力投入，各不相讓。空方在價格漲到某個位置就向下拋壓，多方在股價下跌到某個價位就買入，時間一長就形成兩條明顯的上下界限。隨著時間的推移，雙方的戰鬥熱情會逐步減弱，成交量也較少了，市場趨於平淡。如圖 6.17 所示。

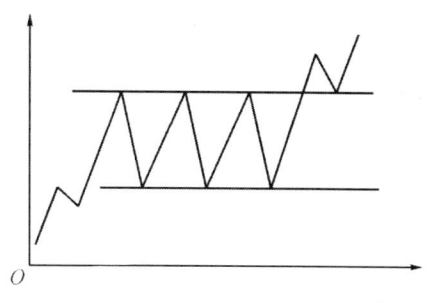

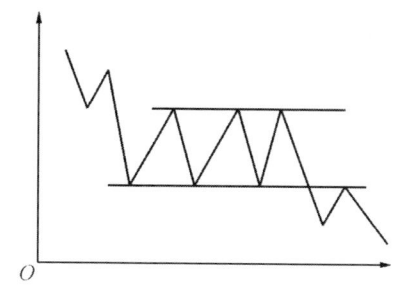

圖 6.17　矩形

如果原來的趨勢是上升，那麼經過一段矩形整理后，會繼續原來的趨勢，多方會占據優勢並採取行動，使得股價向上突破矩形的上界；如果原來是下降趨勢，則空方會採取行動，突破矩形的下界。圖 6.17 所示的兩個圖形正是這兩種情形。

面對矩形下一步的走勢，可能完全相反。一是維持原來趨勢，形成持續整理形態；另外一個是反轉突破形態，即改變原來的趨勢。矩形的突破也有個確認的問題，當股價向上突破時，必須有大成交量的配合方可確認，而向下突破則不必有成交量的增加。面對突破后股價的反撲，矩形的上下界限同樣具有阻止反撲的作用。與別的大部分形態不同，矩形為我們提供了一些短線操作的機會，如果在矩形形成的早期能夠預計到股價將進行矩形的整理，那麼就可以在矩形的下界線買入，等股價上升到上界限附近拋出，而且可以來回反覆地做幾次，如果矩形的上下界限相距較遠，那麼這樣短線的收益是相當可觀的。

(三) 旗形和楔形

旗形和楔形也是兩個著名的持續整理形態，在股票價格的曲線圖上，這兩種形態出現的頻率是最高的。在一段上升或下跌行情的中途，可能出現好幾次這樣的圖形，它們都是一個趨勢的中途休整過程，休整之后，還要保持原來的趨勢方向。這兩種形態的特殊之處在於，它們都是明確的形態方向，或者向上或者向下，並且形態方向與原有的趨勢方向相反。

1. 旗形

從幾何形態上來說，旗形就是平行四邊形，它的形狀實際上就是一個上傾或者下傾的平行四邊形。如圖 6.18 所示。

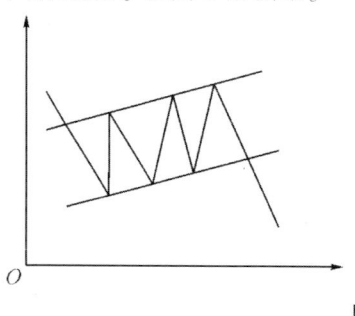

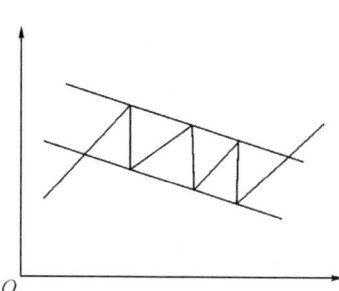

圖 6.18　旗形

旗形大多發生在市場極度活躍，股價的運動劇烈且近乎直線上升或下降的方式的情況下。這種劇烈運動的結果就是產生旗形的條件。由於上升或下降得過於迅速，市場必然會有所休整，旗形就是完成這一休整過程的主要形式之一。

旗形的上下兩條平行線起著壓力和支撐的作用，這一點有些像軌道線。這兩條平行線的某一條被突破是旗形完成的標誌。旗形被突破后，股價將至少要走到形態高度（旗形的形態高度是平行四邊形左右的距離），大多數情況是走到旗杆高度的距離。

應用旗形時，有幾點要注意：

①旗形出現之前，一般應有一個旗杆，這是由於價格做直線運動形成的。

②旗形持續的時間不能太長，時間一長，它的保持原來趨勢的能力將下降。根據實踐經驗，持續時間一般應短於 3 周。

③旗形形成之前和被突破之后，成交量都很大。在旗形的形成過程中，成交量從左向右逐漸減少。

2. 楔形

如果將旗形中上傾或下傾的平行四邊形變成上傾和下傾的三角形，得到的圖形就是楔形，圖 6.19 所示。

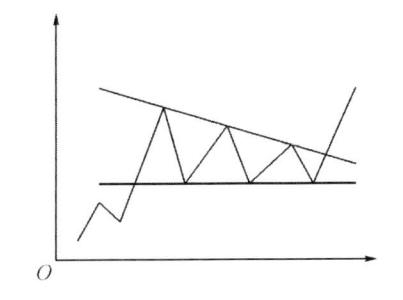

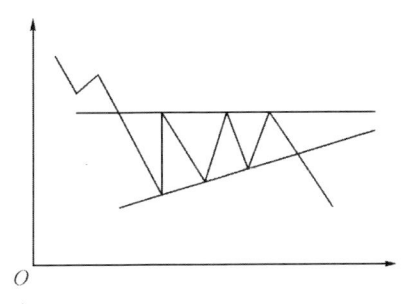

圖 6.19 楔形

從圖 6.19 中可看出，楔形中的三角形的上下兩條邊都是朝著同一方向傾斜。這與前面介紹的三角形態不同。在上升楔形中，股價經過一次下跌后產生一次強烈的技術反彈，價格升至一定水平后又掉頭下落，但回落點比前次高，然后又上升至新高點，再回落，總體上股價一浪高於一浪。下降楔形正好相反，股價的高點和低點形成一浪低於一浪之勢。

楔形是一種中途的持續整理形態，但與旗形和三角形不同的是，楔形偶爾也可能出現在頂部或底部而作為反轉形態。這種情況一定是發生在一個趨勢經過了很長時間接近尾聲的時候。楔形在形成的過程中，成交量逐漸減少，楔形形成前后成交量都很大。楔形被有效突破后，至少將新上升的股價跌掉（或升到股價下跌前的位置）。

【案例 6-1】

圖 6.20 是深圳 A 股瀘州老窖 2009 年 8 月 5 日—2010 年 1 月 19 日的 K 線圖，在圖中，A、B 之間形成的 K 線走勢是個典型的雙重底，即 W 形。后來的股價沒有立即向上形成突破，而是走了一段下降的平行四邊形（旗形）形態，如圖中的 C 段。隨後反

轉突破，同時我們可以看到成交量也得到放大，此時為買入信號。隨後的 K 線走勢為矩形形態，如圖中 D 段。

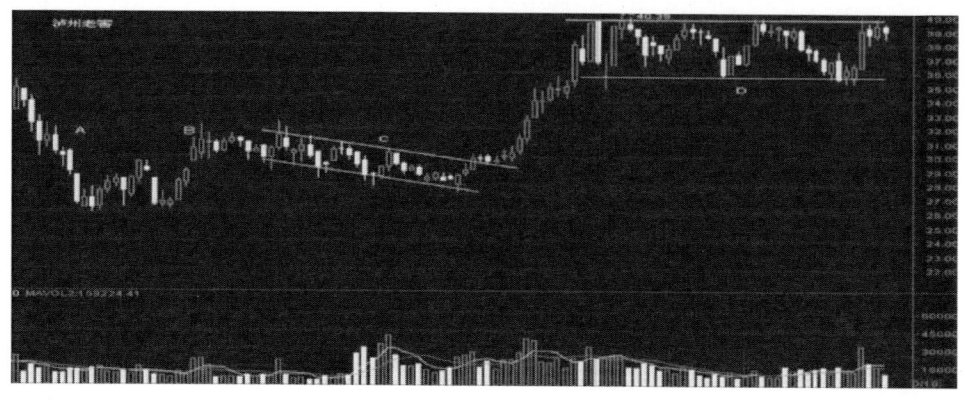

圖 6.20　深圳 A 股瀘州老窖 2009 年 8 月 5 日—2010 年 1 月 19 日的 K 線圖

【案例 6-2】

　　圖 6.21 是深圳 A 股華茂股份 2009 年 8 月 14 日—2010 年 1 月 19 日的 K 線圖，圖中的 A、B 線段可以看作是個矩形形態，持續整理一段一時間，接著股價向上突破后形成一個上升三角形形態，此時 AD 線段起到一個支撐線的作用，股價在 D 點成交量急遽放大，隨後是股價的巨幅上漲，有經驗的投資者在 D 點處可以買入，一方面 D 點處成交量急遽放大，另一方面 D 點處有很好的支撐。

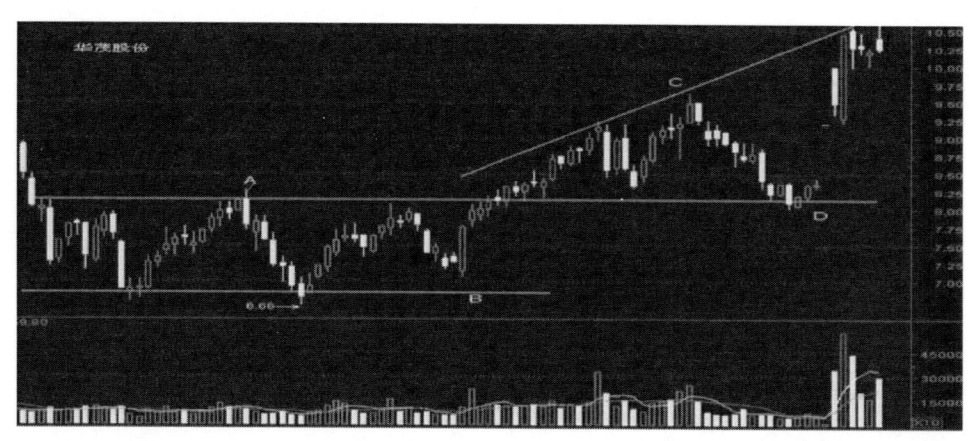

圖 6.21　深圳 A 股華茂股份 2009 年 8 月 14 日至 2010 年 1 月 19 日的 K 線圖

第五節　波浪理論

波浪理論是所有技術分析中較為神奇和難懂的一種的技術分析方法，起初被認為是一種很荒唐的方法，但過后都不可思議地被事實所證實。從技術角度上講，波浪理論不易被掌握，然而由於其神奇性，很多投資者都在積極掌握這種方法。

一、波浪理論的形成過程及基本思想

（一）波浪理論的形成過程

波浪理論是美國的艾略特（R. N. Elliott）於 1927 年創立的，故又稱「艾略特波浪理論」。艾略特在對華爾街股票市場的長期調查研究之后，探索出股市漲跌的規律，創立了一套較完整的理論，並成為當今股票市場、期貨市場、外匯市場等波浪理論的經典。直到 20 世紀 70 年代，柯林斯出版了專著《波浪理論》，總結了艾略特和后人們的一些研究成果，並在此基礎上逐步完善和發展了波浪理論，使得該理論「走紅」。以下簡要介紹艾略特波浪理論的基本內容。

（二）波浪理論的基本思想

艾略特的波浪理論以週期為基礎，艾略特認為，由於股票市場是經濟的晴雨表，而經濟發展具有週期性，所以股價的上漲或者下跌也應該遵循週期的發展規律。但是股價波動的週期規律比經濟發展的週期要複雜得多。

艾略特的波浪理論，把大的運動週期可分成時間長短不同的各種週期，並指出，在一個大週期之中可能存在一些小週期，而小的週期又可以分成更小的週期。但是每個週期無論時間長短，都是以一種共同的模式進行的，也就是每個週期都是由上升（下降）的五個過程和下降（上升）的三個過程組成。等到這八個過程完成後，我們才能說這個週期已經結束，將進入下一個週期，新的週期仍然會循環上述的模式，這就是波浪理論的核心內容。

二、波浪理論的主要原理

（一）波浪理論的三大因素

波浪理論主要是考慮三個方面的因素：形態、比例和時間。其中又以形態最為重要。

所謂形態，即價格走勢所形成的形狀和構造，是波浪理論賴以存在的基礎；比例即股票價格走勢中各個高點和低點所處的相對位置；時間即完成某個形態所經歷的時間的長短。

高點和低點所處的相對位置是波浪理論中各個浪的開始和結束位置。通過計算這些位置，可以弄清楚各個波浪之間的相互關係，確定價格的回撤點和將來價格可能達

到的位置。

完成某個形態的時間可以讓我們預先知道某個大趨勢的即將來臨。波浪理論中各個波浪之間在時間上時相互聯繫的，用時間可以驗證某個波浪形態是否已經形成。

(二) 波浪理論價格走勢的基本形態結構。

艾略特波浪理論認為，不論是多頭市場還是空頭市場，股價變動的每一個完整的循環都會呈現出幾個固定的波浪走勢。在多頭市場中，一個循環分為八個波浪（見圖6.22），前五個看漲，后三個看跌。在前五個波浪中，奇數序號（1、3、5）波浪是上升的，稱方向波或推動浪；偶數序號（2、4）波浪是回跌整理，稱調整浪。在后三個波浪中，偶數序號（6、8）波浪是明顯看跌，奇數序號（7）波浪是反彈整理。由此可以得出，整個循環基本上是不同程度的奇數序波浪看漲或反彈，偶數序的波浪是看跌或回跌。圖6.22描述了這一週期。

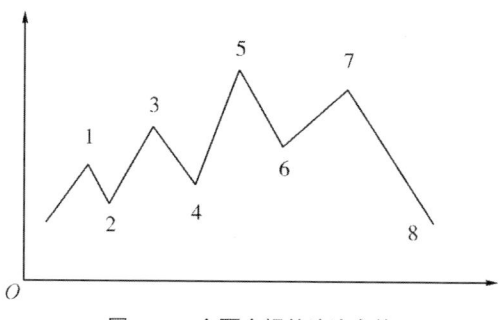

圖6.22 多頭市場的波浪走勢

在空頭市場中，其波動趨勢剛好與多頭市場相反（見圖6.23）。即前五個波浪是行情看跌，其中奇數序號（1、3、5）波浪看跌，偶數序號（2、4）波浪看漲。后三個波浪是行情看漲，其中偶數序號（6、8）波浪看漲，奇數序號（7）波浪是回跌整理。由此可以看出，整個循環基本上是不同程度的奇數序波浪看跌或回跌，偶數序波浪則看漲或反彈。

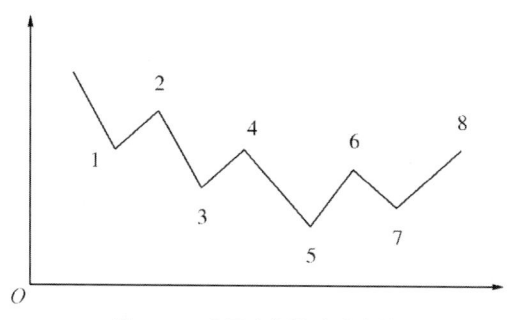

圖6.23 空頭市場的波浪走勢

實際上，波浪理論推測股市的升幅和跌幅採取黃金分割率和斐波那奇數列去計算。一個上升浪可以是上一次高點的1.618倍，另一個高點又再乘以1.618，以此類推。下

跌浪也是這樣，一般常見的回跌幅度比率有 0.236（0.382×0.618）、0.382、0.5、0.618 等。

三、波浪理論的應用及其應注意的問題

(一) 波浪理論的應用

如果我們知道了一個大週期的運行全過程，就可以很方便地對大勢進行預測。這就要求我們首先要明確當前所處的位置，按波浪理論所指明的各種浪的數目就會很方便地知道下一步該幹什麼。

要弄清楚目前所在的位置，最重要的是能夠準確地識別三浪結構和五浪結構，這兩種結構具有不同的預測作用。一組趨勢向上（或向下）的五浪結構，通常是更高層次的波浪的一浪，中途若遇調整，我們就知道這一調整肯定不會以五浪的結構，而只會以三浪的結構進行。

(二) 波浪理論應注意的問題

即使在表面上看來，波浪理論會給我們帶來利益，但從波浪理論自身的構造看，它卻還有許多不足之處，如果使用者過分機械、教條地應用波浪理論，結果只能招致失敗。

艾略特波浪理論看起來頗為簡單和容易運用。實際上，波浪理論最大的不足是應用上的困難。首先，由於其每一個上升或者下跌浪的完整過程都包含一個八浪循環，大循環中有小循環，小循環中還有更小的循環，即大浪中有小浪，小浪中有細浪，使數浪變得相當繁雜和難以把握。其次，浪的層次的確定和浪的起始點的確認是應用波浪理論的兩大難點。另外，面對同一個形態，不同的人會產生不同的數法，而且都有各自的道理，誰也說服不了誰。比如說，在多方市場，一個下跌的浪可以被當成第二浪（1~2），但也有可能被當成第六浪（5~6）。如果是第二浪，那麼緊接著的第三浪是個上漲的趨勢；如果是第六浪，那麼之後的下跌行情是很深的，因此同樣的形態得到了兩種截然相反的結論，所以實際判斷是很困難的，具體結果如何尚需實踐檢驗。

第六節　技術指標分析

一、技術指標分析概述

所謂技術指標分析，就是指應用一定的數學公式對市場原始數據進行處理得出指標值，並根據這些指標值繪製圖表，從定量角度對市場情況進行預測的分析方法。這裡所說的市場原始數據包括開盤價、收盤價、最高價、最低價、成交量以及成交金額等基礎數據。

對於指標的分析應用主要體現在以下現象發生時：
①指標的背離：指標線的指向與股價走向不一致；

②指標的交叉：兩條指標線相交；
③指標的高位和低位：指標線處於一段時間內的高點或低點；
④指標的徘徊：指標線一段時間內上下波動，沒有明確方向；
⑤指標的轉折：指標線的指向發生轉變。

計算指標所使用的數學公式以及各種指標線形態所表示的含義，源於對大量市場活動內在邏輯的觀察和總結，可以反應出某些僅僅從原始數據中很難觀測到的深層市場動向。這種分析方法克服了定性分析在指導具體操作時不夠精確的弊端，儘管技術指標分析跟其他任何分析方法一樣在預測市場方面的表現並不完美，但至少能在操作上給我們以明確的建議。例如，面對一個不斷下跌的市場，我們都知道總會有一個反彈或者探底的時候，但這只是一個定性的分析，究竟跌到什麼程度可以買進呢？定性分析方法沒有給出答案，而我們后面將介紹的乖離率這一技術指標，將給出一個明確的建議買進價位（雖然這一價位不一定精準）。

技術指標體系十分龐雜，如有些分析軟件中僅默認的技術指標就多達幾十上百項，其中很多是在同一思路下對指標公式所採用的變量或形式稍加變換，就衍生出了許多大同小異的指標。為了便於應用，可將常用技術指標分為趨勢型指標、超買超賣型指標、人氣型指標、大勢型指標四類。同一類指標的運用法則大體接近，分析時可先根據需要選擇某一大類，再從中找出最為合適的具體指標。

在使用技術指標進行分析時應注意，由於每個技術指標都是從某個特定方面對市場運行情況進行描述，每種指標都有自己的適用範圍和條件，不考慮適用範圍和條件而盲目相信技術指標是很可能出錯的。因此應用技術指標時應該考慮各個指標的適用性和互補性，選取多個指標進行綜合分析，以提高預測的精確程度。

二、常用技術指標簡介

目前的股票軟件除了提供買賣價格、成交量等基本交易行情外，都能根據即時數據自動計算各種指標並繪製圖表供用戶選擇使用，以下將介紹幾種最常用的技術指標的含義及其應用方法。

（一）移動平均線（MA）

1. MA 的計算

證券分析所使用的移動平均線中「平均」二字，意為指標計算基準日之前（含基準日，下同）N 天數據的平均值；而「移動」是指隨著基準日的不斷變化，始終採用距基準日最近的 N 天數據進行計算。以每天為基準日計算 N 天移動平均值，將這些平均值連接起來，即形成一根移動平均線，稱為 N 日均線。

以某股票價格 5 日均線計算為例（其他如成交量等數據的均線計算方法相同），假設該股票連續 10 天的收盤價分別為（單位：元）：

8.15、8.07、8.84、8.10、8.40、9.10、9.20、9.10、8.95、8.70

計算得：

第五天均值 ＝（8.15 + 8.07 + 8.84 + 8.10 + 8.40）／5 = 8.31

第六天均值 =（8.07 + 8.84 + 8.10 + 8.40 + 9.10）/5 = 8.50

第七天均值 =（8.84 + 8.10 + 8.40 + 9.10 + 9.20）/5 = 8.73

第八天均值 =（8.10 + 8.40 + 9.10 + 9.20 + 9.10）/5 = 8.78

第九天均值 =（8.40 + 9.10 + 9.20 + 9.10 + 8.95）/5 = 8.95

第十天均值 =（9.10 + 9.20 + 9.10 + 8.95 + 8.70）/5 = 9.01

將上述均值在圖表中相連成線，就形成了該股票的 5 日價格均線。由於該種移動平均線計算方法把 N 天中每一天的數據對平均值的影響視為等同，但事實上時間越靠后的數據對未來的影響越大，因此在實際應用中，通常還使用一種名為指數平滑移動平均線（EMA 或 EXPMA）的均線指標。該指標的不同之處在於賦予基準日數據相對其之前數據以更大的權重，其公式為：

$$EMA_t(N) = C_t \times \frac{2}{N+1} + EMA_{t-1} \times \frac{N-1}{N+1}$$

其中：C_t 為基準日（第 t 日）數據；EMA_{t-1} 為第 t - 1 日的移動平均數。計算起點日的 EMA 可由其收盤價代替。

這樣，上例中股票價格的 5 日均線調整為（以第五天為起點）：

第五天均值 = 8.40

第六天均值 = $9.10 \times \frac{2}{5+1} + 8.40 \times \frac{5-1}{5+1} = 8.63$

以此類推，可以看出，以此方法計算出的平均值與算術平均值有所差異。

證券分析中，通常以 5 日、10 日線觀察證券市場短期走勢，稱為「短期移動平均線」；以 30 日、60 日線觀察中期走勢，稱為「中期移動平均線」；以 13 周、26 周研判長期走勢，稱為「長期移動平均線」。

2. MA 的特點

移動平均線的基本思想是以某項數據一段時期內的平均值代替原始數據，以消除次要因素、偶然因素帶來的隨機波動，體現其主要趨勢。它有如下特點：

（1）趨勢性。移動平均線能表示原始數據的趨勢方向，並追蹤這一趨勢。如果原始數據含有上升或下降的趨勢，則移動平均線能將該趨勢表現出來，並與趨勢方向保持一致。起伏較大的原始數據圖表通常不具備這一特性。

（2）穩定性。由移動平均線的計算方法可知，要較大地改變移動平均線的數值和方向，需要原始數據發生較大幅度的變化。這種穩定性既使得移動平均線在短期內被人為操縱的可能性降低，同時也使移動平均線在趨勢發生變化時顯得不夠敏感。

（3）滯后性。在市場原有趨勢發生反轉時，由於移動平均線往往不夠敏感，其調頭速度落后於大趨勢，這是移動平均線的一大弱點。

（4）助漲助跌性。當原始數據突破移動平均線時（即原始數據圖形與其移動平均線產生交叉），無論是向上還是向下突破，都含有繼續向突破方向發展的趨勢。

（5）支撐線和壓力線的特性。由於移動平均線的上述四個特性，使得它在股價走勢中起著支撐線和壓力線的作用。

移動平均線參數 N 的選擇實際上就是在調整上述幾個特性。N 選擇越大，則上述特徵越顯著，如 60 日均線的穩定性，助漲助跌性以及其代表的支撐或壓力顯然大於 5 日均線，而 5 日均線的靈敏度顯然較 60 日均線更高。

3. 移動平均線的應用

（1）葛蘭威爾（Granvile）法則。最常用的移動平均線應用法則是葛蘭威爾的「移動平均線八大買賣法則」。此法則以證券價格（或指數）與移動平均線之間的偏離關係作為研判依據，總結出四大買進法則和四大賣出法則（見圖 6.24）。

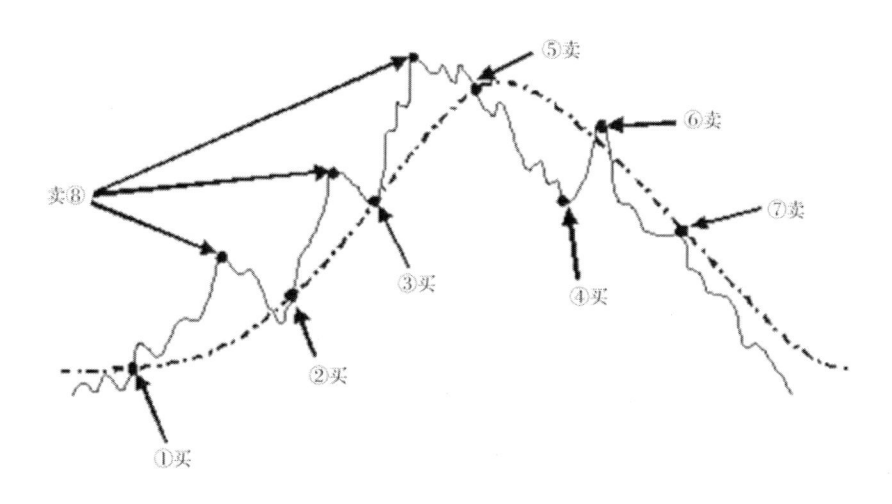

圖 6.24　移動平均線八大買賣法則

四大買進法則：①移動平均線從下降開始走平，股價從下上穿平均線；②股價跌破平均線，但平均線呈上升趨勢；③股價連續上升遠離平均線，突然下跌，但在平均線附近再度上升；④股價跌破平均線，並連續暴跌，遠離平均線。

四大賣出法則：①移動平均線呈上升狀態，股價突然暴漲且遠離平均線；②平均線從上升轉為盤局或下跌，而股價向下跌破平均線；③股價走在平均線之下，且朝著平均線方向上升，但未突破平均線又開始下跌；④股價向上突破平均線，但又立刻向平均線回跌，此時平均線仍持續下降。

葛蘭威爾法則邏輯簡單，使用方便，但不足之處在於沒有明確指出投資者在股價距均線多遠才可以買進或賣出，這可用后面介紹的乖離率指標來彌補。

（2）「黃金交叉」與「死亡交叉」。在實際應用中，除了通過股價與均線的關係來判斷市場趨勢以外，通常還會將各種期限不同的均線相互之間的位置關係結合起來進行研判。其中以「黃金交叉」和「死亡交叉」兩種情形最為著名。

所謂「黃金交叉」，即指當股價站穩在長期均線（如 60 日均線）與短期均線（如 5 日均線）上方，且短期均線又向上突破長期均線形成交叉，則為買進信號。

而「死亡交叉」則相反，當股價位於長期均線與短期均線之下，且短期均線向下突破長期均線形成交叉，則為賣出信號。

(二）指數平滑異同移動平均線（MACD）

1. MACD 的計算

MACD 的核心思想，是利用快速（期限較短）移動平均線和慢速（期限較長）移動平均線在上漲或下跌行情中相互間距離拉大，而在漲勢或跌勢趨緩時又互相接近或交叉這一特徵研判買賣時機的方法。

在實際應用中，通常以 12 日 EMA 作為快速移動平均線，26 日 EMA 作為慢速移動平均線，MACD 則由兩個部分組成——快慢兩條平均線數值的正負差（DIF）及其異同平均數（DEA）。具體計算方法如下：

（1）計算 EMA。第 t 日的 $EMA_{(12)}$ 與 $EMA_{(26)}$ 由前述 EMA 計算公式得出：

$$EMA_t(N) = C_t \times \frac{2}{N+1} + EMA_{t-1} \times \frac{N-1}{N+1}$$

（2）計算 DIF。第 t 日的 DIF 指當日 $EMA_{(12)}$ 與 $EMA_{(26)}$ 之差，即：

$$DIF_t = EMAt_{(12)} - EMAt_{(26)}$$

（3）計算 DEA 值。第 t 日的 DEA 值指包括該日在內的之前 9 天 DIF 值的平滑移動平均數，其公式為：

$$DEA_t = \frac{2}{9+1} \times DIF_t + \frac{9-1}{9+1} \times DEA_{t-1}$$

（4）柱狀線（BAR）。在分析軟件中，通常還有一個指標叫作「柱狀線」，它是 DIF 值減去 DEA 值的差再除以 2 得到的：

$$BAR_t = \frac{DIF_t - DEA_t}{2}$$

2. MACD 的應用法則

理論上，在持續的漲勢中，12 日 EMA 線在 26 日 EMA 線之上，其正離差值（+DIF）會越來越大；反之，在持續的跌勢中，負離差值（-DIF）會越來越小（絕對值越來越大）；而當行情回轉時，DIF 的絕對值則會縮小，MACD 正是利用 DIF 與 DEA 的交叉作為買賣信號。其應用法則如下：

（1）以 DIF 和 DEA 的值和兩者相對關係為依據進行預測。

①當 DIF 和 DEA 均大於 0 時（圖形上表現為它們處於零線以上），若它們都向上移動，通常意味著股市處於多頭行情中，可以買入或持股；若它們都向下移動，則可能意味著股票行情處於退潮階段，股票即將下跌，可以賣出股票或觀望。

②當 DIF 和 DEA 均小於 0 時（圖形上表現為它們處於零線以下），若它們都向下移動，通常意味著股市處於空頭行情中，可以賣出股票或觀望；若它們都向上移動，則可能意味著行情即將啟動，股票將上漲，可以買進股票或持股待漲。

③當 DIF 向下跌破零線時，即意味著 $EMA_{(12)}$ 與 $EMA_{(26)}$ 發生死亡交叉，為賣出信號；當 DIF 上穿零線時，即意味著 $EMA_{(12)}$ 與 $EMA_{(26)}$ 發生黃金交叉，為買入信號。

（2）以 DIF 和股價的相對走向為依據進行預測。主要是以 DIF 和股價走勢背離為買賣信號。當股價出現數個近期低點，而 DIF 並不配合出現新低點時，為買入信號；

當股價出現數個近期高點，而 DIF 並不配合出現新高點時，為賣出信號。

(三) 威廉指標 (WMS)

1. WMS 的計算

WMS 最早由 Larry Williams 提出並應用於期貨市場分析。該指標通過分析一段時間內股價高低價位和收盤價之間的關係來度量股市超買超賣的狀態。

第 t 日的 WMS 計算公式為：

$$\text{WMS}(n) = \frac{H_n - C_t}{H_n - L_n} \times 100$$

其中：C_t 為第 t 日收盤價；H_n 為第 t 日之前 n 日內（含 t 日，下同）的最高價；L_n 為第 t 日之前 n 日內的最低價；n 為選定的時間參數。

參數 n 的選擇根據人們觀察所得到的股價波動週期長短而定，至少為該週期天數的一半，這樣才能保證將該週期的最低點和最高點包含在指標之內。如人們認為期貨市場的一次漲跌循環週期通常為 4 週，那麼 n 就取值為 10（2 週的交易日數）或 20（4 週交易日數）。對於中國股市的循環週期目前還沒有一個普遍的共識，現行較多的做法是將 n 設定為 14 或 20。

通過公式不難看出，WMS 表示的是 t 日收盤價在 n 日內所處的相對位置，若 WMS 比較小，則當天的價格處在近期內相對較高的位置；若 WMS 比較大，則處於近期內相對較低的位置。其取值範圍為 0～100。

2. WMS 的應用

(1) WMS 的取值。一般而言，當 WMS 取值高於 80 時可以認為股票處於超賣狀態，短期將可能產生反彈；而當 WMS 取值低於 20 時可以認為股票處於超買狀態，短期將可能發生回調。80 和 20 只是一個普遍的經驗數值，投資者可根據自己對市場的理解自行設定適合自己的數值。

(2) WMS 的形態。①WMS 進入低數值區后（此時為超買），如果股價還繼續上升，則會產生背離，股票短期內可能會有大量獲利盤拋出，為賣出信號；②WMS 進入高數值區后（此時為超賣），如果股價還繼續下跌，也會產生背離，股票短期內可能會有反彈，為買入信號。

需要說明的是，WMS 通常在盤整格局時較為準確，而當出現明顯的上升勢頭或下跌勢頭的時候，WMS 作為買賣判斷的依據就不夠準確了。

(四) 隨機指標 (KDJ)

1. KDJ 的計算

在計算 KDJ 之前，首先需要計算第 t 日的未成熟隨機值 (RSV)，其公式為：

$$\text{RSV}(n) = \frac{C_t - L_n}{H_n - L_n} \times 100$$

其中，C_t、H_n、L_n 以及 n 的含義與前面的 WMS 計算公式相同，所反應的市場信息也完全相同（事實上，同一天的 RSV 指標和 WMS 指標之和總是等於 100），但要注意其形式上與 WMS 的不同之處。

對 RSV 進行 3 日指數平滑移動平均,得到 K 值:

$$K_t = \frac{2}{3} \times K_{t-1} + \frac{1}{3} \times RSV_t$$

再對 K 值進行 3 日指數平滑移動平均,得到 D 值:

$$D_t = \frac{2}{3} \times D_{t-1} + \frac{1}{3} \times K_t$$

其中:K_t 為第 t 日的 K 值,K_{t-1} 為第 t-1 日的 K 值,RSV_t 為第 t 日的 RSV,D_t 為第 t 日 D 值,D_{t-1} 為第 t-1 日 D 值;計算平滑移動平均值使用的平滑因子 $\frac{1}{3}$ 可自由設定權重,目前約定俗成為 $\frac{1}{3}$;初始的 K、D 值可用當日 RSV 或 50 代替。

J 指標則是由 D 加上一個修正值得出:

$$J_t = 3D_t - 2K_t = D_t + 2(D_t - K_t)$$

KDJ 指標與 WMS 指標思路上一脈相承,但信號靈敏度和可靠性不同。通過公式可以看出,WMS 指標的變化速度要快於由 RSV 移動平均得出的 K 值,而 K 值也要快於由其移動平均得出的 D 值。而在信號的可靠性方面,則是變化速度更慢的指標給出的信號更加穩重有力。

2. KDJ 的應用

KDJ 指標是三條曲線,其應用主要從以下幾個方面進行考慮:

(1) 與 WMS 剛好相反,K、D 值大於 80 為超買,小於 20 為超賣。不過與 WMS 的取值一樣,這只是一個最粗略的判斷,具體的買入和賣出信號還要結合 K、D 曲線的形態來進行分析。

(2) K、D 曲線在較高處形成頭肩或多重頂的形態,意味著股價試圖向上突破而未果,短期內可能回落,是賣出信號;而 K、D 曲線在較低處形成多重底的形態,意味著股價在下方有所支撐,短期內可能反彈,是買入信號。

(3) 除了 K、D 各自形態方面的考慮外,K、D 線的交叉也跟其他很多均線的交叉一樣,有「死亡交叉」和「黃金交叉」的問題。變化速度較快的 K 上穿變化速度較慢的 D 為「黃金交叉」,反之則為「死亡交叉」,但這裡交叉的應用非常複雜,出現「金叉」是否該買入,出現「死叉」是否該賣出還取決於其是否滿足其他諸多條件。以買入信號為例,除了觀察到「金叉」以外,還需要確定:①「金叉」是否處於超賣區,「金叉」出現的位置越低,信號越準確;②在低位時,K、D 曲線往往會來回相交數次,「金叉」的次數越多,信號越準確;③K 曲線是在 D 曲線已抬頭向上時與之相交形成的「金叉」,稱為右側相交(相交后 D 在 K 的右側),相較於 K 曲線在 D 曲線下降時與之形成的左側相交,信號要可靠得多。在確認賣出信號時,也有類似的幾個條件。

(4) 當 K、D 處於高位,並形成一個比一個更低的頂,而股價卻在上漲,此種情形稱為「頂背離」,是賣出信號;與之相反,當 K、D 處於低位,並形成一個比一個更高的底,而股價還在繼續下跌,此種情形被稱為「底背離」,是買入的信號。

(5) 在實際應用中,通常還使用 J 指標。該指標的取值超過 100 為超買,低於 0

為超賣。

（五）相對強弱指標（RSI）

1. RSI 的計算

RSI 通過計算一定時期內收盤價的漲跌來反應這一時期內多空雙方力量強弱的對比。計算第 t 日 RSI 的步驟為：

首先找出第 t 日之前（含第 t 日）n＋1 日的收盤價，用每日收盤價減去上一日收盤價，得到 n 個數字。將這 n 個數字中為正的數字（即某日比上一日上漲的漲數）相加，得到 A，用以表示 n 日內多方的總力量；再將為負的數字（即某日比上一日下跌的跌數）相加取絕對值，得到 B，用以表示 n 日內空方的總力量。則

$$RSI_t(n) = \frac{A}{A+B} \times 100$$

參數 n 的取值一般為 5 日、9 日或 14 日。

2. RSI 的應用

RSI 實際上是衡量股價向上的波動占總波動的百分比，如果比例大就是強市，反之則為弱勢。

基於 RSI 的行情判斷仍然是從 RSI 本身的取值，長期與短期 RSI 曲線的關係，RSI 的曲線形狀，RSI 與股價的背離等幾方面來考慮：

①RSI 的取值範圍為 0～100，可將此範圍劃分為四個區域，分別表示「極強」、「強」、「弱」、「極弱」，根據 RSI 取值落入不同區域來判斷市場的強弱（見下表）和相應的操作方向。當然，各個區域之間的分界並沒有一個完全統一的標準，表 6.1 只是一種常用的劃分方法，具體使用時可以根據實際情況作出調整。

表 6-1　　　　　　　　　　RSI 劃分的區域

RSI 值	市場特徵	投資操作
80～100	極強	賣出
50～80	強	買入
20～50	弱	賣出
0～20	極弱	買入

②綜合應用兩條或多條期限參數不同的 RSI 曲線。一般而言，短期 RSI ＞ 長期 RSI 時為多頭市場；短期 RSI ＜ 長期 RSI 時為空頭市場。當然此結論不是絕對的。

③當 RSI 在較高位置出現頭肩形和多重頂時為賣出信號，當 RSI 在較低位置出現多重底是為買入信號，同樣 RSI 離 50 越遠信號越準確。

④當 RSI 在高位出現一個比一個更低的頂，而股價卻在上漲時，為較明確的賣出信號；當 RSI 在低位出現一個比一個更低的底，而股價卻在下跌時，為較明確的買入信號。

（六）乖離率指標（BIAS）

1. BIAS 的計算

乖離率是測算股價與均線偏離程度的指標，其基本思想是如果股價偏離均線太遠，不管是在上方還是在下方，都有向平均線迴歸的動力。

乖離率的計算公式為：

$$BIAS_t(n) = \frac{C_t - MA(n)}{MA(n)} \times 100\%$$

其中，C_t 為第 t 日的收盤價；

n 為選定的期限參數；

MA(n) 為以第 t 日為基準日的 n 日移動平均數。

2. BIAS 的應用

一般來講，正的乖離率越大，表示短期多頭的獲利越大，越可能出現獲利回吐；負的乖離率越大，表示短期空頭回補的可能性越高。在實際就用中，通常預設一個正數或負數，只要乖離率超過這個正數，我們就應該考慮拋出；當乖離率低於這個負數，就應該考慮買進。問題的關鍵正在於找到合理的正數和負數這兩條分界線。

對於這兩條分界線的選取，並沒有一個統一的標準，只能依靠投資者的經驗，根據乖離率期限參數的長短，所選擇股票的性質以及分析時的市場情況來綜合得出結論（表 6.2 為分界線的參考數字）。

表 6.2　　　　　　　　　　　乖離率的應用

乖離率期限參數	買入信號（%）	賣出信號（%）
5 日	-3	3.5
10 日	-4	5
20 日	-7	8
60 日	-10	10

從表 6.2 可以發現，作為賣出信號的正數分界線的絕對值通常要略大於作為買入信號的負數分界線，且期限參數選擇越長，允許股價遠離均線的程度就越大。

不過，如果遇到市場暴漲暴跌，上述數字的參考作用就很小了，取而代之的是人們的一項經驗總結：

對於綜合指數而言，期限參數為 10 日的乖離率大於 30% 時為賣出時機，低於 -10% 時為買入時機；

對於個股而言，期限參數為 10 日的乖離率大於 35% 時為拋出時機，低於 -15% 時為買入時機。

另外，乖離率與股價在形態上也會形成如前所述的「頂背離」（賣出信號）和「底背離」（買入信號），長期乖離率和短期乖離率之間則會形成「死亡交叉」（賣出信號）和「黃金交叉」（買入信號）。

（七）心理線指標（PSY）

1. PSY 的計算

PSY 的計算公式為：

$$PSY_t(N) = \frac{A}{N} \times 100$$

其中，N 為 PSY 的期限參數；A 為第 t 日之前（含 t 日）N 天之中股價上漲的天數。

這裡的上漲和下跌以收盤價為準，N 一般取 12 日。PSY 的取值範圍為 0～100，以 50 為中心，50 以上是多方市場，50 以下是空方市場。

2. PSY 的應用

（1）PSY 的取值在 25 至 75 之間，表明多空雙方基本平衡。超過了 75 一般認為是超買，低於 25 一般認為是超賣；

（2）PSY 取值過高或過低，就是行動信號。若 PSY＞90 是強烈的賣出信號，而 PSY＜10 是強烈的買入信號。

（3）PSY 第一次進入採取行動的區域時往往容易出錯，通常需要多次進入行動區域才能確認信號。

（4）PSY 如果在低位出現 W 底，是買入信號，在高位出現 M 頭是賣出信號。

（5）PSY 線可和股價曲線配合使用，同樣遵循前面講的背離原則。

本章小結

1. 技術分析是指以證券市場過去和現在的市場行為為分析對象，應用一系列的數學、圖形和邏輯的方法，找出一些典型的變化規律，並據此預測證券市場未來的變化趨勢的分析方法。

2. 技術分析法的三個基本假設：市場行為涵蓋一切信息；證券價格沿趨勢運動；歷史會重演。

3. 在證券市場中，價格、成交量、時間和空間是進行技術分析的四個要素。

4. 技術分析方法分為以下五類：指標法、切線法、形態法、K 線法、波浪法。

5. 切線理論主要包括支撐線和壓力線、趨勢線和軌道線。

6. 形態理論主要由反轉突破形態和持續整理形態，反轉突破形態包括 M 頭和 W 底、頭肩頂和頭肩底、圓弧形態、喇叭形態等，持續整理形態包括三角形、矩形、旗形和楔形。

7. 波浪理論認為股價的上漲或者下跌也應該遵循週期的發展規律，其三個主要因素是：形態、比例和時間。

8. 技術指標分析是指應用一定的數學公式對市場原始數據進行處理得出指標值，並根據這些指標值繪製圖表，從定量角度對市場情況進行預測的分析方法。

9. 常用的技術指標有移動平均線（MA）、指數平滑異同移動平均線（MACD）、威

廉指標（WMS）、隨機指標（KDJ）、相對強弱指標（RSI）、乖離率指標（BIAS）、心理線指標（PSY）等。

重要概念提示

技術分析、道氏理論、K線理論、支撐線和壓力線、趨勢線和軌道線、反轉突破形態、持續整理形態、波浪理論、技術指標分析

復習思考題

（1）證券投資技術分析的基本前提是什麼？
（2）簡述壓力線和支撐線是如何相互轉換的？
（3）簡述波浪理論的基本思想。
（4）簡要分析技術分析有哪些缺陷？

第七章　證券投資策略

學習目標：

在這一章中，我們將對主流的現代投資理論以及近年來逐漸興起的新型投資理論——行為金融學進行簡要介紹，並給出一些在此基礎上產生的常用投資策略。學習完本章後，你應當知道：
- 如何量化證券投資的風險和收益；
- 現代投資理論體系主要包括什麼內容；
- 有哪些基本的證券投資策略；
- 行為金融學的主要內容；
- 基於行為金融學的投資策略。

重點與難點提示：

證券投資風險和收益的量化、主流證券投資理論、證券投資策略、行為金融學

所謂證券投資策略，即證券投資活動所遵循的原則和方法。

實際上，對於不同的投資者而言，由於其知識結構、投資經驗、價值取向以及所掌握的各種資源等條件不同，投資理念和策略也千差萬別，並沒有一個放之四海而皆準的投資策略（試想如果有一個「絕對正確」的投資策略，所有人都遵循這個策略採取相同方向的操作，則會因為沒有交易對手而無法進行交易，市場也將因此而消失）。

正因如此，本章的主要內容並不是某些具體的「正確的」操作策略，而是讀者在制定適當投資策略時所需要瞭解的一些基本理念和思想。由於不同的投資策略對應於不同的投資理論，所以本章會分別介紹經典投資理論和行為金融學，在此基礎上介紹相關投資策略。

第一節　證券投資的收益與風險

一、收益與風險的定義及衡量

（一）收益及其度量

對於任何一項投資而言，有兩樣東西顯然是所有投資者都最為關心的——能夠從

中獲得多少收益，以及將會面臨多大的風險。那麼我們如何來定義和衡量證券投資的收益與風險呢？

投資所帶來的收益大小，最普遍的做法是以收益率的方式進行衡量，其計算公式為：

$$收益率 = \frac{收入 - 支出}{支出} \times 100\%$$

收益率一般以年率表示，可通過簡單計算將日收益率和月收益率調整為年收益率，以方便不同投資收益率的比較。

在證券投資中，收益來源於證券紅利與證券買賣價差兩個部分，因此其投資收益等於期內紅利收益和價差收益之和，即：

$$收益率 = \frac{紅利 + 期末市值 - 期初市值}{期初市值} \times 100\%$$

在證券投資過程中，證券的收益是未來的預期值。由於收益率受許多不確定因素的影響，因而是一個不確定的值。我們可以根據已有的知識、經驗、歷史數據等來估計可能出現的各種收益率的概率，並由每一收益率及其對應的概率，得出該項投資的期望收益率。假設某種證券收益率為 r_i（$i=1$，2，3，4……）的可能性為 p_i，則該證券的期望收益為：

$$E(r) = \sum_{i=1}^{n} r_i p_i$$

例如，我們估計某一項投資的收益率分佈如下：

收益率（％）	-50	-10	0	10	50
概率	0.1	0.1	0.2	0.4	0.2

那麼該項投資的期望收益率為：

$$E(r) = (-50\%) \times 0.1 + (-10\%) \times 0.1 + 0 \times 0.2 + (10\%) \times 0.4 + (50\%) \times 0.2$$
$$= 8\%$$

在實際運用中，我們通常以歷史收益的算術平均值來作為預期收益的替代。

(二) 風險及其度量

由於收益率的不確定性，投資的實際收益率往往與期望收益率之間存在偏差，期望收益率是統計學意義上使得實際值與預測值的平均偏差達到最小的點估計值。

與一般意義上「風險」二字僅指「實際收益率不及期望收益率的可能」不同，現代證券投資學使用實際收益率相對其期望收益率的方差來衡量投資的風險。這意味著，不單是實際收益率低於期望收益率被視為風險，其超出期望收益率也被視為風險。簡而言之，現代證券投資學中的風險是指實際收益率相對期望收益率可能的偏離程度，這種偏離即可能是負向的，也可能是正向的。

收益率 r_i 相對於期望收益率的偏離程度用 $[r_i - E(r)]^2$ 來表示，其方差 σ^2 為：

$$\sigma^2(r) = \sum_{i=1}^{n}[r_i - E(r)]^2 p_i$$

二、風險的種類

按照風險產生的原因，可將風險分為市場風險、信用風險、流動性風險、操作風險等四種風險類型。

(一) 市場風險

市場風險是指因利率、匯率、商品、股票等未預期到的價格波動而形成的風險。如買進的股票未如預期一樣上漲，或者由於利率未預期到的升高使買入的債券價格下降，諸如此類的風險，皆可被歸為市場風險。對於大多數投資者而言，此種風險是通常情況下所面臨的主要風險。

(二) 信用風險

當合約雙方中的任何一方不願意或者沒有能力履行合約時，就會產生信用風險。債券、貸款和衍生工具都會產生信用風險。如債務人因為各種原因無法如期償還債務，都將使得債權人面臨信用風險。

(三) 流動性風險

流動性風險可能由兩種原因造成，當相對於正常交易的單位，交易頭寸太大或者太小，以至於交易不能按現行市場價格進行，就產生了資產流動性風險；而當沒有能力履行因各種負債而產生的支付義務時，則產生了負債流動性風險。前者的典型案例是當某投資者大量拋出某公司股票時，由於沒有足夠的接盤，造成該公司股票價格下跌，從而使該投資者無法以期望的價格賣出股票。后者的極端情形則是銀行的大量存款人突然同時要求提現，銀行的流動資產不足以應付存款人的提款要求，從而引發存款人的擠兌行為，使銀行陷入流動性危機。

(四) 操作風險

操作風險是由於人為的或者技術的失誤或意外事故所產生的風險，如交易員繞過監管違規進行交易或者交易系統故障等各種后臺操作中出現的問題所引發的風險。

需要注意的是，這四種風險並非互相孤立的，往往是其中一種或幾種風險又引發了另外的一種或者幾種風險，在同一個事件裡面也可能包含著多種風險。

第二節　現代投資理論概述

現代投資理論的產生以1952年3月哈里・馬柯威茨（Harry M. Markowitz）所發表的題為《投資組合選擇》的著名論文為標誌，至今只有五十多年的發展歷史。其組成部分包括現代資產組合理論（MPT）、資本資產定價模型（CAPM）、套利定價模型（APT）、有效市場假說（EMH）、行為金融理論以及由這些核心理論所衍生出來的一些

新興理論。由於推導以上理論所運用的大量數學知識超出了本書的範圍，本書將只對這些理論的基本框架和思想進行簡介，讀者如果對這些理論的精確數學推導有興趣，可參考其他相關書籍。

一、現代資產組合理論

1952年，馬柯威茨在其論文《投資組合選擇》中提出了「資產組合」的基本假設、理論基礎和一般原則，從而奠定了現代投資理論的基礎。

在這篇文章中，馬柯威茨首次正式提出以期望收益來衡量投資收益，以實際收益相對期望收益的方差來衡量投資風險（如本章第一節所述）。雖然後來的一些理論對這一衡量方法有所發展，如所謂後現代投資組合理論（PMPT）認為風險應該僅是指實際收益低於期望收益的情況，但其基本思想仍然與馬柯威茨的理論一脈相承。而投資組合的期望收益和方差，則由構成該組合的各個證券分別的期望收益、方差、在組合中所占比例及其與組合中其他證券的相關係數所決定。

馬柯威茨將分析建立在橫坐標為標準差（從數學方面考慮，這裡使用標準差比方差更加簡便，其基本思想與使用方差完全一致），縱坐標為期望收益的坐標系內。每一單個證券的期望收益和標準差已知，可由坐標系上某一點表示出來。而數學上可以證明，由這些單個證券按各種不同比例所構成的所有可能的投資組合，其期望收益和標準差滿足以下條件：組合所可能的期望收益介於單個證券的最高期望收益和最低期望收益之間；組合所可能的標準差介於0和單個證券的最大標準差之間，組合標準差可能小於等於單個證券的最小標準差。坐標系內這些所有可能組合的（標準差，期望收益）點集合，被稱為證券組合的可行域。

按照馬柯威茨的理論，對於可行域中的大多數點而言，投資者並沒有興趣。投資者關心的是那些在同樣風險（即標準差相同）的情況下期望收益更大的點，或者同樣期望收益的情況下風險更小（即標準差更小）的點，這些點全部位於可行域的上部邊界，因此這條邊界被稱為證券組合的有效邊界。

如圖7.1所示，假設有三種證券，分別由A、B、C三點表示，則由這三種證券所構成的投資組合的可行域為ABCD。數學上可以證明，可行域的左邊界形狀必然是向外凸或呈線性。在不可賣空證券的條件下可行域的右邊界為ABC，在可賣空證券的條件下可行域無右邊界（如圖中虛線所示）。容易看出，滿足條件「同樣期望收益下風險最小或同樣風險下期望收益最大」的點，必然位於可行域上部邊界AD及其延長線上（視可否買空而定，粗線部分所示），其中D點所代表的證券組合被稱為「最小方差組合」。AD及其延長線被稱為投資的有效集。

位於有效邊界AD上的投資組合，從期望收益和風險的角度看沒有「好壞」之分。因為它們當中期望收益更高的點同時有著更大的風險，投資者此時將根據自己對風險和收益的喜好來選擇投資組合。喜歡承受更大風險以獲得更大預期收益的投資者將選擇有效邊界上靠右邊的組合，厭惡風險的投資者則將選擇靠左邊的組合。

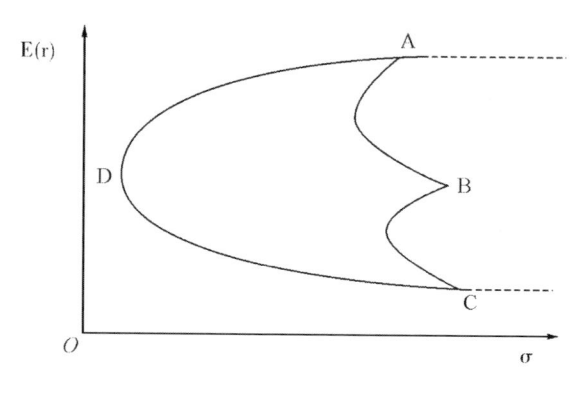

圖 7.1　可行域與有效集

二、資本資產定價模型

馬柯威茨的資產組合選擇理論向人們勾勒出在該理論框架之下投資者如何選擇對自己而言的最優證券組合。二十世紀六十年代，他在美國著名智庫蘭德研究所時的同事威廉·夏普（William F. Sharpe），基於該理論發展出了資本資產定價模型。該模型想要說明的問題是，如果投資者的投資活動都按照資產組合選擇理論進行的話，這種集體行為將對證券價格產生什麼影響。正是憑藉提出了衡量風險和收益的工具，以及在此框架下預測證券價格的基本方法，馬柯威茨和夏普與公司金融學泰門默頓·米勒（Merton H. Miller）一起獲得了1990年的諾貝爾經濟學獎。

（一）基本假設

資本資產定價模型建立在如下假設的基礎上：

假設一：所有投資者都以期望收益率衡量收益水平，以方差來衡量風險，並遵循馬柯威茨的資產組合理論進行投資；

假設二：所有投資者對證券的收益、風險及證券間相關性的認識和預期相同；

假設三：資本市場上資金和信息完全自由流動。這意味著此理論在分析問題時，不考慮交易成本和對紅利、股息及資本利得等進行的徵稅，任何證券的交易單位是無限可分的，市場只有一個無風險利率，可以無限制地進行買空和賣空操作。

以上假設與資本市場的現實狀況有所不符，但為了建立起一套完整嚴密的理論體系，對現實進行抽象和簡化常常是必要的。讀者在閱讀下面的內容時，一定要時時謹記這些推論都是在以上假設的基礎上進行的。

（二）資本市場線

假定市場上存在無風險資產，按照前述資本市場上資金和信息完全自由流動的假設，市場上將只存在一個無風險利率 r_f。引入這種無風險資產所構造的證券組合，其可行域將呈現出如圖7.2所示的幾何特徵。

如上節所述，在可以買空和賣空的條件下，證券組合的可行域為虛曲線所圍的範

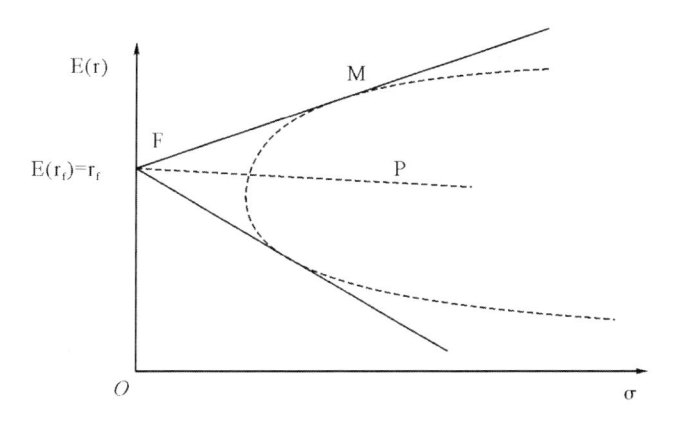

圖7.2 資本市場線

圍（無右邊界），無風險資產由F點$[0, E(r_f)]$表示出來。值得一提的是，由於r_f為無風險利率，$E(r_f)$就等於r_f。在證券組合中引入無風險資產，可以看作原有可行域中的所有組合與無風險資產的再組合。代表這些新組合的收益-標準差點的集合，必然是以F為出發點過原可行域中某一點P（代表原有組合）的無數條射線。隨著P取遍原可行域中所有可能的組合，新組合的可行域便確定下來，即以F為出發點，與原可行域相切的上下兩條射線所夾的區域。新可行域的上部邊界射線FM，即為引入無風險資產后資產組合的新有效邊界。按照馬柯威茨的理論，投資者將依照自己對風險和收益的偏好，選擇位於FM上的投資組合進行投資。

FM上與原可行域相切的切點M，是新的有效邊界上唯一一個不含無風險資產而僅由風險證券構成的組合點。FM上的其他所有點，都是由標準差-期望收益為M $[\sigma_m, E(r_m)]$的風險證券組合與無風險資產按不同資產配置比例所構成的組合。也就是說，在該理論框架下，所有的有效投資組合都是由一定比例無風險資產，和一定比例期望收益-標準差為M的風險證券組合所構成。由於市場上所有的投資者都只會選擇某個有效投資組合進行投資，這意味著在市場上所有人的資產配置中，風險證券組合的標準差-期望收益都為M，從而整個市場（即投資者所持有的所有風險證券頭寸之和）的標準差-期望收益也為M，射線FM被稱為資本市場線。由簡單的數學知識可知，令有效證券組合E的期望收益為$E(r_e)$，方差為σ_e^2，其數學表達式為：

$$E(r_e) = r_f + \frac{E(r_m) - r_f}{\sigma_m} \times \sigma_e$$

其中，表達式$\frac{E(r_m) - r_f}{\sigma_m}$因威廉·夏普之名而被稱為「夏普比率」，其實質是在衡量「風險的價格」——由整個市場的期望收益減去無風險利率，超出的部分被認為是市場為承受風險而提供的收益補償（稱為風險溢價），用風險溢價除以代表市場風險大小的σ_m，得出市場為單位風險所提供的收益補償，這就是風險的價格，而風險價格乘以證券組合的風險大小σ_e就得到該證券組合的風險溢價。此思想在后來的各種證券理

論中得到了廣泛運用。

(三) 證券市場線

資本市場線僅僅刻畫了有效組合收益與風險的關係，那麼對於可行域內任意組合收益與風險的關係，該如何刻畫呢？

我們首先需要明確兩個概念——系統性風險和非系統性風險。所謂系統性風險，是指整個市場所面臨的共同風險，如經濟衰退、大型戰爭、全國性特大自然災害等，這些風險對市場上所有證券都產生影響，我們前面所使用的 σ_m 和 σ_m^2 即是對市場系統性風險的衡量；而非系統性風險，是指那些只對個別證券造成影響的風險，比如某公司工人罷工，或者遭遇訴訟等情形。除了市場組合 M 只面臨系統性風險以外，其他所有不含無風險資產的風險證券組合都同時面臨系統性風險和非系統性風險。

在資本資產定價模型的分析框架下，非系統性風險是無關緊要的，因為總是可以通過分散投資來抵消掉，比如若一場訴訟贏的一方股價將上漲，輸的一方股價將下跌，則總能按某一比例同時購買這場訴訟雙方的股票，使得這樣的股價波動被抵消掉。因此，資本資產定價模型所關注並試圖刻畫的只是系統性風險與期望收益之間的關係。

運用數學知識，我們可以將市場組合 M 所面臨的總系統性風險 σ_m^2 分解成單個證券系統性風險之和的形式，這樣就可以得出單個證券 i 對市場總系統性風險的貢獻為 $\dfrac{x_i \sigma_{im}}{\sigma_m^2}$，其中 x_i 為證券 i 在市場組合中所占的市值比例，σ_{im} 為證券 i 與市場組合 M 的協方差。由於 $E(r_m) - r_f$ 為對市場總系統性風險的收益補償，對應於證券 i 所貢獻的系統性風險，其所獲的收益補償就是 $E(r_m) - r_f$ 與 $\dfrac{x_i \sigma_{im}}{\sigma_m^2}$ 的乘積。需要注意的是，$[E(r_m) - r_f] \times \dfrac{x_i \sigma_{im}}{\sigma_m^2}$ 得到的是 x_i 個單位的證券 i 所獲的收益補償，每個單位證券 i 的收益補償為 $[E(r_m) - r_f] \times \dfrac{\sigma_{iM}}{\sigma_M^2}$。

又因為每個單位證券 i 的收益補償可表示為 $E(r_i) - r_f$，則有：

$$E(r_i) - r_f = [E(r_m) - r_f] \times \dfrac{\sigma_{im}}{\sigma_m^2}，移項得：$$

$$E(r_i) = r_f + [E(r_m) - r_f] \times \dfrac{\sigma_{im}}{\sigma_m^2}$$

令 $\dfrac{\sigma_{im}}{\sigma_m^2} = \beta_i$，有 $E(r_i) = r_f + [E(r_m) - r_f] \times \beta_i$，$\beta_i$ 被稱為證券 i 的 β 係數 (貝塔係數)。數學上容易證明，對於任意證券組合 p，都有 $\beta_p = \dfrac{\sigma_{pm}}{\sigma_m^2}$，使得：

$$E(r_p) = r_f + [E(r_m) - r_f] \times \beta_p$$

其中，σ_{pm} 為證券組合 P 與市場組合 M 的協方差。

在期望收益-β 座標系中，證券組合 P 隨著 β 值的不同而有著不同的期望收益，

這些不同的期望收益-β 的組合構成一條由無風險利率 F [0, E (r_f)] 出發, 過市場組合 M [1, E (r_m)] 的射線, 這條射線即為證券市場線, 任意證券組合 P 的 β 值與期望收益都落在這條線上, 如圖 7.3 所示：

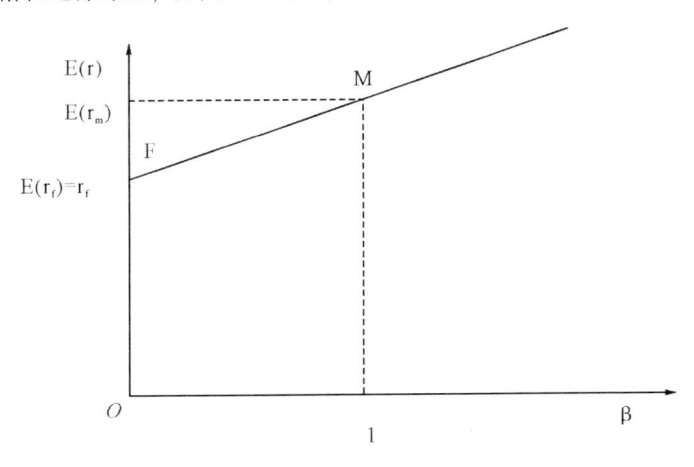

圖 7.3 證券市場線

我們可以看到, 前面的資本市場線是描述有效組合預期收益與 σ 之間的線性關係, 而證券市場線則是描述任意證券或證券組合預期收益與 β 之間的線性關係。在實際使用中, 我們通常由長期歷史數據計算得出各證券的 β 值及各證券之間的協方差, 並以此模型 (或其改進模型) 預測證券或證券組合的收益及價格, 作為證券投資的參考。

三、套利定價理論

1976 年, 著名金融學家斯蒂芬·羅斯 (Stephen A. Ross) 在其經典論文《資本資產定價的套利理論》中正式創立了套利定價理論。

(一) 基本假設

套利定價理論的基本假設比資本資產定價理論要寬鬆許多, 只要滿足以下假設, 套利定價定理即成立：

假設一：所有投資者都是厭惡風險並且追求收益的；
假設二：所有證券收益由因素模型所決定 (后文將有關於因素模型的說明)；
假設三：投資者能夠及時發現市場上的套利機會, 並利用該機會進行套利。
可以看到, 以上三個假設較之資本資產定價模型所需的假設, 顯得更加寬鬆、合理。

(二) 因素模型

1963 年, 出於簡化馬柯威茨「資產組合」所需計算的目的, 夏普提出了單因素模型。該模型認為證券的收益率受到某一因素 F 的影響, 這一因素可能是國內生產總值增長率, 某個行業的增長率或者整個股票市場的表現情況。該模型一般用以下表達式

來刻畫證券的預期收益：

$$\bar{r}_i = a_i + b_i \bar{F}$$

其中：$\bar{r}_i$ 為預期收益，a_i 為預期收益中不受因素 F 影響的部分，b_i 為預期收益對因素 F 大小的敏感程度，$\bar{F}$ 為因素 F 的大小。

我們可以容易地將此模型拓展為多因素模型，即證券收益由一系列影響因素所決定。該模型習慣上以下面的表達式來描述：

$$E(r_i) = \lambda_0 + b_{i1}\lambda_1 + b_{i2}\lambda_2 + \cdots + b_{in}\lambda_n$$

其中，$E(r_i)$ 為證券 i 的預期收益；λ_0 為證券 i 預期收益中與因素無關的部分；b_{ik} 為證券 i 預期收益對第 k 個因素大小的敏感程度；λ_k 為證券 i 預期收益所面臨的第 k 個因素的大小。

因素模型的基本思想非常簡單，即對可能影響到證券預期收益的各種因素及其影響大小進行歸納和度量，其總和便是該證券的預期收益。但值得注意的是，該模型並沒有明確提出究竟哪些因素會影響證券預期收益，需要模型使用者根據自己的思考和研究來確定各因素的具體內容。例如，人們通常認為國民生產總值增長率、利率、通貨膨脹水平等等都是影響證券預期收益的因素。

(三) 套利機會與套利組合

所謂「套利」，是指人們不需要投資就可獲得收益的買賣行為，從經濟學角度講，「套利」是指人們利用同一資產在不同市場間定價不一致，通過資金的轉移而實現無風險收益的行為。例如：如果我們發現某件商品在重慶賣 10,000 元，而在上海賣 12,000 元，那麼，我們可以借入 10,000 元在重慶買入商品，並在上海以 12,000 元賣出，償還 10,000 元借款后將淨賺 2,000 元，這種行為就是套利行為，這樣的機會就叫作套利機會。在投資學中，我們將依照套利機會所構建的資產組合稱為套利組合。

為了更詳細地說明證券投資中的套利組合，我們再舉一例：假定市場中存在 A、B、C 三種證券，其相關情況如表 7.1 所示。

表 7.1　　　　　　　A、B、C 三種證券之間的套利

證券名稱	當前價格（元）	預期期末回報（元）
A	60	90
B	50	80
C	58	84

我們發現，對證券 A 和證券 B 按 4:6 的投資比例構建投資組合 P，P 的預期回報為 90×0.4 + 80×0.6 = 84，與 C 相同，而投資組合 P 的當前價格為 60×0.4 + 50×0.6 = 54，低於 C 的價格。於是我們可以賣空證券 C，以獲得的資金購入期末回報率與之相等的組合 P（但價格更低），從而實現套利。這種 A、B、C 之間的投資組合安排（賣空 C，對 C 的投資比例即為負）就構成一個套利組合。

(四）套利定價定理

按套利定價理論，當市場上存在套利機會時，投資者會不斷進行套利交易，從而不斷推動證券價格朝套利機會消失的方向變動，直到套利機會消失為止，如上例中由於投資者在套利時大量買入 A、B 而賣出 C，使得 A、B 價格升高而 C 價格下降，直到 A、B 所構成的組合 P 價格與 C 的價格持平，從而 P 與 C 的價格和預期收益都完全相等。此時市場進入均衡狀態，在該狀態下，證券預期收益完全由它所遵從的因素模型及各因素大小所決定，具有相同因素模型和因素大小的證券或證券組合將具有相同的預期收益，這個結論就是整個套利定價理論的核心論點。

四、有效市場假說

有效市場假說最早起源於法國數學家路易斯·巴舍利耶（Louis Bachelier）發表於 1900 年的博士論文。他應用統計學知識對巴黎股市的歷史數據進行研究，發現股票收益率的波動的數學期望為零，因此提出證券價格行為的基本原則是「公平游戲」，從長期看投機者無法獲得超過市場平均水平的利潤。市場的「有效」二字，正體現在其能迅速正確地確定價格，從而沒有人能夠在長期內通過價格投機而獲利。

巴舍利耶的研究在很長時間內沒有引起人們的重視，直到 20 世紀 50 年代才有經濟學家重新開始沿著他的思路進行研究，最后經濟學家尤金·法瑪（Eugene Fama）在 1970 年深化並正式提出了有效市場假說。

有效市場假說的基本思想，包含如下幾個要點：第一，市場上的每個人都是理性人（這是經濟學中的一個基本假設，即人總是能計算出各種選擇的利弊，並總是選擇對自己最有利的行為），每只股票所代表的各家公司都處於這些理性人的嚴格監視之下，他們每天都在進行基本分析，以公司未來的獲利性來評價公司的股票價格，把未來價值折算成今天的現值，並謹慎地在風險與收益之間進行權衡取捨；第二，股票的價格反應了這些理性人對股票的供求平衡，即在當前股價上，認為該價格被高估而賣出的股票數量與認為其被低估而買進的股票數量正好相等，否則如果兩者不等，供求關係會使得股價朝著使兩者相等的方向變化，最終在兩者相等時達到平衡；第三，股票的價格也能充分反應有關該資產的所有可獲得的信息，即「信息有效」，當信息變動時，股票的價格就一定會隨之變動。一個利好消息或利空消息剛剛傳出時，股票的價格就開始異動，當它已經路人皆知時，股票的價格也已經漲或跌到適當的價位了。

簡而言之，有效市場假說即是指由於大量理性人不斷地根據可獲得的信息進行證券買賣操作，使得證券的市場價格能迅速準確地反應出所有與其相關的信息對證券價格造成的影響，這樣一來，在長期內便沒有投資者能獲得超過市場本身收益的超額利潤。

根據市場價格所能反應的信息層次不同，有效市場被分為三類：

①弱式有效市場：在該類市場中，市場價格已充分反應出所有過去的證券價格信息，包括股票的成交價、成交量、賣空金額、融資金融等。因此在弱式有效市場中股票價格的技術分析失去作用，但基本分析還可能幫助投資者獲得超額利潤。

②半強式有效市場：在該類市場中，市場價格除反應出所有過去的證券價格信息外，還已充分反應所有已公開的有關公司營運前景的信息，包括成交價、成交量、盈利資料、盈利預測值、公司管理狀況及其他公開披露的財務信息等。因此在半強式有效市場中技術分析和基本分析都失去作用，擁有內幕消息的人可能獲得超額利潤。

③強式有效市場：在該類市場中，市場價格已充分地反應了所有關於公司營運的信息，包括所有已公開的或內部未公開的信息。因此在強式有效市場中沒有任何方法能幫助投資者獲得超額利潤。

顯而易見，在現實中完全滿足有效市場假說的市場是不存在的，但有效市場假說從理論上說明了信息披露、傳輸、解讀及反饋在證券價格形成過程中的重要作用，我們可以通過以上環節的不斷完善來構建更為有效的證券市場。

五、行為金融學

前面所介紹的現代投資理論，都是建立在理性人假設的基礎之上。但現實生活中，證券市場的參與者顯然並非完全理性的，投資者的心理波動與相關行為對證券市場的價格決定及其變動具有重大影響。行為金融學正是一種試圖對這些非理性行為進行研究和刻畫的理論。本書後面將有一節專門對行為金融學理論及其相應的投資策略進行介紹。

第三節　基本投資策略

在本章開頭已經強調過，投資策略的確定，根據每個投資者具體情況的不同而有很大的不同，沒有放之四海而皆準的投資策略，甚至可以說，有多少個投資者，就有多少種不同的投資策略。但是通過疏理我們可以總結出一些基本的投資策略，而市場上眾多的投資策略其實就是這些基本策略的綜合或細化。下面的內容就是從組合構建、管理方式、收益來源、風險偏好等四個最為基礎的考察角度出發，對相應的基本投資策略進行一個簡要的介紹。

一、重點投資策略與分散投資策略

本書前面幾章的內容概括起來，是在講如何從一支股票的技術面和基本面入手來判斷是否買入和賣出。而傳統的股票投資，基本都是通過綜合分析技術面、基本面、消息面的情況來確定操作策略，不同策略之間的區別主要在於側重點不同，有的更側重於技術面，而有的則側重於基本面或者消息面。由於投資者所能掌握的信息和知識始終有限，因此採取此類策略的投資者通常只會選擇少數一些自己最為熟悉、最為看好的證券來構建投資組合，所以該類策略被稱為重點投資策略。

但從20世紀50年代以來，隨著本章所介紹的一系列現代投資理論的興起，各種分散投資策略逐漸開始從理論界進入實務界。

根據馬柯威茨投資組合理論的基本思想，將投資分散於很多不同的證券同時，風

險也得到分散，單個證券所面臨的風險將不足以影響到整個投資組合，特別是當投資組合中有相互間收益相關係數為負的股票存在時，更是能起到「失之東隅，收之桑榆」的效果，從而有效地降低了投資組合的整體風險。而后來的資本資產定價模型、套利定價模型及有效市場假說等更是從理論上證明了，若把整個市場看成是一個巨大的投資組合，在理想狀態下，其本身就是風險和收益的一個最優結合，其他所有可能的投資組合與市場組合進行比較，要麼風險更低收益也更低，要麼收益更高風險也更高，要麼更是風險高而收益低，而不存在風險更低且收益更高的組合。

　　正是基於以上思想，越來越多的投資者，尤其是擁有大量資金的投資者，開始嘗試使用數學和統計學的方法來構造符合自己風險偏好的投資組合。他們通過對大量證券的歷史數據進行統計學分析，得出風險—收益比率滿足要求的投資組合，由於這類組合通常要求同時對大量彼此相關性較小的證券進行投資以分散風險，所以被稱為分散投資策略。以 ETF 基金為代表的指數型基金，正是這一思想的典型應用。

　　但應當看到，儘管分散投資策略的研究成果和新應用層出不窮，傳統的基本分析方法仍然在市場中占據著舉足輕重的作用，是整個市場得以正常運轉的基礎。如前所述，分散投資策略的成功有賴於有效的市場，而有效市場的前提又是無數理性人每時每刻都在進行基本分析和相應的操作。如果所有人都放棄基本分析則整個市場就是無效的，此時基本分析都可能帶來超額收益，根據基本分析進行重點投資所獲收益將可能經常性地超過市場平均水平，分散投資策略雖然仍然能降低風險，但在收益方面表現將較大幅度地低於基於正確基本分析的重點投資，風險—收益比率的優勢不復存在。

　　事實上，由於現實中並不存在理論上所描述的那種完全有效的市場，對於擁有豐富知識和大量信息的投資者而言，採用基於基本分析的重點投資策略仍然可能獲得良好的收益，著名的投資大師巴菲特、羅杰斯等就是這一策略的傑出代表。巴菲特認為分散投資是「無知者的自我保護法」，而針對「不要將雞蛋放在一個籃子裡」這一分散投資的形象比喻，羅杰斯則有一個非常經典的評價——他認為正確的做法是「應當將所有雞蛋放在一個籃子裡，並小心地看管好，但是你要確定籃子是正確的籃子」。

　　當然，雖然有很多投資大師是採取了重點投資策略，但同時應當看到，對於投資知識相對欠缺，信息渠道不夠暢通的大多數普通中小投資者而言，想在長時期內通過基本分析獲得超過市場平均收益的難度是很大的。因此通過購買基金把資金交給專業的基金經理打理，或者通過購買指數基金等投資工具實現分散投資將是更為穩妥的選擇。

二、積極投資策略與消極投資策略

　　此處的積極與消極，是指投資者對於投資組合的管理主動與否。

（一）積極投資策略

　　其中積極投資策略，也稱時機抉擇型投資策略，即投資者根據證券價格的波動而不斷主動對投資組合進行相應調整的投資策略。其下又分為概念判斷型投資策略、價格判斷型投資策略和心理判斷型投資策略三種：

概念判斷型投資策略是指以基本面分析為基礎的投資策略，主要是通過在市場上尋找因各種錯誤定價而使價格暫時低於其內在價值的證券，待其價格迴歸其內在價值以上后擇機賣出以獲利；

價格判斷型投資策略是指以技術面分析為基礎的投資策略，當某個證券主要技術指標顯示在短期內出現異動的時候，即是買入或者賣出的時機。

心理判斷型投資策略則是以投資者對市場的悲觀與樂觀預期作為買賣的主要依據，這種策略既可能是順勢而動（指在投資者普遍悲觀時賣出，在樂觀時買入），也可能是逆勢而為（指在投資者普遍悲觀時買入，在市場樂觀時賣出）。

（二）消極投資策略

消極投資策略，也稱非時機抉擇型投資策略，即不以短期內的證券價格波動獲利，而依靠長期持有來獲得收益的投資策略，其下又分為簡單型長期持有策略和科學組合型長期持有策略兩種：

簡單型長期持有策略是指通過對證券內在價值和增長潛力的判斷，構建合適的投資組合，然后買入並長期持有，通過股息（或利息）以及證券內在價值的增長來獲利的投資策略，一旦確定了投資組合，除非特殊情況，很少再主動變更投資組合。

科學組合型長期持有策略則是通過統計學方法來構造投資組合以擬合某個基準指數的表現，並通過跟蹤誤差來衡量擬合度以調整投資組合，從而獲得與該指數收益相當的收益，此種投資策略所構建的組合也不會因證券價格的短期波動而變更，而是根據統計模型來決定是否變更投資組合。我們前面講分散投資策略時提到的指數基金同時也是此種策略的一個實際應用。

三、常用投資方法

（一）順勢投資法

對於小額股票投資者來說，由於投資能力有限，無法控制股市行情，只能跟隨股價走勢，採取順勢投資法。當整個股市大勢向上時，宜做多頭交易或買進股票持有；而當股市不振或股市大勢向下時，則宜賣出手中持有的股票，以持現待機而動。

順勢投資法只有在判明中期趨勢或長期趨勢時才可實施，而在只有短期趨勢時，則不宜冒險跟進。有些時候，順勢投資也不遂人意，如股價走勢雖已明確為漲勢，但已到漲勢頂峰，此時若順勢買進，則可能因股市迅速逆轉而受損；當股價走勢肯定為跌勢，但已到了回升邊緣，若這時順勢賣出，則同樣可能因此而受損。因此，採用順勢投資法常常可能因看錯趨勢或落后於趨勢而遭受損失。故此，採用這種方法必須注意兩個基本前提：一是善於判斷股市漲跌趨勢；二是對於這些趨勢及早確認，並及時採取行動。這就需要投資者隨時觀察股市變化的徵兆。

（二）攤平投資法

投資者在買進股票后，如遇股市行情急遽下跌，便會在價格上遭受虧損，但在未賣出了結之前，還沒有完全失敗，只要經濟發展前景仍有希望，耐心地持股等待，總

會有扳回成本的時期，甚至還有可能扭虧為盈。如果投資者希望早日收回成本或賺取利潤，就可運用攤平投資法。

攤平投資法就是指在投資者買進股票后，由於股價下跌，手中持股形成虧損狀態，當股價再跌一段以後，投資者再低價加碼買進一些以衝低成本的投資方法。

攤平投資法主要有兩種方式：

1. 逐次等數買進攤平法

當第一次買進股票后便被分檔套牢，等股價下跌至一定程度後，分次買進與第一次數額相等的股票。使用這種方法，在第一次投資時，必須嚴格控制，只能投入全部資金的一部分，以便留存剩餘資金作以後的等數攤平之用。如果投資者準備分三次來購買攤平，則第一次買入 1/3，第二次和第三次再各買進 1/3。採用這種方法，可能遇到股市行情變化及獲利的機會有幾種情況：①第一次買進後行情下跌，第二次買進同等數量的股票後，行情仍下跌，就再作同等數量的股票第三次買進，在這以後，如果行情回到第一次買進的價位，即可獲利。②買進第一次、第二次、第三次之後，行情繼續下跌，不過行情不可能永遠只跌不漲，只要行情有機會回到第二次的買價位，就可保本，略超過第二次買進價位便可獲利。

2. 倍數買進攤平法

這一方式是在第一次買進後，如果行情下跌，則第二次再買進第一次倍數的股票，以便攤平。倍數買進攤平可以做兩次或三次，分別稱為兩次加倍買時攤平和三次加倍買時攤平。兩次加倍攤平，即投資者把資金作好安排，在第一次買進後，如遇股價下跌，則用第一次倍數的資金作第二次買進，即第一次買進 1/3，第二次買進 2/3。例如，某投資者開始以每股 20 元的價格買進 1,000 股，現價格跌落到每股 14 元，投資者決定在此價位買進 2,000 股，這時平均成本降為每股 16 元。等股價回升超過每股 16 元時，即可獲利。三次加倍買進攤平的操作方法是指在第一次買進後，遇股價下跌，第二次買進第一次倍數的股票；第三次再買進第二次倍數的股票，即三次買入股票金額的分佈是：第一次 1/7，第二次 2/7，第三次 4/7。採用三次加倍攤平法，如果在第二次買進時就回升，則只要從第二次買進的價值回升 1/3 即可全部保本。如果行情到第三次買進後回升，則回升到第三次買進價格時即可獲利。

(三)「拔檔子」投資法

這是多頭降低成本、保持實力的操作方式之一。所謂「拔檔子」就是投資者賣出自己的持有股票，等股票價位下降后再補回來。投資者「拔檔子」並非對股市看壞，也不是真正有意獲利了結，只是希望趁價位高時，先行賣出，以便使自己賺回自己的一部分差價。通常「拔檔子」賣出與買回之間不會相隔太久，最短時間只有一兩天，最長也不過一兩個月。

具體地說，「拔檔子」投資有兩種方法：一是行情上漲一段後賣出，回降後補進的「挺升行進間拔檔」，這是多頭在推動股市行情上漲時，見價位已上漲不少，或者遇到沉重的壓力區，就自行賣出，使股價略微回落來化解上升阻力，以便於行情再度上升；二是行情下跌時，趁價位仍高時賣出，等跌低後再買回的「滑降間拔檔子」，這是套牢

的多頭或多頭自知實力弱於空頭時,在股價尚未跌到底之前先行賣出,等股價跌落後再買回反攻。

(四) 分段交易法

分段交易法包括分段買進法和分段獲利法兩種。

1. 分段買進法

許多投資者採取謹慎小心的策略,他們不是將手中擁有的資金一次性投入購買某種股票組合,而是將所有資金分成若幹部分,多次分段買進股票,這就是所謂的分段買進法。具體有兩種做法:①當股價在某一價格水平時買進一批,然后等股價上漲一小段後再買進第二批,以後依次再陸續買進若幹批次,這種分段買進法叫作「買平均高」。②與前一種情況相反,在某一股價水平上買進一批,待股價下降一小段後再買進一批,以後再陸續買進若幹批次,這種分段買進法叫作「買平均低」。這兩種做法的區別是買平均高可以在投入資金時就可同時獲得利潤,而買平均低則是在價格下跌時先購進,需要等到該股票價格反彈後,方能獲得利潤。

2. 分段獲利法

對於穩健保守的投資者來說,可以採用這一方法。所謂分段獲利法就是當所購買的股票創下新的高價行情時,便將部分股票賣掉,及時賺取相應的價差,再將剩下的股票保留下來,一旦買價呈現疲軟時,即使股價下跌,也可以安心持有,因為已有賺得的部分差價,不至於賠得很多。

有時不少投資者發現所持股票的市場價格上漲時,便迫不及待地傾囊拋售,這種做法可能會賺錢很多,但如果估計失誤,價位繼續上升,就會失去賺更多錢的機會。相比之下,分段分次拋售股票雖然會因價格下落而減少所得利潤,但比一次買賣要穩妥,而且,如果股價居高不下時還有可能提高利潤率。

(五) 保本投資法

在經濟景氣不明顯,股市行情變化難以捉摸時,投資者可採用保本投資法來避免自己的本金遭受損失。採用保本投資法時,投資者應先估計自己的「本」,即投資者心目中主觀認為在最壞情況下不願被損失的那部分金額,也即處於止損點的資金額,而不是購買股票時所支付的投資金額。

保本投資的關鍵在於做出賣出的決策。在制訂出售股票的決策時,首先要定出心目中的「本」,要做好充分的虧損打算,而不願虧損的那部分即為「本」,其次是要確定賣出點,即所謂停止損失點。

確定獲利賣出點是針對行情上漲所採取的保本投資策略。獲利賣出點是指股票投資者在獲得一定數額的投資利潤時,決定賣出的那一點。這裡的賣出,不一定是將所有持股全部拋出,而是賣出其欲保的「本」的那一部分,例如,某投資者在開始投資時以每股50元的價格買進某種股票100股,這時的投資總額就是5,000元,如果該投資者將其所要保的「本」定為總投資額的50%即2,500元,那麼,在行情上升的市場上,當價格上升到使其所持有股票的總值達到投資額加上其所要保的「本」,即達到獲利賣出點7,500元時,單位股價是每股75元,這時,該投資者就可賣出一部分持股,

只要能保證原來的「本」即 2,500 元，這部分股數為 2,500/75 = 100/3 股，即可賣出原有持股的 1/3。保本之後的持股量為餘下的 2/3，即 100×2/3 股，股價總值為 (100×2/3)×75 = 5,000 元。就是說，保本後持股數量雖然減少了，但其所持股票的價值仍與其最初投資總金額一樣。實際上，投資者可將其所收回的「本」2,500 元視為投資利潤。

在第一次保本以後，投資者還可以再確定要保的第二次「本」，其比例可以按第一次保本的比例來定，也可以按另一個比例來定，一般說來第二次保本比例可定低一些，等到價格上升到獲利賣出點時，再賣出一部分，行情如果持續上升，可持續地賣出獲利，以此類推，可以做多次獲利賣出。

止損點是當行情下跌到投資者心中的「本」時，立即賣出，以保住其最起碼的「本」的那一點。簡言之，就是投資者在行情下跌到一定比例的時候，全部賣出所有股，以免受過多損失的做法。停止損失點是指當股價下降到持股總值僅等於投資總額減去要保的「本」時的那一點，假定上例中股價不是上升而是下降了，此時的停止損失點就是 (5,000 − 2,500)/100 = 25（元），這時若把全部持股賣出，正好保住要保的「本」，即 100×25 = 2,500 元。

（六）投資三分法

穩健的投資者在對其資金進行投資安排時，最常用的方法是「投資三分法」。這種方法是將其資金分為三個部分：第一部分資金存於銀行，等待更好的投資機會出現或者用來彌補投資的損失；第二部分資金用於購買股票、債券等有價證券作長期投資，其中 1/3 用來購買安全性較高的債券或優先股，1/3 購買有發展前景的成長性股票，1/3 購買普通股，用以差價獲利；第三部分資金購置房屋、土地等不動產。投資三分法是投資組合原理的具體運用。購買債券或優先股儘管收益有限，但安全可靠。購買具有潛在增長能力的成長股，目的是獲取預期豐厚的未來投資收益。購買普通股，目的是希望獲得買賣差價收益。

第四節　行為金融下的投資策略

一、行為金融學的興起

到本節為止，本章所介紹的金融理論都建立在市場參與者是理性人的假設基礎之上。在這些理論所描述的完美狀態之下，市場是有效的，長期內想要戰勝市場而獲得超過市場平均收益的超額利潤是不可能的。

對於這種與實際情況相悖的理論假設，學術界一直以來都是存在爭議的。有效市場支持者們對此的觀點是，即使投資者的行為並不總是理性的，大量非理性行為所產生的「合力」對市場有效性的影響也會為零，在此情況下市場仍然是有效的。

但是近二三十年來，大量實證研究表明，現實的金融市場中確實存在著大量與有

效市場理論狀態不符的「市場異象」，例如有學者發現，價值型公司股票即所謂「三低」股（低市淨率，低市價—帳面價格比，低歷史收益）的表現長期勝出於市場平均回報率及對應的三高股；又有學者發現，證券市場的參與者普遍表現出存在太長時間地持有虧損股票而太短時間地賣掉盈利股票的傾向；還有學者發現，證券市場在一月份和每個月最後一天及下一個月前四天的收益，從長期看高於市場平均水平，而星期一的長期平均收益則低於市場平均收益；另外還有諸如股票投資的長期收益率遠高與債券投資和市場平均水平，小公司股票的長期收益率高於大公司和市場平均水平等等異象。

這些異象表明，完美的有效市場在現實中是並不存在的。因此越來越多的金融學家開始接受投資者並非完全理性，且其非理性行為將會影響到市場有效性這一觀點，並著手將心理學、社會學、人類學等其他學科的研究方法和成果引入到金融研究中來，從而逐漸形成了一門新興的學科——行為金融學。

行為金融學產生的意義在於確立了市場參與者心理因素在決策、行為以及市場定價中的作用和地位，否定了此前的金融理論中關於投資者為理性人的簡單假設，更加符合金融市場的實際情況。對於實際應用而言，這意味著針對各種非理性市場行為的投資策略有了理論依據，近年來，在美國已經出現了基於行為金融理論的證券投資基金。

二、行為金融學理論基本觀點

迄今為止，作為新興學科的行為金融學尚沒有形成一套系統、完整的理論體系，目前的研究成果都是零散地專注於某一或某些可能對資本市場產生系統性影響的投資者心理特點以及行為特徵的研究。

其中，最值得關注的投資者心理特點有如下幾個方面：

第一，處理信息的啓發式方法。現代社會信息量越來越大，傳播速度也越來越快，金融市場決策者面臨的情況日益複雜，決策者將不得不更多的使用啓發式方法進行決策。這種方法是使用經驗或常識來回答問題或進行判斷，它意味著對信息進行快速的、有選擇性的解釋，在很大程度上取決於直覺。由於決策的速度很快以及不完整性，使用啓發式方法可能得不出正確的結論，從而造成認知錯誤和判斷錯誤。啓發式方法一般包括：一是典型性。這種啓發性方法是一個諺語的起源：「如果它看起來像只鴨子並且嘎嘎的叫聲像只鴨子，它可能是只鴨子。」在形成預期時，人們通過評估未來不確定事件的概率與其最近所觀察到事件的相似程度。典型性會使投資者對新信息反應過度，也就是投資者在形成預期時給予新信息太多的權重。二是顯著性。對於發生不頻繁的事件，如果人們最近觀察到這種事件，那麼人們傾向於過分估計這種事件在未來發生的概率。例如，如果最近一架飛機墜毀的消息頻繁地被媒體傳播，人們將過高估計飛機未來發生墜毀的概率。顯著性也可能使得投資者對新信息反應過度。三是自負。人們對自己的能力和知識非常自負。例如，當人們說這件事有90%可能性將發生或這聲明是真即時，那麼這種事件發生的可能性小於70%。自負可能使投資者對新信息反應遲鈍。四是錨定。心理學家已經證明，當人們進行數量化估計時，他們的估計判斷可

能被該項目先前的價值所嚴重影響。例如，二手車的銷售商通常是在開始談判時先給出個並不合理的高價，而消費者在還價時會不自覺地將這個不合理高價納入自己還價的參考體系。錨定也可能使得投資者對新信息反應遲鈍。

第二，后悔。人類犯錯誤后的傾向是后悔，並會嚴厲自責，而不是從更遠的背景中去看這種錯誤。后悔理論有助於解釋投資者延遲賣出價值已減少的股票，加速賣出價值已增加的股票。有學者指出后悔理論表明投資者避免賣出價值已減少的股票是不想使已犯的錯誤成為現實，從而避免后悔，投資者賣出價值已增加的股票是為了避免價格隨后可能降低而造成后悔。

第三，認知不協調。認知不協調是人們被告知有證據表明其信念或假設是錯誤時，人們所體驗的心理和智力上的衝突。認知不協調理論認為，人們存在採取行動減輕未經充分理性思索的認知不協調的傾向；人們可以迴避新信息或開發出扭曲的論據以保持自己的信念或假設正確。例如新車買主有選擇地避免閱讀他們其他車型的廣告，而去看他們所選擇車型的廣告。

第四，迴避損失。趨利避害是人類行為的主要動機之一，而對「趨利」與「避害」的選擇在經濟活動中是首先考慮如何避免損失，其次才是獲取收益。研究表明，人們在從事金融交易中賦予「避害」因素的考慮權重是「趨利」因素的兩倍，而非此前的金融理論所描述的那樣，使用方差描繪風險，對收益正向與負向的波動一視同仁。

第五，羊群效應。人們的相互影響對人的偏好改變的作用是十分巨大的，追求時尚與盲從心理便是其中最突出的特點，這對經濟決策的形成與改變具有特殊的影響力。在金融投資領域，人們往往是顯著的、非理性的從眾心理特徵與行為。

基於上述的心理特點，投資者具有如下一些行為金融學界公認的行為特徵：

第一，決策者的偏好是多樣的、可變的，他們的偏好經常在決策過程中才形成；

第二，決策者是應變性的，他們根據決策的性質和決策環境的不同選擇決策程序或技術；

第三，決策者追求滿意方案而不一定是最優方案。

儘管這些決策特徵之間相互作用的特點和對市場的影響尚不十分明確，但實證研究表明，這些投資者行為特徵與市場整體投資特性是相關的，如市場上普遍存在的以下現象：股票價格的過度波動性和價格中的泡沫；追隨領導者和從眾行為；過早地售出盈利投資和過晚售出失敗投資；資產價格對新的市場信息反應過度或不足等。

三、行為金融學下的投資策略

行為金融學的理論意義在於確立了市場參與者的心理因素在投資決策行為以及市場定價中的作用和地位，否定了傳統金融理論關於理性投資者的簡單假設，更加符合金融市場的實際情況。而其實踐指導意義在於投資者可以針對種種非理性市場行為和現象，採取相應的投資策略來實現投資盈利目標。目前在美國證券市場上，有數家資產管理公司在實踐著行為金融學的理論，其中有的基於行為金融的共同基金取得了複合年收益率25%的良好投資業績。考察中國證券市場的投資者行為特點，我們也可以總結出一些符合中國金融市場現狀的行為金融學投資策略：

1. 反向投資策略

此種策略就是買進過去表現差的股票而賣出過去表現好的股票來進行套利的投資方法。行為金融理論認為，由於投資者在實際投資決策中，往往過分注重上市公司的近期表現，從而導致對公司近期業績情況做出持續過度反應，形成對績差公司股價的過分低估，最終為反向投資策略提供了套利的機會。

2. 動量交易策略

對股票收益和交易量設定一個定量的買賣標準，一旦股票收益和交易量達到買賣標準則立即買入或賣出股票的投資策略。動量投資策略的主要理論依據是證券價格通常在中期內（如 3～12 個月）具有一定的慣性，即過去 3～12 個月內上漲的股票在未來 3～12 個月內上漲的可能性大於下跌的可能性，反之亦然。嚴格按照所制定的價量標準進行買賣，實際上是試圖利用這種慣性。

3. 小公司效應策略

這是指盡量選擇小公司股票進行投資。小公司策略利用了行為金融學中的小公司效應，因為大多數的研究發現，在大多數時間和大多數市場，小盤股比大盤股的收益率高。所以從長期看，投資小盤股會獲得較高的收益。

4. 相反策略

由於市場中廣泛存在羊群行為，證券價格的過度反應將是不可避免的，以至於出現漲過了頭或者跌過了頭的現象。投資者可利用可以預期的股市價格反轉，採取相反投資策略來進行套利交易。相反策略是針對羊群行為而制定的一種積極的投資策略。

四、應用行為金融理論指導投資時需注意的問題

行為金融學的價值在於它試圖理解和預測人們的心理決策過程對於金融市場的影響。考慮了心理因素的行為金融學相較於傳統基於理性人假設的金融市場理論，顯然更貼近現實，所以證券市場中存在的很多運用傳統金融理論無法解釋的金融現象，可以用行為金融理論則可以很好地解釋，並由此導致了許多有價值的行為投資策略。但在具體運用這些投資策略時還要注意以下幾點問題：

首先，行為金融理論本身也是處於不斷發展之中。行為金融理論的投資策略是：在大多數投資者尚未意識到自己的非理性行為造成了定價錯誤時投資於某些證券，待到大多數投資者意識到錯誤並消除這些錯誤時獲利收益。那麼一旦證券市場的大多數投資者都認識到了問題所在（如大家都注意到了小公司效應）並採取相同的策略，顯然這種錯誤定價的現象就自然會消失，獲利機會也將不復存在。相信隨著行為科學的深入研究、證券市場的不斷變化和發展，會發現更多的行為金融問題，而一些已有的行為金融現象將會因被大多數投資者所關注而淡化直至消失。因此在應用行為金融投資策略時，要防止教條化。

其次，要切忌對國外現有行為投資策略的簡單模仿。現有的行為金融理論主要是在發達的金融市場產生的。中國證券市場同成熟的證券市場比較，還是一個新興的證券市場——歷史短、不規範。中國金融市場與發達的金融市場相比的特殊性決定了我們在運用行為金融投資策略時，不是對國外現有行為投資策略的簡單模仿，而應當掌

握行為金融學的理論方法，對中國證券市場的行為特點進行深入研究，探索適應中國證券市場運行特點的我們自己的行為金融學投資策略。

最後，不同投資者需要關注行為金融的不同方面。將行為金融學的研究成果運用到中國證券市場的實踐中，可以合理引導投資者的行為。對於廣大中小投資者，需要通過教育來使其趨於理性化，提高證券市場投資者的投資決策能力和市場的運作效率。而對於機構投資者，則需要提高其投資管理水平，樹立責任意識，減少散戶式的追漲殺跌操作，起到市場中流砥柱的作用。

總之，只有呼籲各個層次的投資者積極參與探討中國金融市場存在的各種行為金融問題，對行為金融的研究才能真正對中國資本市場的發展起到正面作用。

本章小結

1. 通常用收益率來衡量證券投資的收益，並用收益率的方差來衡量投資風險的大小。

2. 現代投資理論體系主要包括：現代資產組合理論、資本資產定價模型、套利定價理論及有效市場假說。

3. 對投資策略而言，有兩組最基本的概念——重點投資策略與分散投資策略，積極投資策略與消極投資策略。而具體到普通投資者，常用的投資方法有順勢投資法、攤平投資法、「拔檔子」投資法、分段交易法、保本投資法、投資三分法等。

4. 行為金融學對於傳統金融理論的發展主要是將心理學、社會學、人類學等其他學科的研究方法和成果引入到金融研究中來，試圖通過理論模型來描述人類的各種非理性行為對於金融市場影響。

5. 行為金融學下的投資策略，就是利用人們在金融市場上常見的非理性行為來進行投資並獲利的一類投資策略，對中國市場較常採取的策略有反向投資策略、動量交易策略、小公司效應策略、相反策略等。

重要概念提示

投資收益、投資風險、現代資產組合理論、資本資產定價模型、套利定價理論、有效市場假說、基本投資策略、行為金融學、行為金融投資策略

復習思考題

（1）證券投資中面臨的風險有哪些？
（2）現代投資理論體系包含了哪些內容？
（3）簡述積極投資策略和消極投資策略。
（4）你如何評價行為金融學？

參考文獻

［1］中國證券業協會. 證券投資分析［M］. 北京：中國財政經濟出版社，2008.
［2］滋維・博迪，等. 投資學.［M］.6版. 北京：機械工業出版社，2005.
［3］陳永生. 投資學［M］. 成都：西南財經大學出版社，2004.
［4］威廉・夏普，等. 投資學［M］.5版. 北京：中國人民大學出版社，2002.
［5］莊新田，高瑩，金秀. 證券投資分析［M］. 北京：清華大學出版社，2008.
［6］李國強，李雯. 證券投資分析［M］. 北京：機械工業出版社，2008.
［7］楊老金，鄒照洪. 證券投資分析［M］. 北京：經濟管理出版社，2009.

習題答案

第一章

（1）你會從哪些渠道搜集關於證券投資方面的信息？

答：①公開渠道。公開渠道主要是指投資者通過網路、電視、廣播以及各種書刊、報紙、雜誌、其他公開出版物等媒體獲得公開發布的信息。這一信息來源種類繁多，提供的信息量最為龐大，是進行證券投資分析的最重要的信息來源。按照不同的分類標準，可以對這些來源的信息進行不同的分類。②商業渠道。由於公開渠道的信息種類繁多，提供的信息量極為龐大，給投資者帶來很多不便。因此，某些機構便將各種信息進行篩選、分類和整理，讓投資者有償使用，使投資者節省時間和精力，大大提高工作效率。另外如會計公司、銀行、資信評估機構、諮詢機構、證券公司等商業機構，有專門的人員進行資料的收集、整理、分析工作，並撰寫研究報告，這些報告通常以有償的形式向使用者提供。③實地訪查。實地訪查是獲得證券分析信息的又一個重要來源。它是指證券投資分析人員直接到有關的證券公司、上市公司、交易所、政府部門等機構去實地瞭解證券分析所需的信息資料。

（2）請結合自己的性格特點分析證券投資中的自我定位。

答：性格決定了投資者是穩健型、激進型還是中庸型。按照對待收益與風險的態度，證券投資者可以分為穩健型、激進型與中庸型的投資者。穩健型投資者比較注重投資的安全性，抗御風險能力較弱，屬於低風險傾向的投資者。激進型投資者為獲取較高的投資收益，他們願意承擔較大風險。中庸型投資者介於穩健型與激進型投資者之間，他們比較注重平衡風險與收益的關係，力求在保本的前提下獲取盡可能多的收益，他們既希望獲取穩定的利息和股息收入，也不會輕易放過獲取證券差價收益的機會；他們願意為豐厚的盈利承擔一定的風險，但在風險超過一定程度時就會斷然放棄高利的誘惑。

（3）淺談你對技術分析法的看法。

答：技術分析是僅從證券的市場行為來分析和預測證券價格未來變化趨勢的方法。證券的市場價格、成交量、價和量的變化以及完成這些變化所經歷的時間是市場行為最基本的表現形式。技術分析的理論基礎是建立在以下三個假設之上的：市場的行為包含一切信息；價格沿趨勢移動；歷史會重複。其理論的主要內容包括 K 線理論、切線理論、形態理論、技術指標理論、波浪理論和循環週期理論等。技術分析的優點有：①簡單方便，特別是科技發達的今天，通過現代化電腦手段，每一只股票的變化便一

目了然。②客觀理性的分析。圖表上無論買入或賣出訊號，都不可能因人為主觀的意願而改變。③保障利潤，限制損失。如果投資者可以把理論和實踐相結合，技術分析可以輔助我們在投資上達到這個目的。但是技術分析也有一定的缺陷，主要表現在以下幾個方面：①技術分析訊號的出現往往和最高或最低價有一段距離，如果投資者不習慣這些信息，未果斷採取相應的買賣策略，常常會錯失機會。②技術分析經常有「走勢陷阱」出現，混淆投資者的視線，令投資者對出現的訊號往往採取不信任的態度。③技術分析不可能告訴我們每一次價格波動的最高價和最低價，也不可能告訴投資者每一次上升或下跌完結的時間。因此，技術分析主要適用於短期的證券價格的預測。

（4）淺談你對證券投資的認識。

答：證券投資是投資者（國家、企業或個人）用貨幣資金購買股票、債券、基金等有價證券以及這些有價證券的衍生品以獲取收益的投資行為和投資過程，同時承擔與所得收益相稱的風險。它是促進資本集聚、擴大再生產能力的重要形式，又是促進社會財富增值的重要手段。隨著證券市場和股份制經濟的發展，證券投資已成為社會大眾的主要投資方式之一。

證券投資的目的包括獲取收益、分散風險、增加流動性三個目的。獲取收益是每個投資者在投資前首先考慮的目的，投其次是分散風險，第三個目的是增加流動性，保證投資者應急的支付需要。

第二章

（1）現在有一家公司發行股票，在未來的三年裡，公司都會在每年的這一天支付每股20元的股息，三年後公司股利政策發生改變，每股股息按照6%的速度增長，如果投資者要求的10%的回報率不變的話，那麼現在公司的股價應該是多少？

答：這道題是不變增長模型和可變增長模型的結合。根據書中公式（2.7）：

$$V = V_{T-} + V_{T+} = \sum_{t=1}^{T} \frac{D_t}{(1+k)^t} + \frac{D_{T+1}}{(k-g)(1+k)^T}$$

帶入數據可以算出股價是425.4元。

（2）某公司發行零息票債券，面值為1,000元，債券的期限是7年，市場利率是10%。那麼這樣一份債券內在價值是多少？

答：根據公式（2.10）：

債券價值 $= \dfrac{面值}{(1+r)^T}$，帶入數據可以算出債券價值是513.13元。

（3）淺談你對市盈率的認識。

答：市盈率 $= \dfrac{每股價格}{每股收益}$ 市盈率和公司的股票收益率是正相關的，因為每股收益率高的項目會帶來增長的空間，與此同時，我們也可以發現市盈率將隨著再投資率的增加而增加，因為當公司擁有好的投資機會時，公司將更多的盈餘用於再投資，那麼

市場將給予公司更高的市盈率。因此當投資者偏好於那些高成長的公司時，他們往往可以選擇那些高市盈率的股票；如果投資者更看重公司穩定的股息流，那麼投資者則會傾向選擇那些市盈率較低的公司。在有效市場下風險結構類似的公司，其股票的市盈率也應當一致。因此只要選擇一系列風險結構類似的公司並求得市盈率的平均數，就可以此作為市盈率的估計值。然后根據每股的收益來計算出股票的投資價值。一家公司的股票若其市盈率大大超出同類股票，都需要有充分的理由支持。一家公司享有非常高的市盈率，說明投資人普遍相信該公司未來每股盈餘將快速成長，以至數年后市盈率可降至合理水平。一旦盈利增長不如理想，支撐高市盈率的力量無以為繼，股價往往會大幅回落。

（4）淺談對利率期限結構的認識。

答：①市場預期理論，又稱「無偏預期」理論，它認為利率期限結構完全取決於對未來利率的市場預期。如果預期利率上升，則利率期限結構會呈上升趨勢；如果預期未來利率下降，則利率期限結構會呈下降趨勢。在市場預期理論中，某一時點的各種期限債券的即期利率是不同的，但是在特定時期內，市場上預計所有債券都取得相同的收益率，而不管其期限的長短，即長期債券是短期債券的理想替代物，長短期債券取得相同的收益率，即市場是均衡的。②流動性偏好理論的基本觀點是相信投資者並不認為長期債券是短期債券的理想替代物。這一方面，是由於投資者意識到他們對資金的需求會比預期的早，因此他們有可能在預期的期限前被迫出售債券；另一方面，他們認識到，如果投資於長期債券，基於債券未來收益的不確定性，他們要承擔較高的價格風險。因此投資者在接受長期債券時就會要求風險補償，這便導致了流動性溢價的存在。③市場分割理論認為，在貸款或融資活動進行時，貸款者和借款者並不能自由地在利率預期的基礎上將證券從一個償還期部分替換成另一個償還期部分，或者說，認為市場是低效的。在市場上存在著分割的情況，投資者和借款人由於受到了法律、偏好或者某種投資期限習慣的制約，他們的貸款或融資活動總是局限於一些特殊的償還期部分。而且在其最嚴格的限制形式下，即使現行的利率水平說明如果他們進行市場間的轉移會獲得比實際要高的預期收益率，投資者和借款人也不會離開自己的市場而進入另一個市場。

（5）淺談你對金融衍生產品的看法

答：衍生證券是一種金融工具，其價值依附於更基本的標的資產，衍生證券是對風險的配置。常見的衍生工具有遠期、期貨、互換和期權等，這些衍生證券分別有著各自的特點，在股票市場中期權經常被使用，在匯率和利率交易中互換則更受歡迎，而在實物商品市場中遠期和期貨則較為常見。

（6）淺談你對中國基金行業整體發展前景的看法。

答：基金在中國具有良好的發展前景，原因是：第一，中國證券市場的規模在國民經濟中的比例還很小，未來會有很大發展，這將為投資基金提供運作空間；第二，中國證券市場中眾多的中小個人投資者是投資基金發展的基礎；第三，日益完善的法律體系是投資基金在中國健康發展的保障。中國投資基金將會在規模、品種及投資理念和策略方面得到發展。

第三章

（1） 簡述宏觀經濟分析的意義。

答：在證券投資領域中，宏觀經濟分析非常重要，只有把握住經濟發展的大方向，才能做出正確的長期決策；只有密切關注宏觀經濟因素的變化，尤其是貨幣政策和財政政策因素的變化才能抓住市場時機。證券投資與國民經濟整體素質、結構變動息息相關。不同部門、不同行業與成千上萬的不同企業相互影響、互相制約，共同作用於國民經濟發展的速度和質量。證券投資與國家宏觀經濟政策息息相關。在市場經濟條件下，國家通過財政政策和貨幣政策來調節經濟，或擠出泡沫，或促進經濟增長，這些政策直接作用於企業，從而影響經濟增長速度和企業效益。因此，證券投資必須認真分析宏觀經濟政策，這無論是對投資者、投資對象，還是對證券業本身乃至整個國民經濟的快速健康發展都具有非常重要的意義。

（2） 人民幣升值對證券市場的影響。

答：人民幣升值，使中國產品競爭力減弱，出口型企業將受直接影響，相關企業的股票和債券價格下跌；相反，依賴於進口的企業和外債較大的企業成本降低，利潤增加，股票和債券的價格將上升。人民幣升值也有利於抑制國內通貨膨脹，帶動投機資金進入證券市場，為證券市場帶來積極影響。

（3） 如何判斷宏觀經濟週期？

答：由於經濟週期具有循環特性，所以某種程度上週期也是可以被預測的。我們可通過一組週期性指標來對經濟活動的短期變化做出預測、測度和解釋。具體來講，我們可用先行指標對經濟週期做出預測、先行指標包括：採購經理指數（PMI）、生產工人（製造業）平均周工作時數、初次申請失業保險的人數、製造商的新訂單、貨幣供給（M2）、消費者預期指數等指標。

（4） 貨幣政策和財政政策的基本內容分別是什麼？

答：所謂貨幣政策，是指政府為實現一定的宏觀經濟目標所制定的關於貨幣供應和貨幣流通組織管理的基本方針和基本準則。貨幣政策對經濟的調控是總體上和全方位的，貨幣政策的調控作用突出表現在以下幾點：

①通過調控貨幣供應總量保持社會總供給與總需求的平衡。在現代經濟社會中，社會總需求總是表現為具有貨幣支付能力的總需求。貨幣政策可通過調控貨幣供應量達到對社會總需求和總供給兩方面的調節，使經濟達到均衡。當總需求膨脹導致供求失衡時，可通過控制貨幣量達到對總需求的抑制；當總需求不足時，可通過增加貨幣供應量，提高社會總需求，使經濟繼續發展。同時，貨幣供給的增加有利於貸款利率的降低，可減少投資成本，刺激投資增長和生產擴大，從而增加社會總供給。

②通過調控利率和貨幣總量控制通貨膨脹，保持物價總水平的穩定。無論通貨膨脹的形成原因多麼複雜，從總量上看，都表現為流通中的貨幣超過社會在不變價格下所能提供的商品和勞務總量。提高利率可使現有貨幣購買力推遲，減少即期社會需求，同時也使銀行貸款需求減少；降低利率的作用則相反。中央銀行還可以通過金融市場

直接調控貨幣供應量。

　　③調節國民收入中消費與儲蓄的比例。貨幣政策通過對利率的調節能夠影響人們的消費傾向和儲蓄傾向。低利率鼓勵消費，高利率有利於吸收儲蓄。

　　④引導儲蓄向投資的轉化並實現資源的合理配置。財政政策是政府依據客觀經濟規律制定的指導財政工作和處理財政關係的一系列方針、準則和措施的總稱。財政政策分為長期、中期、短期財政政策。各種財政政策都是為相應時期的宏觀經濟調控總目標服務的。財政政策的短期目標是促進經濟穩定增長。從中國現實情況來看，經濟過熱、投資和消費過度膨脹而造成社會總供求不平衡是經濟不能保持穩定增長的主要原因。財政政策主要通過預算收支平衡或財政赤字、財政補貼和國債政策手段影響社會總需求數量，促進社會總需求和社會總供給趨向平衡。財政政策的中長期目標，首先是資源的合理配置。總體上說，是通過對供給方面的調控來制約經濟結構的形成，為社會總供求的均衡提供條件。比如，政府支出方向直接作用於經濟結構的調整和制約，財政貼息手段引導社會投資方向，以配合產業政策為經濟持續穩定增長創造均衡條件。其次，中長期政策的另一個重要目標是收入的公平分配。

第四章

　　（1）行業可以劃分為哪些市場結構？它們分別有什麼樣的特點？

　　答：①完全競爭市場是指競爭不受任何阻礙和干擾的市場結構。其特點是：生產企業數量多，生產資料可以完全流動。單個企業很難控制或影響市場價格，只能被動地接受既定市場價格，企業的盈虧基本上由市場需求決定。生產的產品是同質的，相互之間完全無差別。買賣雙方對市場信息充分瞭解，生產者可以自由進出市場。

　　②壟斷競爭市場指一個市場中有許多企業生產和銷售有差別的同種產品。其特點是：產品存在差別，這種差別可以是現實的差別，也可以僅僅是消費者觀念上或消費習慣上的差別。由於產品差異性的存在，每個企業對自己的產品的價格都有一定的控制力，產品差別越大，企業的壟斷程度也就越高。企業數量仍然很多，產品之間替代性很強，單個企業無法控制產品的價格，只能在價格水平大致相同的條件下在一定範圍內決定本企業的產品價格。價格和利潤仍受市場供求關係決定，但產品品牌、特徵、質量在一定程度上會對價格產生影響。

　　③寡頭壟斷市場是指少數幾家生產集團控制了整個市場的產品生產和銷售的這樣一種市場結構。寡頭壟斷的特點是：企業數量很少，產品替代性強。企業對市場價格和交易具有一定的壟斷能力。這類行業基本上是資本密集型或技術密集型產品，如鋼鐵、汽車等重工業以及少數儲量集中的礦產品如石油等。由於生產這些產品需要巨額資本、高新的技術水平和複雜的生產工藝或產品儲量的分佈，從而限制了大量新企業進入。

　　④完全壟斷市場是指整個行業完全處於一家企業控制的市場結構。其特點是：市場上只有唯一的一個企業生產和銷售產品，且沒有任何相近的替代品，其他任何企業進入該行業都極為困難或不可能，該壟斷企業可以控制和操縱市場價格。

(2) 影響行業興衰的因素有哪些？

答：行業興衰實質上是行業在整個產業體系中的地位變遷過程，也就是行業經歷由幼稚產業到先導產業、主導產業、支柱產業最后到夕陽產業的過程；是資本在某一行業領域由形成、集中、大規模聚集到分散的過程；是新技術由產生、推廣、應用、轉移到落后的過程。影響行業興衰的因素主要有技術進步、產業政策、行業的組織創新、社會習慣的改變以及經濟全球化等多種因素。

(3) 行業分析的方法有哪些？

答：①歷史資料研究法。歷史資料研究法是通過對已有資料的深入研究，尋找事實和一般規律，然後根據這些信息去描述、分析和解釋過去的過程，同時解釋當前的狀況，並依據這種一般規律對未來進行預測。這種方法的優點是省時、省力並節省經費；缺點是只能被動地按照現有資料，而不能主動地去提出問題並解決問題。

②調查研究法。調查研究法是收集第一手資料用以描述一個難以直接觀察的群體的最佳方法。它一般通過抽樣調查、實地調研、深度訪談等形式，通過對調查對象的問卷調查、訪查、訪談獲得資訊，並對此進行研究。當然，也可以利用他人收集的調查數據進行分析，即所謂的二手資料分析的方法，這樣可以節省費用。這種方法的優點是可以獲得最新的資料和信息，並且研究者可以主動提出問題並獲得解釋，適合對一些相對複雜的問題進行研究時採用。缺點是這種方法的成功與否取決於研究者和訪問者的技巧和經驗。在向相關部門的官員諮詢行業政策、向特定企業瞭解特定事件、與專家學者探討重大話題的時候，特別適用這種方法。

③歸納與演繹法。歸納法是從個別出發以達到一般性，從一系列特定的觀察中發現一種模式，這種模式在一定程度上代表所有給定事件的秩序。演繹法是從一般到個別，從邏輯或者理論上預期的模式是否確實存在。演繹法是先推論後觀察，歸納法則是從觀察開始。

④比較研究法可以分為橫向比較和縱向比較兩種方法。橫向比較是取某一時點的狀態或者某一固定時段的指標，在這個橫截面上對研究對象及其比較對象進行比較研究。比如將行業的增加情況與國民經濟的增長進行比較，從中發現行業增長速度快於還是慢於國民經濟的增長；或者將不同國家或者地區的同一行業進行比較，研究行業的發展潛力和發展方向等等。縱向比較主要是利用行業的歷史數據，如銷售收入、利潤、企業規模等，分析過去的增長情況，並據此預測行業的未來發展趨勢。利用比較研究法可以直觀和方便的觀察行業的發展狀態和比較優勢。

(4) 簡述行業的生命週期分析理論，並嘗試判斷一個自己感興趣的行業處於哪個階段。

答：任何行業都要經歷一個由成長到衰退的發展演變過程，這一過程可分為若干個發展的階段，每一階段顯示出不同的特徵。這個過程被稱為行業的生命週期。通常，行業的生命週期可以分為初創、成長、成熟和衰退四個階段。處於不同生命週期階段的行業具有不同的投資價值。在初創階段，行業內企業數量很少，產品價格很高，利潤很少甚至虧損，風險很大，通常適合風險投資者和投機者；在成長階段，企業數量增加，產品價格急速下降，利潤大幅增加，但由於競爭激烈，風險較大，投資於這類

公司需要精心研究上市公司的經營管理能力和市場開拓能力；在成熟階段，企業多數由於淘汰兼併而減少，產品價格穩定，銷售量和利潤都很高，風險降低；在衰退階段，企業數量進一步減少，銷售和利潤下降，甚至出現虧損，風險增大。

第五章

（1）簡述公司競爭力分析的內容。

答：①公司行業地位分析。行業地位分析的目的是判斷公司在所處行業中的競爭地位。上市公司在行業中的地位決定著該公司競爭能力的強弱和盈利水平。如果某公司為該行業的領導企業，在價格上具有影響力，其產品在市場上占主導地位，則該公司的競爭能力就較強；反之，企業的競爭能力就較弱。對於競爭能力較強的企業，其股票價格相對穩定或穩步上揚。衡量公司行業競爭地位的主要指標是行業綜合排序和產品的市場佔有率。

②公司產品的競爭能力分析。產品的競爭能力分析主要包括成本優勢分析、技術優勢分析、質量優勢分析三個方面。

成本優勢是指公司的產品依靠低成本獲得高於同行業其他企業的盈利能力。在很多行業中，成本優勢是決定競爭優勢的關鍵因素。如果公司能夠創造和維持全面的成本領先地位並創造出與競爭對手價值相等或價值近似的產品，那麼它只要將價格控制在行業平均或接近平均的水平，就能獲取優於平均水平的經營業績。企業一般通過規模經濟、專有技術、優惠的原材料和低廉的勞動力以及優良的經營管理降低生產成本和管理費用，實現成本優勢。

技術優勢是指公司擁有的比同行業其他競爭對手更強的技術實力及其研究與開發新產品的能力。這種能力主要體現在生產的技術水平和產品的技術含量和技術創新上。技術創新則不僅包括產品技術創新，還包括創新人才。具有技術優勢的上市公司往往具有更大的發展潛力，因而具有更強的競爭能力。

質量優勢是指公司的產品高於其他公司同類產品的質量，從而取得競爭優勢。由於公司技術能力及管理等諸多因素的差別，不同公司間相同產品的質量是有差別的。如果一個企業在與競爭對手成本相等或成本近似的情況下，其產品質量超過競爭對手，則該企業往往在該行業中占據領先地位。企業只有不斷提高產品的質量，才能提升公司產品的競爭力。

③公司產品的市場佔有率。市場佔有率是指一個公司的產品銷售量占該類產品整個市場銷售總量的比例。公司產品的市場佔有率，是衡量公司競爭地位的重要指標。如果企業產品在市場上供不應求，產品的市場佔有率就高，表示公司的經營能力和競爭力越強，公司的銷售和利潤水平越好、越穩定，公司股價亦會不斷上漲。對公司產品的市場佔有率的分析通常從產品銷售市場的地域分佈和公司產品在同類產品市場上的佔有率兩個方面進行考察。如果公司產品銷售市場是全國型的或是世界範圍型的，則公司的競爭能力就強；如果銷售市場是地區型的，其競爭能力一般較弱。如果公司的產品銷售量占該類產品整個市場銷售總量的比例高，表示公司的經營能力和競爭

(2) 財務報表中最基本的報表有哪些？它們分別有什麼內容？

答：在這些財務報表中，最基本的有資產負債表、利潤表和現金流量表。

資產負債表是反應公司某一特定時點（一般為季末、年中和年末）財務狀況的會計報表。它反應了公司資產、負債（包括股東權益）之間的平衡關係。

利潤表是指反應企業在一定會計期間的經營成果的會計報表，表明企業運用所擁有的資產的獲利能力，是投資者分析判斷公司盈利能力大小的主要依據。

現金流量表是公司的一種主要財務報表，它充分反應了企業一定時期的（通常為1年）現金的流入和流出。現金流量表編製的目的，是為了向會計報表使用者提供企業一定會計期間內現金和現金等價物流入和流出的信息，以便於報表使用者瞭解和評價企業獲取現金和現金等價物的能力，並據以預測企業未來現金流量。

(3) 公司的營運能力通過哪些指標來反應？

答：營運能力是指公司經營管理中利用資金營運的能力，一般通過公司資產管理比率來衡量，主要表現為資產管理及資產利用的效率。因此，資產管理比率通常又稱為營運效率比率，主要包括存貨週轉率（存貨週轉天數）、應收帳款週轉天數（應收帳款週轉率）、流動資產週轉率和總資產週轉率等。

(4) 財務比率分析有哪些內容？

答：財務比率分析是公司財務評價中最基本、最重要的分析方法，是將財務報表中相關的項目進行比較，以揭示它們之間存在的邏輯關係以及企業的經營狀況和財務狀況。不同的使用者對財務比率的要求不同。例如反應短期償債能力的流動比率對短期債權人來說越大越好，但對公司管理層來說可能被認為是沒有充分利用資金。

比率分析涉及公司管理的各個方面，大致可以歸為以下幾大類：償債能力分析、營運能力分析、盈利能力分析、投資收益分析、現金流量分析等。

(5) 財務分析中應注意的問題有哪些？

答：財務報表的局限性、報表的真實性問題、公司增資行為對財務結構的影響和會計政策和稅收政策的變化。

第六章

(1) 證券投資技術分析的基本前提是什麼？

答：①市場行為涵蓋一切信息。這一假設是技術分析的基礎，其主要思想是影響證券價格的所有因素，包括外在的、內在的、基礎的、政策的、心理的以及其他影響股票價格的所有方面的因素，將最終都必然體現在股票價格的變動上，在市場中得到反應。

②證券價格沿趨勢運動。這一假設是進行證券技術分析最根本、最核心的條件，這一假定的基本思想是，證券價格在一段時間內的上漲或下跌是存在一定規律的，在將來一段時間內，如果沒有足夠的力量改變這一趨勢，價格將沿襲過去的變化趨勢，即價格保持原來運動方向的慣性。

③歷史會重演。這最后一個假設是從統計和人的心理因素方面來考慮的，其含義是投資者過去的經驗可以作為制定投資策略的參考。

(2) 簡述壓力線和支撐線是如何相互轉換的？

答：支撐線又稱抵抗線。當股價跌到某個價位附近時，股價停止下跌，甚至可能回升，這是多方在此強勁的買入造成的。支撐線起到阻止股價繼續下跌的作用。壓力線又稱阻力線。當股價上漲到某個價位附近時，股價會停止上漲，甚至回落，這是因為空方在此拋售造成的。壓力線起到阻止股價繼續上升的作用。支撐線和壓力線能夠起到支撐和壓力的作用，很大程度上是由於人們心理方面的因素，兩者的相互轉化也是如此。一條支撐線如果被突破，那麼這條支撐線將變成壓力線；同理，一條壓力線被突破，這條壓力線將變成支撐線。這說明支撐線和壓力線的地位不是一成不變的，而是可以改變的，條件是它被有效的足夠強大的股價變動突破。

(3) 簡述波浪理論的基本思想。

答：艾略特的波浪理論以週期為基礎，艾略特認為，由於股票市場是經濟的晴雨表，而經濟發展具有週期性，所以股價的上漲或者下跌也應該遵循週期的發展規律。但是股價波動的週期規律比經濟發展的週期要複雜得多。

艾略特的波浪理論，把大的運動週期可分成時間長短不同的各種週期，並指出，在一個大週期之中可能存在一些小週期，而小的週期又可以分成更小的週期。但是每個週期無論時間長短，都是以一種共同的模式進行的，也就是每個週期都是由上升（下降）的五個過程和下降（上升）的三個過程組成。等到這八個過程完成後，我們才能說這個週期已經結束，將進入下一個週期，新的週期仍然會循環上述的模式。這就是波浪理論的核心內容。

(4) 簡要分析技術分析有哪些缺陷？

答：技術分析的缺點是考慮問題的範圍相對較窄，對市場長遠的趨勢不能進行有效的判斷，基本分析主要適用於週期相對比較長的證券價格預測、相對成熟的證券市場以及預測精確度要求不高的領域。技術分析適用於短期的行情預測，要進行週期較長的分析必須依靠別的因素，即將兩種分析方法結合起來使用才能更好地幫助我們做好價值的判斷。

第七章

(1) 證券投資中面臨的風險有哪些？

答：按照風險產生的原因，可將風險分為市場風險、信用風險、流動性風險、操作風險等四種風險類型。

①市場風險。市場風險是指因利率、匯率、商品、股票等未預期到的價格波動而形成的風險。如買進的股票未如預期一樣上漲，或者由於利率未預期到的升高使買入的債券價格下降，諸如此類的風險，皆可被歸為市場風險。

②信用風險。當合約雙方中的任一方不願意或者沒有能力履行合約時，就會產生信用風險。債券、貸款和衍生工具都會產生信用風險。如債務人因為各種原因無法如

期償還債務，都將使得債權人面臨信用風險。

③流動性風險。流動性風險可能由兩種原因造成：當相對於正常交易的單位，交易頭寸太大或者太小，以至於交易不能按現行市場價格進行，於是就產生了資產流動性風險；而當沒有能力履行因各種負債而產生的支付義務時，則產生了負債流動性風險。前者的典型案例是當某投資者大量拋出某公司股票時，由於沒有足夠的接盤，造成該公司股票價格下跌，從而使該投資者無法以期望的價格賣出股票。後者的極端情形則是銀行的大量存款人突然同時要求提現，銀行的流動資產不足以應付存款人的提款要求，從而引發存款人的擠兌行為，使銀行陷入流動性危機。

④操作風險。操作風險是由於人為的或者技術的失誤或意外事故所產生的風險，如交易員繞過監管違規進行交易、或者交易系統故障等各種後臺操作中出現的問題所引發的風險。

(2) 現代投資理論體系包含了哪些內容？

答：其組成部分包括現代資產組合理論（MPT）、資本資產定價模型（CAPM）、套利定價模型（APT）、有效市場假說（EMH）、行為金融理論以及由這些核心理論所衍生出來的一些新興理論。

(3) 簡述積極投資策略和消極投資策略。

答：①積極投資策略也稱時機抉擇型投資策略，即投資者根據證券價格的波動而不斷主動對投資組合進行相應調整的投資策略。其下又分為概念判斷型投資策略、價格判斷型投資策略和心理判斷型投資策略三種。②消極投資策略也稱非時機抉擇型投資策略，即不以短期內的證券價格波動獲利，而依靠長期持有來獲得收益的投資策略，其下又分為簡單型長期持有策略和科學組合型長期持有策略兩種。

(4) 你如何評價行為金融學？

答：首先，行為金融理論本身也是處於不斷發展之中。行為金融理論的投資策略是：在大多數投資者尚未意識到自己的非理性行為造成了定價錯誤時投資於某些證券，待到大多數投資者意識到錯誤並消除這些錯誤時獲利收益。那麼一旦證券市場的大多數投資者都認識到了問題所在（如大家都注意到了小公司效應）並採取相同的策略，顯然這種錯誤定價的現象就自然會消失，獲利機會也將不復存在。相信隨著行為科學的深入研究、證券市場的不斷變化和發展，會發現更多的行為金融問題，而一些已有的行為金融現象將會因被大多數投資者所關注而淡化直至消失。因此在應用行為金融投資策略時，要防止教條化。

其次，要切忌對國外現有行為投資策略的簡單模仿。現有的行為金融理論主要是在發達的金融市場產生的。中國證券市場同成熟的證券市場比較，還是一個新興的證券市場——歷史短、不規範。中國金融市場與發達的金融市場相比的特殊性決定了我們在運用行為金融投資策略時，不是對國外現有行為投資策略的簡單模仿，而應當掌握行為金融學的理論方法，對中國證券市場的行為特點進行深入研究，探索適應中國證券市場運行特點的我們自己的行為金融學投資策略。

最後，不同投資者需要關注行為金融的不同方面。將行為金融學的研究成果運用到中國證券市場的實踐中，可以合理引導投資者的行為。對於廣大中小投資者而言，

需要通過教育來使其趨於理性化，提高證券市場投資者的投資決策能力和市場的運作效率。而對於機構投資者而言，則需要提高其投資管理水平，樹立責任意識，減少散戶式的追漲殺跌操作，起到市場中流砥柱的作用。

國家圖書館出版品預行編目(CIP)資料

證券投資分析/王掔 主編. -- 第二版.
-- 臺北市：崧燁文化，2018.08
　　面　；　公分
ISBN 978-957-681-597-3(平裝)
1.證券投資 2.投資技術 3.投資分析
563.53　　　　107014504

書　　名：證券投資分析
作　　者：王掔 主編
發行人：黃振庭
出版者：崧博出版事業有限公司
發行者：崧燁文化事業有限公司
E-mail：sonbookservice@gmail.com
粉絲頁　　　　網　址：
地　　址：台北市中正區重慶南路一段六十一號八樓815室
8F.-815, No.61, Sec. 1, Chongqing S. Rd., Zhongzheng Dist., Taipei City 100, Taiwan (R.O.C.)
電　　話：(02)2370-3310　傳　真：(02) 2370-3210
總經銷：紅螞蟻圖書有限公司
地　　址：台北市內湖區舊宗路二段121巷19號
電　　話：02-2795-3656　傳真：02-2795-4100　網址：
印　　刷：京峯彩色印刷有限公司（京峰數位）

　　本書版權為西南財經大學出版社所有授權崧博出版事業有限公司獨家發行電子書繁體字版。若有其他相關權利及授權需求請與本公司聯繫。

定價：300元
發行日期：2018 年 8 月第二版
◎ 本書以POD印製發行